인간과 환경을 가로지르는
58꼭지 얽힘

얽힘의 인문학

최병학 지음

자유아카데미

저자의 말

책 제목이 '얽힘의 인문학'인 이유는 인간 이해의 핵심이 관계이고, 인간 주변 환경(사회, 문화, 정치, 생태 등) 이해의 핵심 역시 관계성이기 때문입니다. 이 관계를 과학적으로 풀면 '얽힘'이죠? 양자역학의 중첩 현상과 양자 얽힘 현상을 이렇게 표현할 수 있습니다. 양자역학에서 '양자(quantum, 量子)'라는 단어는 '분리될 수 없는 에너지의 가장 작은 단위'를 뜻합니다. 물리학에서는 '상호작용과 관련된 모든 물리적 독립체의 최소 단위'입니다. '미시세계에 존재하는 에너지의 양(量)'이라고 생각하면 쉽습니다. 가령 빛의 광자와 원자의 전자, 진동의 단위 입자인 음향양자 등이 있습니다.

거시적인 세계에서 연속적으로 보이는 모든 것들(가령 '선')이 미시적인 세계에 들어가 보면 불연속적인 세계(선이 '점'들의 연속)로 이루어져 있는 것과 같습니다. 따라서 이것은 어떤 최솟값의 단위로 셀 수 있습니다. 이것을 우리는 '양자'라고 부릅니다. 쉽게 생각해, 하늘 높이에서 보면 점 하나로 보이는 운동장에 아이들이 띄엄띄엄 있는 것으로 생각하면 됩니다. 여기서 아이들은 광자, 전자, 음향양자입니다.

사실, 양자역학에서 '역학(力學)'이라는 말은 '힘을 받는 물체가 어떤 운동을 하게 되는지 밝히는 물리학의 한 이론'입니다. 고전 역학은 '뉴턴의 운동법칙'을 만든 뉴턴의 이름을 따 '뉴턴 역학'이라고 부르는데, 움직이는 물체를 다루는 동역학(動力學)과 움직이지 않는 물체를 다루는 정역학(靜力學)이 있습니다. 이러한 고전 역학은 일상생활에서 일어나는 현상들을 매우 정확하게 설명하고 예측할 수 있습니다. 그러나 매우 빠른 속도로 움직이는 계에서는 상대성이론이, 원자 단위와 같은 극히 미세한 세계에서는 양자역학이 필요합니다. 물론 이 두 가지 조건을 동시에 만족하는 계에서는 '양자 마당 이론(양자장론, 입자물리학의 이론적인 바탕으로 양자역학과 특수 상대성 이론을 결합한 이론)'이 있습니다.

따라서 양자역학이란 띄엄띄엄 떨어진 양으로 있는 양자가 어떤 힘을 받으면 어떤 운동을 하게 되는지를 밝히는 이론입니다. 운동장에 있는 아이들이 어떻게 돌아다니는지를 밝히는 것으로 생각해 보면 쉽습니다. 그런데 운동장에 있는 아이들이 중첩, 얽힘의 특성을 갖습니다. 양자역학에서 말하는 '양자중첩'과 '양자얽힘'입니다.

양자중첩(Quantum superposition)이란 코펜하겐 학파의 전자 이중 슬릿 실험을 통해 드러납니다. 곧 "전자는 관측되기 전까지 확률적으로 존재 가능한 모든 위치에 동시에 존재한다. 하지만 관측되는 순간 하나의 위치로 결정된다."는 것입니다. 전자는 여러 가지 상태가 동시에 중첩되어 있기에 서로 간섭하는 파동처럼 행동하고, 관측되는 순간 다른 곳에 존재할 확률이 없어지고 하나의 위치로 결정되기 때문에 관측된 후에는 입자처럼 행동한다는 것입니다. 아이들이 운동장에 여러 명 놀고 있는데(이때 관찰자는 운동장을 보지 않았을 때입니다), 운동장을 보면 한 아이만 존재하는 것입니다.

복권 긁기로 생각해 볼까요? 복권을 긁어보기 전에는 당첨된 상태와 당첨되지 않은 상태가 중첩되어 있다가 긁는 순간 둘 중 하나로 결정되면서 다른 하나의 상태가 될 확률이 없어지는 것과 비슷합니다. 그런데 아인슈타인은 이러한 양자중첩의 확률론을 부정하고, 이렇게 말합니다. "양자역학은 정말로 인상적이다. 하지만 나의 내면 목소리는 내게 이것이 아직 진짜가 아니라고 말한다. 이론은 많은 것을 설명해 주지만, 옛 존재(Old One)의 비밀을 밝혀주지는 않는다. 나는 어떤 경우에도 신이 주사위를 던지지 않는다고 확신한다." 그러자 닐스 보어는 이렇게 반박합니다. "신이 주사위 가지고 뭘 하든 이래라 저래라 하지 마라."

이러한 양자중첩은 동양사상의 태극, 혹은 음양으로도 생각해 볼 수 있습니다. 사실 코펜하겐 학파의 요람인 보어 연구소의 소장인 닐스 보어는 양자역학 체계를 확립하는 데 있어서 영감을 얻은 것이 동양철학의 주역(周易)의 원리라고 합니다. 보어는 이렇게 말합니다.

"태극은 음과 양 그리고 서로 다른 두 개의 중성이 있으며, 이미 물리학에서는 중성은 한 개가 아니고 두 개라는 것이 증명되었다. 양자물리학은 의식적으로 또는 무의식적으로 동양철학을 많이 참고하였다."

물론, 동학의 불연기연(不然其然, 그러하지 아니하고, 그러하다)

과 불교의 즉비(卽非)의 논리(이면서, 아니기도 하다), 공즉시색 색즉시공(空卽是色 色卽是空) 등도 같은 맥락입니다. 특히 양자얽힘(entanglement)은 두 개의 양자(혹은 두 개 이상)가 거리에 관계없이 서로 영향을 미치는 상태를 말합니다(정확히 말하면, 두 개가 아닌 여러 양자계 사이에도 작용합니다). 곧 쌍으로 생성된 양자가 하나의 성질이 결정되면 떨어져 있는 나머지 하나도 성질이 결정된다는 것을 말합니다. 이곳 운동장에 놀고 있는 아이의 정체성을 알게 되면 수십억 광년 떨어진 외계 행성에 있는 운동장에서 놀고 있는 아이의 정체성을 알 수 있다는 것입니다.

현재까지 이론에 따르면, 빛의 속도보다 만 배 이상 빠른 상태로 서로의 상태가 연결되어 있다고 하는데, 이것은 이동에 의한 전달이 아닌 얽혀서 서로 즉각적으로 바뀌는 상태라 할 수 있어, 속도나 시간의 개념으로 상상하기에는 무리가 있습니다. 신적 영역입니다.

물론 아인슈타인은 이것도 받아들이지를 않았는데, 그는 이렇게 말합니다. "자연은 특정 시공간에 국한되는 국소성(locality)을 갖는다. 따라서 멀리 떨어져 있는 두 입자가 정보 교환 없이 영향을 주고받는 건 불가능하다." 여기서 국소성이란 '한 공간적 영역에서 일어나는 모든 것은 이와 분리된 다른 공간적 영역에서 일어난 작용에 전혀 영향을 받지 않는다'는 것을 말합니다. 따라서 비국소성(non-locality)은 위의 국소성이 지켜지지 않는 경우를 말하는데, 양자론은 이러한 국소성의 원리(principle of locality)를 위배합니다.

이렇게 양자얽힘은 자연계에 엄연히 존재하는 현상입니다. 원자보다 작은 세계인 아원자 세계에서는 매일 일어나는 일입니다. 따라서 이러한 미시적 신적 영역을 인간의 제한된 이성으로는 이해하기 쉽지 않습니다.

이 책은, 최근 과학계의 양자역학을 통해 인문학을 하는 흐름이 있는데, 바로 그 흐름에서 인간과 인간을 둘러싼 환경을 이해하려는 것입니다. 곧 인간의 인성을 성찰하며 주변 다양한 환경을 양자역학의 얽힘이라는 화두로 풀어보려는 것입니다. 핵심은 바로 앞서 말씀드렸듯이 관계입니다. 그리고 관계란 서로 얽혀있는 것입니다(인성은 그 얽힘에 대한 존중이죠?). 따라서 책 제목을 '얽힘의 인문학'이라고 하였습니다. 이를 위해 인간과 환경에 관한 글 58꼭지를 얽혀서 펼쳐 보입니다. 인성교육과 인간 이해, 나아가 동물, 사물, 환경을 이해하는 글들입니다. 대학생들의 교재로 집필하였지만, 자연과학적 사고를 통해 인문학의 풍성함을 맛보려는 이들에게도 많은 도움이 되리라 생각합니다.

좋은 책을 위해 최선을 다했지만, 오류나 부족한 부분이 있을 수 있습니다. 이에 대한 독자 여러분의 많은 조언을 구하며, 출간 후 나올 수 있는 수정사항 등은 자유아카데미 홈페이지 자료실(www.freeaca.com)을 통해 게시될 예정이니 참고 부탁드립니다.

2025년 네팔 포카라에서 패러글라이딩으로 하늘을 날고 난 후
얽힘이 하늘과 비, 바람까지 얽혀 있음을 깨달은
8월 어느 무더운 날에
최병학

차례

II 환경의 얽힘

프롤로그:
새벽 미명의 시간에서
디오니소스의 시간까지!

일찍이 다석 유영모 선생은 새벽 미명에 영감을 받아, 자신의 영혼 속에 폭발하는 신(神)의 예지를『다석일지』에 기술합니다. 새벽은 맑은 정신으로 삶의 희망을, 또한 신의 계시를 영접하는 '아름다운 시간'입니다. 종교의 시간입니다. 그러나 철학자 니체(F. W. Nietzsche) 는 정오의 시간에 영감을 받습니다. 바로 니체의 '위대한 정오' 이야기입니다.『짜라투스트라는 이렇게 말했다』에서 니체는 이렇게 말합니다.

"위대한 정오란, 인간이 자기 행로의 한복판인 동물과 초인의 중간에 서서 저녁으로 향하는 자신의 여로를 자기의 최고의 희망으로 여겨 축복할 시간이다. 그것은 새로운 아침으로 향하는 길이기 때문이다. 그때 몰락해 가는 자는 자기 자신을 축복할 것이다. 그는 초인을 향해 건너가고 있기 때문이다. 그리고 그의 인식의 태양은 정오에 머물러 있을 것이다. '모든 신은 죽었다. 이제 우리는 초인이 살기를 원한다.' 이것이야말로 위대한 정오가 갖는 최후의 의지가 되게 하라!"

위대한 정오는 일하는 시간입니다. 창조의 시간이자 열정의 시간입니다. 신을 죽이고 초인이 일하며 창조하는 새로운 시간, 곧 '열정의 시간'이 도래한 것입니다. 이것은 인간의 시간이자 과학의 시간입니다.

그러나 새벽과 정오가 아니라, '황혼의 시간'을 찬양한 이가 있습니다. 바로 철학자 헤겔(G. W. F. Hegel)입니다. 그는 『법철학』 서문의 마지막 문장에서 이렇게 말합니다. "미네르바의 올빼미는 황혼이 질 때 비로소 날기 시작한다." 이 말은 철학은 신의 계시를 받아들이는 종교의 시간도, 위대한 정오에 일하며 창조하는 과학의 시간도 아니며 한낮의 모든 사건과 사연들이 지나간 이후 황혼의 시간이 되어 날개짓하는 '성찰의 시간', '석양의 시간', 곧 '철학적 시간'이라는 뜻입니다(미네르바는 아테네 여신을, 올빼미는 여신을 상징하는 새입니다).

그리고 짙은 밤은 바로 디오니소스의 시간입니다. 프로이트의 '쾌락의 원칙'이 지배하는 시간이며, 제한 없는 욕망의 파도가, 코드화되지 않은 창발성의 파도가 끊임없이 코드화된 이성의 해변으로 밀려드는 '황홀한 시간', '축복의 시간'입니다. 이것은 종교와 과학, 그리고 철학을 넘어, 음악의 시간입니다. 무조음악입니다. 태초의 소리입니다. 결국, 이 시간은 파도 소리와 디오니소스의 춤의 소리, 그리고 내면의 진리가 요동치는 생명과 생성의 시간입니다. 그리고 이러한 카오스의 시간은 다시 새벽 미명이 올 때까지 그 열정을 불태웁니다. 코스모스의 신이 새벽빛과 함께 등장할 때까지! 이렇게 시간은 돌고 돕니다. 음과 양이 돌 듯이!

이것이 관계입니다. 얽힘입니다. 얽힘의 인문학을 통해 철학과 욕망이, 종교와 실천이 얽혀있는 삶을 살펴보고 주변 환경을 바라볼 때 우리의 지성은 한층 고양될 것입니다. 이제 그 반복하는, 혹은 얽혀 있는 시간의 문을 엽니다.

I

인간의 얽힘

1

인간과 그 정신의 얽힘

지능의 기원

AI 관련 기술에 대한 특허를 여러 개 보유하고 있는 연구원이자 AI회사 알비(Alby)의 공동 창립자 겸 CEO인 맥스 베넷(Max Bennett)의 『지능의 기원』(더퀘스트, 2025)은 인류를 있게 한 지능의 다섯 번의 혁신적인 도약을 설명하면서 미래 인공지능의 발전 방향을 가늠하는 책입니다. 다섯 번의 혁신적인 도약은 ① 조종과 최초의 좌우대칭동물 ② 강화와 최초의 척추동물 ③ 시뮬레이션과 최초의 포유류 ④ 정신화와 최초의 영장류 ⑤ 언어와 최초의 인류 등입니다.

먼저 '① 조종과 최초의 좌우대칭동물'의 경우, 지능의 첫 번째 도약으로, 약 5억 5,000만 년 전 일어났습니다. 방사대칭 생물(말미잘, 해파리, 불가사리 등)에서 좌우대칭동물(왼쪽과 오른쪽이 서로 거울상을 가지며 머리와 꼬리뿐만 아니라, 배와 등을 가지고 있음)이 출현하면서 시작됩니다. 이때 "조종을 통한 탐색 능력"이 가능해집니다. 베넷은 이에 대해 다음과 같이 말했습니다.

"좌우대칭에 대한 더 중요한 관찰 내용이 있다. 뇌가 있는 동물은 좌우대칭동물밖에 없다. 이는 우연이 아니다. 최초의 뇌와 좌우대칭 체제는 처음에 동일한 진화의 목적을 공유하고 있었다. 동물이 조종을 통해 주변을 탐색할 수 있게 해준 것이다. 조종이 바로 혁신 #1이다."

'② 강화와 최초의 척추동물'은 혁신의 두 번째로, 핵심은 '강화'입니다. 가령, 약 5억 년 전 등장한 척추동물은 시행착오를 통해, 임의의 행동 순서를 학습하는 능력을 가지게 되었습니다. 이것을 '강화학습능력'이라고 부릅니다. 다음은 시행착오에 관한 베넷의 분석입니다.

"어류는 우리가 생각하는 것보다 훨씬 똑똑하다. 어류는 특정 버튼을 찾아내고 눌러서 먹이를 얻는 법을 학습할 수 있다. 그물에 걸리지 않기 위해 작은 탈출구로 빠져나가는 법도 배울 수 있다. 심지어 고리를 통과해 먹이를 얻는 법도 학습할 수 있다. 어류는 이런 과제를 수행하는 방법을 훈련하고 나서 몇 달, 심지어 몇 년 뒤까지도 기억한다. 이 모든 실험에서 학습 과정은 동일하다. 물고기는 상대적으로 무작위적인 행동들을 시도하면서 어떤 행동이 강화되느냐에 따라 자신의 행동을 점진적으로 다듬어간다. 사실 손다이크의 시행착오 학습은 다른 이름으로 더 자주 불린다. 바로 '강화학습'이다."

강화학습이 작동하려면 호기심이 필요합니다. 따라서 호기심과 강화학습은 함께 진화했습니다. 베넷은 이에 대해 이렇게 설명합니다.

"패턴을 인식하고 장소를 기억하고 과거의 보상과 처벌을 바탕으로 행동을 유연하게 변화시키는 능력을 발견하면서 최초의 척추동물에게 새로운 기회가 열렸다. 처음으로 학습이 그 자체로 지극히 가치 있는 활동이 된 것이다. 척추동물이 더 많은 패턴을 인식하고 많은 장소를 기억할수록 생존 가능성이 높아졌다. 그리고 더 많은 일을 시도할수록 자신의 행동과 그에 따르는 결과 사이의 올바른 연관성을 학습할 가능성도 높아졌다. 따라서 호기심은 5억 년 전 지금의 어류와 비슷한 조상의 작은 머릿속에서 처음으로 등장했다."

'③ 시뮬레이션과 최초의 포유류'는 세 번째 혁신으로 초기 포유류에 새롭게 등장한 뇌 구조인 새겉질(신피질)의 발달과 함께 시뮬레이션 능력이 진화한 것입니다. 새겉질은 뇌 전체의 70%를 차지하며 우리가 지능이라고 부르는 것을 만들며 머물게 하는 비밀이 숨겨져 있습니다. 곧 학습, 감정, 의지 등 고등한 정신작용은 물론 지각과 언어까지도 담당하는 것입니다. 초기 포유류의 새겉질은 단순히 영리하게 재주를 부리는 정도의 작은 크기였지만, 혁신을 통해서 새겉질의 기능이 확장되어 지능의 진원지로 거듭나게 됩니다. 특히 새겉질의 진화와 함께 바깥세상에 대한 시뮬레이션을 할 수 있게 된 초기 포유류는 과거 사건과 행동을 떠올릴 수 있었고, 이를 바탕으로 자신의 행동을 조정하게 되었습니다. 인공지능의 모델이 되는 새겉질에 관해 베넷은 이렇게 소개합니다.

"사람의 뇌는 범용으로 보인다. 다양한 상황에서 작동할 수 있다. 그래서 지금까지 연구의 초점은 인공일반지능을 만드는 데 있었다. 하지만 거꾸로 연구해온 것인지도 모른다. 새겉질이 자신의 일을 그렇게 잘할 수 있는 이유는 어떤 면에서는 현재의 인공신경망보다 훨씬 범용성이 낮기 때문일 수 있다. (중략) 예를 들어 새 겉질에는 입력되는 감각 데이터가 시각이든 청각이든 몸감각이든 상관없이, 모두 우리 자신과는 별개로 존재하면서 자체적으로 움직일 수 있는 3차원 대상을 표상한다고 가정하도록 미리 회로가 배선되어 있는지도 모른다. 그러면 시간, 공간, 나와 다른 존재의 차이 같은 것을 학습할 필요가 없어진다."

'④ 정신화와 최초의 영장류'는 네 번째 혁신으로 말 그대로 '정신화'가 그 핵심입니다. 가령, 초기 영장류에게 시간적 여유라는 이전과는 다른 현상이 나타나게 됩니다. 과일에 쉽게 접근하면서 풍부한 열량을 얻음과 동시에 더 큰 뇌에 에너지를 소비할 수 있는 진화적 선택권을 획득하게 됩니다. 그리고 시간적 여유는 사회적 위계에서 더 높은 자리를 차지하고 싶을 때 구사할 수 있는 새로운 진화적 선택지를 가능하게 합니다. 또한 이런 활동들은 주변 존재의 마음을 이해하려는 시도로 이어졌고, 자신에게 필요한 것을 모방하고, 결과적으로 앞을 내다볼 수 있는 능력을 갖추게 되었습니다. 베넷은 '다른 사람의 마음을 이해하기'라는 항목에서 이렇게 이야기합니다.

"광고 플랫폼에서는 사람의 행동을 통해 다음에 어떤 물건을 구입할지 예측할 수 있다. 얼굴에 나타난 감정을 파악하는 AI도 있다(감정별로 분류한 얼굴 사진을 수없이 보여주며 시스템을 훈련시켰다). 하지만 이런 것 모두 사람과 다른 영장류의 뇌에서 보이는 복잡한 마음이론과는 거리가 한참 멀다. AI 시스템과 로봇이 우리와 함께 살면서 우리가 하는 말로 우리의 의도를 추론하고, 우리가 말하기 전에 우리에게 필요하고 우리가 원하는 것이 무엇인지 예측하며, 온갖 규칙과 에티켓이 숨겨져 있는 인간 집단에서 사회적 관계를 탐색할 수 있기를 바란다면, 다시 말해 사람과 비슷한 AI 시스템을 원한다면 그 시스템은 반드시 마음이론을 갖춰야 한다."

마지막 '⑤ 언어와 최초의 인류'의 경우, 언어 능력이 지능 발달을 이끈 다섯 번째 혁신이 됩니다. 사실, 초기 인류는 언어를 통해 도구를 만들고, 그 지식을 다음 세대로 이어가는 방법을 찾아냈습니다. 명칭을 부여하는 능력과 기호를 합치고 변경하는 규칙인 문법을 사용하면서 인류는 진화의 정점에 섰습니다. 책의 마지막에 베넷은 친절하게 각각의 혁신 내용을 정리해 줍니다.

"각각의 혁신은 그에 앞서 만들어진 기본 구성요소가 있기에 가능했다. 조종은 그에 앞서 신경세포가 진화한 덕분에 가능했다. 강화학습은 이미 앞서 진화한 감정과 신경세포를 바탕으로 부트스트래핑이 이루어졌기에 가능했다. 시뮬레이션은 그에 앞서 바닥핵의 시행착오 학습이 존재했기에 가능했다. 시행착오 학습을 가능하게 한 바닥핵이 없었다면 상상한 시뮬레이션이 행동에 영향을 끼칠 수 있는 메커니즘이 만들어지지 않았을 것이다. 척추동물에서 실제 시행착오 학습이 진화함으로써 나중에 포유류에서 대리 시행착오가 등장할 수 있었다. 정신화가 가능했던 것도 그 전에 시뮬레이션이 진화했기 때문이었다. 정신화는 한마디로 새겉질의 오래된 포유류 영역들을 시뮬레이션하는 것이다. 동일한 계산이 그저 내면에서 이뤄진 것이다. 언어가 가능했던 이유는 그에 앞서 정신화가 등장했기 때문이다. 다른 사람의 마음속 의도와 지식을 추론하는 능력이 없었다면 아이디어를 전달하기 위해 어떤 내용을 소통해야 하는지도 추론하지 못하고, 상대방이 하는 말을 듣고 그 사람의 의도를 추론할 수도 없었을 것이다. 상대방의 지식과 의도를 추론하는 능력이 없었다면 교사가 학생들에게 알려주는 공동관심이라는 중요한 단계에 참여할 수도 없었을 것이다."

그리고 맥스 베넷은 '나가며'에서 여섯 번째 혁신을 예고합니다. 이 혁신은 바로 '인공초지능(artificial superintelligence)'이 될 가능성이 크다고 합니다. 가령, 지구에서 원재료 분자들이 인간의 뇌로 바뀌기까지 겨우 45억 년밖에 걸리지 않았기에 앞으로 남은 70억 년의 진화에서 지능은 실리콘 형태로 다시 등장할 것이라고 합니다.

베넷의 말대로, 우리 후손들의 지능은 우리 형상을 본뜬 것임이 틀림없지만 한계가 명확한 생물학적 매체인 뇌가 아닌 디지털 매체로 전환되고 영원히 기록될 것입니다. 왜냐하면 실리콘 기반의 인공지능은 인지 용량을 필요한 만큼 무한으로 확장할 수 있기 때문입니다.

토론해 봅시다

① "지능은 유전자보다 환경의 산물인가?"

② "IQ는 인간 능력을 정당하게 평가할 수 있는 지표인가?"

인간의 어리석음에 관한 법칙

이탈리아의 경제사학자인 카를로 M. 치폴라(Carlo M. Cipolla)의 『인간의 어리석음에 관한 법칙』(미지북스, 2019)은 역사와 경제, 유머가 어우러진 인간학의 향연입니다. 전반부에서 '후추', '포도주', '정조대' 같은 물건들을 주인공 삼아, '욕망과 경제가 교차하는 중세 유럽의 역사'를 펼쳐 보이고, 후반부에서는 어리석은 사람들(멍청이)을 소개합니다.

사실, 멍청이들은 우리 인류에게 헤아릴 수 없이 많은 손실을 초래했습니다. 그리고 언제 어디서나 존재합니다. 그렇다면 "왜 우리는 이러한 어리석은 사람들의 파괴적 힘을 과소평가할까요?" 또 "어리석은 사람들은 어떻게 활기찬 문명을 파멸로 이끌까요?" 치폴라는 기발한 상상력과 날카로운 유머로 인간학을, 특별히 멍청이 인간학을 통찰합니다. 멍청함에 관해서 이렇게 정리합니다.

"어리석은 자는 입에 미소를 띠고 자신이 세상에서 가장 자연스러운 일을 하고 있다는 듯 느닷없이 나타나서는 당신의 계획을 엉망으로 만들고 당신의 평화를 깨뜨리며 당신의 일과 삶을 꼬이게 만들고 당신의 돈과 시간, 좋은 기분, 식욕, 능률을 앗아가 버린다. 그리고 이 모든 것은 악의 없이, 가책 없이, 합리성 없이 이루어진다. 한마디로 어리석은 것이다."

치폴라는 이러한 멍청함의 특징을 세 가지로 정리합니다.

"첫째, 멍청함은 교육 수준, 재산, 사회적 지위와 상관없다. 둘째, 멍청한 사람들은 다른 이들에게 피해를 주면서도 자신 역시 이득을 보지 못한다. 셋째, 멍청한 사람들의 파괴력은 사회에서 권력을 얼마나 많이 갖고 있느냐에 달려 있다."

또한 치폴라는 멍청하지 않은 사람도 세 부류로 나눕니다.

"첫째, 현명한 사람은 자신과 타인에게 모두 이익을 가져다주는 사람이다. 둘째, 순진한 사람은 자신은 손해를 보지만 타인에게 이익을 가져다주는 사람이다. 셋째, 영악한 사람은 타인에게 해를 끼치지만, 자신은 이익을 보는 사람이다. 윤리적인 가치 판단을 떠나서 본다면, 순진한 사람과 영악한 사람은 사회 전체의 이익과 손실의 증감에 영향을 주지 않는다. 그들은 자신에게서 타인으로, 타인에게서 자신으로 이익을 이전시킬 뿐이다."

그러나 멍청이들은 사회의 이익을 전체적으로 파괴하는 사람입니다. 치폴라는 그들을 "지상에서 가장 위험한 유형의 개인"으로 취급합니다. 괴테(J. W. von Goethe)와 함께 독일 고전주의의 2대 문호인 프리드리히 실러(J. C. F. von Schiller)의 말처럼 "어리석음 앞에서는 신들도 두 손 두 발 다 들 수밖에 없다"는 것입니다. 따라서 치폴라의 다음의 말은 지금 멍청이들이 난무하는 우리가 사는 세상의 자화상입니다.

"현명한 개인은 자신이 현명하다는 것을 알고 있다. 영악한 자도 자신이 영악하다는 것을 인식한다. 순진한 자 또한 자신의 순진함을 뼈저리게 느끼고 있다. 이들과 반대로, 어리석은 자만이 자신이 어리석다는 것을 알지 못한다."

토론해 봅시다

① "인간은 본질적으로 이성적 존재인가, 비이성적 존재인가?"

② "어리석음은 교육으로 극복 가능한가?"

30

자기 돌봄과 파레시아

20세기 후반 이래 소수자 운동을 비롯 수많은 영역에 영향을 끼친 프랑스의 철학자 미셸 푸코(Michel Foucault) 말년 철학의 주제는 '자기 돌봄(자기 배려)'과 '파레시아(parrhesia, 모든 것을 말하기)'입니다. 그리고 이 말년의 사상이 담긴 책이 바로 『자기 자신에 대한 진실 말하기』(동녘, 2024)입니다. 푸코의 후기 사유를 이해하는 데 중요한 길라잡이이자 그 자체로 중요한 유산인 『미셸 푸코 미공개 선집』의 네 번째 책으로(다른 책들은 『비판이란 무엇인가? 자기수양』, 『담론과 진실』, 『자기해석학의 기원』) 1982년 토론토 빅토리아대학교에서 푸코가 행한 연속 강연과 세미나의 내용을 중심으로 합니다. 세미나의 주제는 책명이 되는 '자기 자신에 대한 진실 말하기'와 '파레시아'입니다.

푸코는 1971년부터 84년까지 줄곧 콜레주드프랑스에서 강의를 진행했습니다. 콜레주드프랑스는 연간 26시간만 강의하면 됩니다. 푸코의 강의는 매우 인기가 있어서 강의실 바닥과 복도까지 수강생들이 가득 찼다고 합니다. 이러한 푸코의 강의는 사후 20

년이 지난 2003년부터 출간되기 시작했습니다. 『자기 자신에 대한 진실 말하기』는 콜레주드프랑스에서 했던 강의인 『주체의 해석학』과 『성의 역사 2: 쾌락의 활용』과 『성의 역사 3: 자기 배려』의 연속선상에 배치되는 작업입니다.

긴 안목에서 바라본다면, '지식의 고고학'에서 시작해 '권력의 계보학'을 거쳐 '주체의 해석학'으로 마무리되는 지점의 마지막 부분이 됩니다. 푸코는 이 책에서 서로 다르면서도 연속성을 지닌 제정기 그리스-로마 철학과 수도원의 실천과 제도가 발전하는 시대의 그리스도교 영성의 맥락 속에서 자기해석학을 연구합니다. 그리고 이러한 물음이 성과 관련된 금기가 자기 자신에 대한 진실을 말할 의무와 관계가 있다는 사실을 확인하게 됩니다.

특별히 '자기 수양'이라는 관점에서 고대 그리스-로마의 문헌들을 탐구합니다. 이때 핵심 개념으로 떠오른 것이 '자기 돌봄'입니다. 여기서 푸코가 주목하는 것은 세 시기입니다. 먼저 그리스 고전기라고 부르는 소크라테스-플라톤 시기, 둘째로 로마제국 초기인 기원후 1~2세기, 그리고 마지막 초기 기독교 수도원 운동이 번져나가던 5~6세기입니다. 이 세 시기를 관통하여 '자기 돌봄'이라는 관념이 겪은 변화를 따라가는 것이 이 책인 것입니다.

소크라테스-플라톤 시기의 경우, 소크라테스의 금언인 "너 자신을 알라."라는 말을 '자기 인식'으로 설명합니다. 그리고 이 말은 "네 영혼을 돌보라."라는 말과 같다는 것입니다. 왜냐하면 자기 자신을 잘 알아야만 자기 자신을 잘 돌볼 수 있기 때문입니다. 이러한 소크라테스의 '자기 돌봄'의 윤리는 두 번째 시기인 로마제국 시대에 이르러 교양 있는 사람들의 대중운동으로 널리 퍼졌습니다. 가령, 스토아학파 사람들과 에피쿠로스학파 사람들은 자기 돌봄의 대중화를 이끕니다. 스토아 철학의 아파테이아(A-patheia, without+pathos, 열정), 에피쿠로스 학파의 아타락시아(A-taraxia, without+tarattein, 방해)가 바로 그 예입니다. 푸코는 다음과 같이 말했습니다.

"저는 사유의 차원에서 또 고대 문화 전반에서 '자기 돌봄'의 계율이 항존했다는 사실을 설명하려 했습니다. 이 항존은 심층적 혁신을 배제하지 않습니다. 특히 제정 시대에 플라톤의 초기 대화편에서 확인된 형태와 판이한 형태를 자기 돌봄에 부여하는 자기 실천의 전성기를 볼 수 있습니다. 자기와 관계는 복잡하고 항상적인 활동이 됩니다. 이 활동에서 주체는 자기 자신과 관련해 비판의 대상, 투쟁의 장, 병리의 중심지입니다. 그렇다고 해서 자기 자신 이외 어떤 목표도 갖지 않는 이 활동이 고독한 활동은 아닙니다. 이 활동은 다양한 사회적 관계의 영역과 항상적 접촉에서 전개됩니다."

이러한 자기 돌봄의 윤리를 변형시킨 것이 바로 세 번째 초기 기독교 운동, 특히 5~6세기의 금욕적인 수도원 운동입니다. 사실 수도원 운동에서 중요한 것은 악으로 물든 이 세상에서 벗어나 모든 관심을 신에게로 돌리는 것입니다. 그런데 이 세상은 수도자를 유혹합니다. 신을 잊게 만드는 것입니다. 따라서 이러한 유혹을 차단하는 것이 중요합니다. 이것은 자기 내면의 욕망을 버리고, 자기를 포기하는 것입니다. 여기서 자기를 포기하려면 자기 안에서 벌어지는 일을 알아야 합니다. 바로 '자기 인식'의 등장입니다. 이것은 수도사들의 중대한 과제가 됩니다. 결국 기독교 이전 철학 운동의 자기 인식이 자기 돌봄인 것과 달리, 기독교의 자기 인식은 자기 포기의 수단이 된 것입니다(케노시스 기독론이 그 예죠?). 이후 서구 사회는 기독교 도덕의 지배로 고대 그리스-로마의 자기 돌봄은 사라지고, 자기 인식이라는 과제만 남게 됐습니다.

이후 푸코는 파레시아의 역사를 살펴봅니다. 이 말은 앞서도 언급했지만, 어원적으로는 '모든 것을 말하기(pan+rhesis, 말)'이지만, '거리낌 없이 솔직하게 진실 말하기'를 뜻합니다. 그러나 푸코에 따르면, 과학적 진실을 이야기하는 것은 파레시아가 아닙니다. 이것은 윤리적 · 정치적 영역에 속합니다. 왜냐하면 진실을 거리낌 없이 솔직하게 말하기에는 윤리적 · 정치적 부담이 따르기 때문입니다. 곧, 파레시아는 '위험'을 동반합니다. 진실을 말함으로, 그 말하는 사람이 위험에 빠질 수 있기 때문입니다.

따라서 푸코는 파레시아의 역사를 살펴봅니다. 그리스 아테네 민주정에서 파레시아는 민회라는 정치적 장에서 자신의 생각을 말할 자유, 특히 어리석은 통치자를 비판할 자유를 뜻했습니다. 페르시아와 같은 군주제 국가에서도 파레시아는 신하가 군주에게 처벌의 위험 없이 진실하고 적절한 조언을 하는 것이었습니다. 이후 로마제국 시대에 들어와 파레시아는 철학운동을 이끄는 스승과 그 스승을 따르는 제자의 관계로 나타났습니다(철학자 세네카와 네로 황제가 그렇죠?). 이때 파레시아는 스승의 의무를 뜻합니다. 스승은 자기 수양과 관련해 자신의 진실을 솔직하게 이야기함으로써 제자에게 모범을 보여야 하는 것입니다. 그리고 이렇게 파레시아를 행하는 스승이 진정한 스승이 됩니다.

앞서 그리스-로마의 '자기 돌봄(자기 수양)'에서 기독교의 '자기 인식(자기 부정, 자기 포기)'으로의 역전처럼 파레시아도 역전이 일어납니다. 5세기 수도원 운동을 통해(특히 고해성사), 진실하게 내면의 모든 것을 고백해야 하는 이가 지도자가 아니라 지도를 받는 자로 역전됩니다. 지도받는 수도사들이 스승에게 자신의 마음속에서 일어나는 일을 솔직하게 털어놓아야 하는 것입니다. 위계의 탄생이죠? 기독교 수도원 운동으로 말미암아 평등이 불평등으로 바뀌는 것입니다. 철학자 니체가 『안티크리스트』에서 말한 대로, 기독교는 "고대의 모든 고귀한 가치를 무너뜨렸고, 삶과 자연을 배신했으며, 생의 의지를 부정하고 굴종과 무지와 기만을 강요하는 노예의 도덕"인 것입니다.

물론, 자기를 억압하고 자기를 부정하는 일도 중요합니다. 그러나 오늘날은 '자기 자신에 대해 진실하게 말하기'와 자기를 돌보고 자기를 기르는 일이 더 중요합니다. 이것이 기독교의 파레시아 실천과 그리스-로마의 파레시아 실천의 대비를 통해 배울 수 있는 지점입니다. 푸코 역시 오늘날까지 이어지는 그리스도교 수도원의 관행을 거슬러 고대 그리스-로마의 실천을 회복함으로써 파레시아를 자기 돌봄과 자기 수련의 중요한 수단으로 삼을 수 있다고 말하는 것 같습니다. 그것은 바로 화용론(話用論)을 강조한 그의 말에서 힌트를 얻을 수 있습니다. 여기서 화용론이란 문장의 의미는 누가 누구에게, 언제 어디에서, 어떻게 말하느냐에 따라 달라진다고 보고, 이를 체계적으로 분석 · 기술하는 것이죠? 푸코의 말입니다. 그의 평생의 철학적 작업을 요약한 것입니다.

"죽음을 30초 앞두고 평생 한 일을 정확히 말해야 한다면 진실한 담론의 화용론적 역사를 연구하려 했다고 말할 것입니다."

토론해 봅시다

① "현대 사회에서도 '자기 돌봄'은 가능한 실천인가?"

② "진실을 말하는 파레시아는 사회적 책임인가, 무책임한 폭로인가?"

인간의 감정

안토니오 네그리(Antonio Negri)에 의해, "야생의 별종"이라 불린 철학자 스피노자(Baruch Spinoza)의 저술 가운데, 윤리학 관련 책인『에티카: 기하학적인 순서에 따라 증명된』(1677)은 5부로 구성되어 있습니다. '제1부 신에 대하여', '제2부 정신의 본성과 기원에 대하여', '제3부 정서의 기원과 본성에 대하여', '제4부 인간의 예속 또는 정서의 힘에 대하여', '제5부 지성의 능력 또는 인간의 자유에 대하여' 등입니다.

성급한 일반화의 오류를 감수하고 말하자면, 결국 스피노자의 윤리학은 '행복에 이르는 길'에 대한 소개입니다. 신과 우리 인간 자신(정신과 정성, 지성과 자유 등)을 포함하는 자연 전체에 대한 참된 인식을 통하여 행복해질 수 있는 방법을 갈구하는 것입니다. 물론 이러한 인식이 만들어 낸 삶의 규칙을 준수해야 하겠지요.

아무튼 스피노자는 자신의 이러한 '행복 인식'에 정당성을 부여하기 위해, 고대의 수학자 유클리드(Euclid)가 했던 것처럼 '기하학적인 순서(질서)'에 따라 논증을 시도합니다. 왜냐하면 스피노자가 보기에 수학적 방법이야말로 인간이 빠지기 쉬운 여러 가지 상상적인 믿음을 넘어설 수 있는 수단이기 때문입니다. 책의 구성도 정의, 공리, 요청, 정리와 따름정리 등 엄밀한 논증을 중심으로 하는 수학적 표현법을 채택하고 있습니다. (스피노자에 따르면, '수포자'는 행복해질 수 없나요?)

기하학적인 방식을 통해 스피노자가 밝혀낸 것은, 세계는 인간의 모습을 닮은 신이 의도적으로 창조한 것이 아니라, 순전히 자연적으로 주어진 것입니다. 따라서 자연적으로 주어진 것들의 법칙과 원리를 이해함으로, 또한 그것들을 잘 활용하여, 할 수 있는 한 가장 완전한 삶, 곧 행복한 삶을 살 수 있게 된다는 것입니다. 그리하여 스피노자의 신과 인간 이해, 그리고 자연과 사물 이해가 등장합니다.

먼저, 스피노자는 신을 "절대적으로 무한한 존재자"라고 정의합니다. 이것은 기독교에서 말하는 창조주, 혹은 인격신과 같은 존재가 아닙니다. 오히려 존재하는 모든 것들의 체계입니다. 쉽게 말해 '자연 그 자체'나 '우주'에 가깝습니다. 그러나 신은 자기 자신을 원인으로 갖는 존재입니다. "영원하고 무한한 '속성'들로 구성된" 유일한 '실체(substantia, 자기원인=신)'가 바로 신입니다. 존재론적인 측면에서 스피노자의 철학은 '실체'와 '양태'(modus, 실체에 의존하여 변화된 것)라는 두 개념으로 요약되는데(실체는 양태로 표현되고, 존재한다), 실체인 신은 그 속성들에 따라 무한하게 많은 것들의 원인이 됩니다(인간은 신의 조각이다).

따라서 신이 아닌 세상의 모든 존재자들은 어쩔 수 없이 다른 존재자들과 어떤 인과관계를 맺게 됩니다. 왜냐하면 존재자들은 신과 같은 실체가 아니라, 실체가 변용(affectio, 변화들)되었기 때문입니다. 신의 어떤 한 속성에서 따라 나온 '양태'(modus, 변화된 것)들이기도 하죠? 인간이나 동물, 사물 같은 개별적 개체들이 그렇습니다. 다른 것에 의해 존재할 수 있으며 또 다른 것에 의해 비로소 인식되기에 실체가 아니라, 실체가 '변용'된 "독특한 실재"입니다.

스피노자에 따르면, 이 유한한 존재자들은 '나눌 수 없는' 확고한 개체들이 아니라, "공동의 원인으로 작용하는 다수"의 복합체입니다. 이들은 "동일한 운동과 정지의 관계"가 유지되는 한 동일한 개체로 유지되며, "자기 존재를 보존"하기 위해서 끊임없이 변용하고 또 변용됩니다.

여기서 스피노자의 그 유명한 개념인 '코나투스(conatus)'가 등장합니다. 독특한 실재인 복합체가, 곧 인간이나 동물 등이 자기 존재를 보존하기 위해 신으로부터 나눠 가진 역량이 바로 코나투스입니다. 스피노자는 자기 보존을 위한 이러한 '욕망'이 인간의 본질이라고 봅니다. 물론 인간의 경우 코나투스의 작용은 목적론적이고 지향적인 성격을 띨 수밖에 없습니다.

자신에게 이로운 대상을 만나 신체의 역량이 증대되면 욕망이 '기쁨'으로 바뀝니다. 그러나 해로운 대상을 만나 신체의 역량이 감소되면 '슬픔'으로 바뀝니다. 이렇게 욕망과 기쁨, 슬픔이라는 세 가지 기본적인 1차 정서로부터 인간의 온갖 정서들이 파생되어 나옵니다.

총 48가지 감정이 있는데, 욕망, 기쁨, 슬픔 이후, 놀라움, 경멸,

사랑, 증오, 끌림, 반감, 헌신, 조롱, 희망, 공포, 안도감, 절망감, 환희, 실망, 연민, 호의, 분개, 과대평가, 경멸, 질투, 동정, 자기만족, 겸손/위축감, 후회, 거만, 자기비하, 명예, 치욕, 갈망, 경쟁심, 감사/사은, 자비심, 분노, 복수심, 잔인/잔혹, 겁내는 것, 대담, 소심, 공황, 정중/예의, 야심, 미식욕, 음주욕, 탐욕, 정욕 등이 있습니다. 따라서 이러한 정서들을 어떻게 제어하고 억제할 수 있느냐에 행복이 달려있는 것입니다.

그렇다면 인간 이해에 있어서, 인간의 정서와 지성이 불화할 때는 어떻게 해야 할까요? 어떻게 해야만 이 불화를 넘어 가장 완전한 삶, 곧 행복한 삶을 이룰 수 있을까요? 이것을 다루는 것이 3부입니다. 정서의 기원과 본성을 다루죠? 스피노자는 감정은 이성으로 통제할 수 없고 다른 강력한 감정으로만 제어될 수 있다고 봅니다. 곧 지성으로 나가기 위해서는 해로운 '수동적 감정'에서 용기와 관용 같은 '능동적 감정'으로 이행해야 한다는 것입니다. 에티카를 인용해 볼까요? "(에티카 제3부 정리3) 정신의 능동은 오직 타당한 관념에서만 생기지만, 수동은 타당하지 않은 관념에만 의존한다."

타당하지 않은 수동적인 감정, 가령 혐오와 차별, 분노와 복수심과 같은 감정에서, 타당한 관념에서 생기는 감정인 사랑과 정의, 믿음과 소망으로 가기 위해 우리는 지성과 더불어 더 크고 강력한 올바른 감정들을 훈련해야 할 것입니다. 그래야만 기분 좋은 세상으로 변할 것입니다.

토론해 봅시다

① "감정은 인간 판단의 적인가, 보완적 기능인가?"

② "인간 감정은 문화보다 생물학적 본성에 가까운가?"

인간의 문제

『나와 너』로 유명한 대화의 철학자 마르틴 부버(Martin Buber)의 말년 사상이 담겨져 있는 책, 『인간의 문제(*Das Problem des Menschen*, 1943)』(길, 2007)는 집, 혹은 고향에 관한 사유입니다. 부버는 칸트(I. Kant)의 물음 가운데, "인간이란 무엇인가?"에 초점을 맞춰 서양철학사 전반을 비판적으로 고찰하며 철학적 사유의 중심에 '인간'이 놓여야 함을 주장합니다. 곧, 인간의 '이성' 대신 '인간'이 중심이 된 철학적 인간학을 주장하는 것입니다.

따라서 부버는 서양철학사를 '집이 있는 시대'와 '집이 없는 시대'로 구분하며 각 시대에서 인간이 어떻게 자기 인식의 인간학적 문제를 성찰했는지를 살펴봅니다. 먼저 플라톤부터 헤겔까지는 집이 있는 시대입니다. 따라서 집이 있기에, 인간의 문제는 그저 형이상학(아리스토텔레스)과 종교철학(아우구스티누스, 스피노자, 칸트), 역사철학(헤겔)의 맥락에서 부수적으로 다루게 됩니다.

이후 집이 없는 시대는 니체의 "신은 죽었다!"라는 선언으로 시작됩니다. 니체의 시 선언은 이전 철학사의 형이상학, 종교철학, 역사철학의 해체입니다. 부버는 부수적으로 다루어진 인간학이 비로소 자립성을 확복했던 시기라고 합니다. 철학적 인간학이 시작된 것입니다. 그 위대한 사상가들은 니체, 포이에르바하(Ludwig A. von Feuerbach), 마르크스(K. Marx), 키에르케고르(Søren A. Kierkegaard), 하이데거(Martin Heidegger), 셸러(Max Scheler) 등입니다.

그러나 부버는 근대의 철학적 인간학을 '개인주의적 인간학'과 '집단주의적 인간학'으로 구분합니다. 전자에는 키에르케고르, 하이데거가 있고 후자에는 마르크스가 놓이게 됩니다. 부버는 '사회'만을 분석하여 '인간 일반'을 놓친 마르크스의 집단주의를 비판합니다. 물론, '집단'을 놓치고 '인간'만을 분석한 실존주의도 꼬집습니다. 가령, 키에르케고르는 인간의 '실존적인 자기 관계'만을 고집하는 바람에 '신을 향해 열린 개별자의 실존적인 자기 관계'만을 제시한 오류가 있고, 하이데거의 실존주의는 개인주의로, '닫힌 체계'라고 비판합니다(물론, 하이데거의 실존이 존재 자체를 향해 열린 개방성임은 부인하지 않습니다만).

조금 더 살펴볼까요? 부버는 하이데거가 강조하는 존재(Dasein)가 인간관계의 대화적 본질을 진정으로 인식하지 못한다고 주장합니다. 가령, 하이데거의 실존적 분석에 따르면, 존재는 근본적으로 고립된 존재로 묘사되며, 개별 존재(Sein)와 존재와의 관계에 초점을 맞춥니다. 부버는 이러한 접근이 지나치게 자기중심적이며, 인간 경험을 형성하는 대인 관계를 간과한다고 비판합니다. 따라서 부버는 인간 존재를 이해하기 위해서는 '나-너' 관계가 핵심이라고 주장합니다. 부버의 주저가 『나와 너』인 것 아시죠? 이러한 대화 원칙은 개인들 간의 상호작용을 강조하는데, 부버는 이를 통해 진정한 인간 존재를 파악할 수 있다고 본 것입니다.

부버가 특히 관심을 두는 것은 파스칼(Blaise Pascal)입니다. 『팡세』에서 파스칼은 이렇게 고백합니다. "이 무한한 공간의 영원한 침묵이 나를 두렵게 한다." 무한한 우주 어디에도 돌아갈 집이 없는 인간에 관한 진지한 사유를 미리 선보였기 때문입니다.

그렇다면 부버의 대안은 무엇인가요? 마지막 장인 제2부 4장 '전망'에 잘 나와 있습니다. 앞서 하이데거 비판에도 나왔지만, 바로 '사이존재(Zwischensein)'입니다. 사실 인간은 나와 너 '사이'의 열린 공간에서 '사이의 영역' 자체로 존재합니다. 한자 인간(人間)의 틈(사이) 간(間)이 바로 그 의미죠?

결국, 인간은 대화를 통해 서로 삶을 나누는 것이 본질적이라는 것입니다. '집이 있는 시대'는 이러한 대화가 필요 없었습니다. 그러나 '집이 없는 시대'는 '사이 존재'의 서로 간의 대화가 필요합니다. 그것이 허무를 견디는 힘이 되기 때문입니다. 다시 집을 찾는 용기를 주기 때문입니다.

① "인간은 본래 '문제적 존재'인가?"

② "현대 기술 문명은 인간 문제를 해결하고 있는가, 심화시키고 있는가?"

무뎃뽀(무대포) 정신

"무뎃뽀(무대포) 정신"이라는 말이 있습니다. 일본말이죠? '무철포', 곧 '무조총'이라는 말로, 총 없이 덤빈다는 뜻입니다. 우리말로는 '막무가내'로 씁니다. 임진왜란 당시 조선은 일본의 이 조총 부대 때문에 큰 타격과 충격을 받았습니다. 따라서 임진왜란 이후 조선은 조총부대를 육성할 정도였습니다.

이러한 조총이 일본에 전래된 것은 1543년이었습니다. 이미 원나라에서 만든 총이 있었지만, 그것은 대포를 소형화한 정도입니다. 그러나 이것이 서양으로 수출되고 개조되어 다시 일본에 올 때는 엄청난 변화를 거쳤습니다. 당시 일본은 난파한 포르투갈 선원에게서 조총을 지금 돈으로 무려 10억 원에 구입했다고 합니다. 중국에서는 조총을 새를 잡는 총이라 하여 '조총(鳥銃)'이라고 불렀지만, 일본에서는 철로 만든 포라 하여 '철포(鐵砲)'라고 불렀습니다. 이 철포가 일본어로 '뎃뽀'입니다.

일본의 전국시대(戰國時代)를 아실 것입니다. 막부들의 전쟁이 100년도 넘게 지속된 시대입니다. 1579년 최고의 기마병을 가진

다케다 가쓰요리군과 오다 노부나가, 도쿠가와 이에야스 연합군이 전쟁을 벌입니다. 나가시노 성을 빼앗기 위한 전쟁인데, 이때 세키가하라 전투(関ヶ原の戦い, 1600)에서 오다와 도쿠가와 연합군은 최대의 철포 부대를 동원하였습니다. 최강의 기마대를 가진 다케다가 공격해오자, 오다와 도쿠가와 군은 지능적으로 철포를 이용하여 기마대를 완전히 격파했습니다.

이 세키가하라 전투에서 '철포도 없이 무작정 싸운 것'을 보고 사람들이 무철포, 즉 무뎃뽀라고 하면서 지금의 무대포라는 뜻이 되었습니다. 무대포 근성, 무대포 정신은 그저 죽음을 뻔히 보면서도 발악을 했던 역사였습니다. 이후 전국시대는 여러 곡절을 거쳐서 오다 노부나가의 부하였던 도요토미 히데요시가 천하를 통일합니다. 바로 임진왜란을 일으킨 전범입니다. 이 당시 조선을 침략할 때 사용한 조총은 실제 성능보다 더 공포를 주는 무기였습니다. 조총 앞에 우리 조상들은 무수히 죽어갔습니다. 다만, 바다에서는 조총보다 큰 대포를 쏘는 이순신의 거북선과 우리 함선의 활약으로 일본을 물리칩니다.

토론해 봅시다

① "무대포 정신은 창의성과 용기의 표현인가, 무책임한 무모함인가?"

② "사회는 무모한 도전을 장려해야 하는가, 통제해야 하는가?"

호모 히브리스

고고유전학(고DNA에 대한 분석을 고고학 및 인류학적 증거와 교차검증함으로써 인류사에 대한 과학적인 사실을 정립하고자 하는 학문)의 선구자 요하네스 크라우제(Johannes Krause)와 과학 저널리스트 토마스 트라페(Thomas Trappee)가 천만년 동안의 인류의 진화사를 살펴보며 미래의 돌파구를 찾고자 한 책이 있습니다. 바로 『호모 히브리스: 인류, 그 거침없고 오만한 존재의 짧은 역사』(책과함께, 2023)입니다.

사실 의심할 여지 없이 우리 인간은 지구라는 행성이 배출한 가장 지적인 존재입니다. 그러나 우리 인간은 스스로 전지전능하다고 여기면서도 자기 파괴적 충동에 사로잡혀 있습니다. 따라서 팽창하고, 소비하고, 정복하여 고갈시키려는 충동으로 말미암아 기후 위기, 글로벌 팬데믹, 인구과잉, 전쟁, 생태계 붕괴 등 21세기 인류가 맞이한 위험을 낳게 되었습니다. 호모 히브리스, 곧 오만한 인간이 스스로 남긴 파편들입니다. 그렇다면 우리 인간은 이 위기도 극복할 수 있을까요? 아니면 스스로 일궈온 성공적인 진화의 희생양이 되고 말 것인가요? 서문에서 크라우제&트라페는 이렇게 이 책을 소개합니다.

“이 책은 끝없이 승승장구해 온 인간을 이야기하지 않는다. 하지만 우리 인간의 몰락이 피할 수 없는 일이라고 주장하는 것도 아니다. 이 책은 숱한 우연의 상호작용을 통해 파괴적인 속도로 진화의 정점을 향해 내달리고, 궁극적으로는 지구의 오지까지 정복해 자신의 욕구를 채우려는 아주 특별한 동물 종에 관한 이야기다. 인간이 실패에 실패를 거듭한 끝에 단 한 번뿐인 성공 가도에 진입한 것은 그리 오래되지 않았다. 수많은 진화 경로는 인간의 계통이 공통의 조상으로부터 침팬지와 보노보로 분화된 이후 막다른 길에 다다랐다. 그중 하나는 이미 우리 앞에 있다.”

먼저 ‘실험실 인간’에서 호모 사피엔스가 인류를 지배한 이유를 분석합니다. 그것은 바로 분업과 잔인함, 미지의 세계에 대한 상상력이라고 합니다. 크라우제&트라페의 말을 들어볼까요?

“우리 실험실의 네안데르탈인화한 세포 배양물은 호모 사피엔스의 위대한 비밀에 접근하기 위한 보조 수단에 불과할 수 있다. 운이 좋으면 현대인에게 결정적인 이점을 제공한 유전적 변화를 읽어낼 보조 수단 말이다. 그 보조 수단이 우리를 복잡한 분업 사회로 이끌고 전체의 행복을 위해 개인이 계속 전문화한 문화적 능력이었을까? 아니면 동족에 대한 잔인함, 동족이 아닌 사람들에게는 더 서슴지 않았던 잔인함이었을까? 자신의 삶을 미지의 영역으로 끌어올리기 위해서라면 목숨까지 내놓았던 대담함이었을까? 현생인류는 인류사에 진화의 흔적을 남겼지만, 네안데르탈인과 데니소바인은 그렇지 못했다. 이 모든 것이 사소한 우연이었을까? 아니면 이 모든 것은 결국 오류의 흔적, 우리가 그저 전속력으로 내달리고 있는 막다른 골목이었을까? 우리 안의 무엇이 결정적인 순간에 네안데르탈인 클론을 조수석에 앉혀놓게 충동질한 것일까?"

아무튼 이렇게 미래를 상상하는 생각하는 능력을 가진 호모 사피엔스는 동물을 나름대로 분류하여 공존과 이용, 혹은 제거의 대상으로 처리합니다. 크라우제&트라페의 말입니다.

"인간은 생각하는 능력을 갖기 시작한 이래 동물권을 세 개의 큰 범주로 분류했던 듯하다. 최대한 많이 먹어 치워야 해서 죽여야 하는 동물, 멀리하거나 바로 죽여야 하는 위험한 동물, 위험하지 않지만 먹을 수 없고 성가시면 죽일 수도 있는 동물. 우리 조상들이 유라시아에서 오스트레일리아까지 거대 동물을 멸종시키는 데는 몇천 년밖에 걸리지 않았다. 이후 이들은 완전히 새로운 방식으로 동물을 다루는 법을 발견했다. 공존과 이용이었다. 하지만 야생 동물을 가축으로 길들이는 것은 아직 먼 훗날의 일이었다. 이 시도는 동남아시아에서 거대한 낙농 및 도축용 쥐를 사육하면서 시작되었다기보다는 더 북쪽에 있는 아시아와 유럽에 양, 염소, 소, 돼지를 기른 선구자들이 있었다고 보는 것이 옳다. 하지만 이렇게 되기 전에 석기시대 유라시아 사람들이 예속물이 아닌 충직한 동반자로 여겼던 동물이 있다. 다름 아닌 개였다."

정리하면 이렇습니다. 대략 30만 년 전 아프리카 어딘가에서 발생한 호모 사피엔스는 아라비아 반도를 거쳐 유라시아로 건너와서는 그곳에 먼저 자리 잡고 있던 네안데르탈인과 데니소바인을 몰아내고 만물의 영장 자리를 차지했습니다. 이것은 지금으로부터 약 4만 년 전의 일이었습니다. 데니소바인에 대해서는 알려진 것이 적지만, 네안데르탈인은 호모 사피엔스보다 뇌 용량도 컸고 신체적으로도 강건했으며 추위에 대한 적응력도 뛰어났습니다. 그럼에도 그들은 멸종했고 현생인류가 살아남은 까닭은 무엇일까요?

앞서 이야기했지만, 또 다른 이유는 현생인류가 지닌 문화적 능력, 특히 사냥과 살인 기술입니다. 네안데르탈인 역시 매머드를 사냥해 먹었지만, 인간은 칼날과 창, 작살, 덫 같은 무기를 사용함으로써 가장 효율적인 킬러로 등극했습니다. 게다가 인간은 불을 사용할 줄 알았고 바늘과 실로 가죽옷을 만들어 입었기 때문에 극한의 환경에서도 살아남을 수 있었습니다. 계속해서 크라우제&트라페는 이렇게 소개합니다.

"이들의 세력이 팽창하면서 수렵 채집인의 어두운 피부색은 점점 이주민들의 밝은 피부색에 자리를 내주고 영원히 사라졌다. 피부색이 밝아진 것은 농경과 어쩌면 육식을 부족하게 섭취한 데서 원인을 찾을 수 있다. 이것은 근동 지방에서 최초의 신석기 생활양식과 함께 시작되어 결국에는 북반구 전역에서 나타나고 강화되었다. 밝은 피부색은 여러 차례의 돌연변이로 인해 생겼다. 아마 이 방식으로만 피부를 통해 햇빛을 충분히 흡수해 생존에 필요한 비타민 D를 충분히 생산할 수 있고, 긴 수명과 돌연변이를 자녀에게 물려줄 수 있기 때문일 것이다. 수렵 채집인에게는 이러한 우회적인 방법이 필요하지 않았다. 육류와 어류를 마음껏 먹었던 이들은 비타민 D를 충분히 섭취할 수 있었기 때문이다."

결국 호모 사피엔스는 유라시아 동쪽 끝과 아메리카 대륙, 태평양의 섬들과 오스트레일리아 등 지구 곳곳으로 퍼져 나갔으며 가는 곳마다 특유의 사냥 능력을 발휘했습니다. 이들이 가는 곳마다 모든 거대 동물이 삽시간에 사라졌습니다. 유라시아에서는 매머드와 털코뿔소, 메갈로케로스, 동굴 곰, 동굴 사자 등이 멸종 위기를 맞았고 오스트레일리아에서는 디프로토돈, 주머니사자, 드로모르니스, 메갈라니아 같은 거대동물들이 자취를 감추었습니다. 아메리카에서도 상황은 마찬가지였습니다. 숲이 무성한 파라다이스였던 이스터섬은 인간이 들어온 뒤 황량한 풀밭으로 바뀌었습니다.

크라우제&트라페의 말대로 "팽창, 소비, 정복이 디엔에이(DNA)에 쓰여 있는 존재"로서 인간은 진화와 확산을 거듭했지만, 거기에는 지구의 자원에 한계가 있다는 사실에 대한 고려가 빠져 있었습니다. 이제 지구의 한계가 인간의 앞에 놓여 있기 때문에 진화의 특성으로는 더 이상 할 것이 없습니다. 그럼에도 호모 사피엔스, 아니 호모 히브리스는 성장의 한계를 받아들이지 못하고 있습니다. 자기파괴적 충동이 고삐 풀린 말처럼 인류를 벼랑 끝으로 내몰고 있는 형국입니다.

사실 호모 히브리스의 뇌는 공룡을 멸종시킨 운석만큼이나 위협적입니다. '기후 위기'와 '핵무장'은 인간의 오만한 뇌가 만들어낸 괴물입니다. 결국 크라우제&트라페의 말대로 "이제 우리의 마지막 적은 우리 자신이 되었다."인 것입니다.

마지막으로 제목에 관한 이야기를 해 볼까요? '히브리스(hybris 또는 hubris)'는 성서에 나오는 오만, 교만을 의미합니다. 그러나 좀 더 분명하게는 그리스 신화와 비극에서 등장하는 인간의 오만을 뜻합니다. 그리스 신화와 비극에서 자주 다뤄지는 주제 중 하나입니다. 따라서 히브리스는 절제와 겸손에 대한 가르침을 수반합니다. 그러나 "20세기는 호모 사피엔스를 호모 히브리스로 만들었다."라는 저자의 따끔한 질책이 귀에 들립니다.

아무튼 이러한 히브리스의 죄는 네메시스 곧 응징과 복수를 부릅니다. 우리가 네메시스의 운명을 벗어날 수 있을까요? 저자는 "이제 다음 도약을 위해 준비할 때다."라는 결론으로 책을 마무리하지만, 지금 시점에서 필요한 '도약'은 절제와 겸손이라고 할 수 있습니다. 성경도 성령의 9가지 열매 가운데 마지막에 '절제'를 소개합니다. 호모 히브리스가 새로운 세상을 맞이하기 위해 필요한 덕목입니다.

토론해 봅시다

① "인간의 오만(hybris)은 진보의 동력인가, 파멸의 원인인가?"

② "자연에 대한 인간의 지배 시도는 어디까지가 적절한가?"

문학예술의 핵심 가치인 인간

"현재의 자본주의 체제를 바꾸지 않는 한 대다수 인류의 삶은 더 비참해질 뿐이라는 위기의식이 조금 더 진지하고 구체적으로 형성되고 확산될 때에, 자본주의의 진정한 변화의 불가능성을 직간접적으로 선전하는 일체의 이데올로기에 맞서 이론의 전 영역에서 비타협적으로 투쟁했던 루카치의 사유는 더 많은 주목을 받게 될 것이다."

지난 100년의 한국문학을 다룬 사전인 『100년의 문학용어 사전』(2008)에서 가장 많이 인용된 사람이 헝가리의 마르크스주의 문학이론가 지외르지 루카치(György Lukács, 1885~1971)입니다. 그의 이름은 김지하와 황석영보다도 앞섰습니다. 사실 루카치는 사회주의 리얼리즘(Socialist realism) 정도의 사상가로만 알고 있었는데, 이번에 김경식의 『루카치 소설론 연구』(아카넷, 2025)는 루카치의 새로운 모습을 엿볼 수 있습니다. 서두의 인용은 김경식 연구자의 말입니다(종장: 루카치, 과거와 미래를 잇는 다리). 이 책은 루카치의 초기작 『소설의 이론』에서 마지막 저서인 『솔제니친』(1970)까지 루카치의 소설론을 고찰했습니다. 먼저, 루카치의 저서를 중심으로 사상의 4단계를 나눠보겠습니다.

루카치의 사상은 1단계: 청년기로 형식주의적 미학과 관념론적 철학(1900~1918) → 2단계 마르크스주의로의 전환: 계급의식과 변증법적 유물론(1919~1930년대) → 3단계 사회주의 리얼리즘과 모더니즘 비판(1930년대~1950년대) → 4단계 휴머니즘적 마르크스주의로의 전환(1956년 이후) 발전했다고 봅니다.

1단계는『소설의 이론』(1916)을 통해 실존적 위기와 예술적 형식의 문제를 중심으로 연구합니다. 공산당원이 되기 전에 쓴 이 책은 마르크스주의보다는 헤겔 미학의 영향이 더 두드러집니다. 원래 도스토옙스키 연구서의 서론으로 집필된 이 책에서 루카치는 서사문학, 극문학, 서정문학이라는 전통적인 장르 삼분법을 그대로 받아들입니다. 따라서 호메로스의 서사시인『일리아드』,『오디세이』에서는 씨족 집단의 원시적 통일성이 형식을 규정하는 사회적 내용으로 작용하고 있지만, 분열과 균열의 시대인 근대의 서사 장르인 소설에서는 주관세계와 객관세계가 불화합니다. 그 결과, 추상적 이상주의(주관적인 것을 객관적인 것으로 바꾸어 놓는)와 낭만주의(객관세계와는 절연한 채 순수하게 내면적인 현실에만 집중하는)가 탄생합니다(루카치는 여기서 낭만주의는 '환멸적'이라고 악평합니다만). 그러나 괴테의 교양소설『빌헬름 마이스터의 수업시대』의 경우, 제한적이나마 공동의 운명, 공동의 삶이 형성 가능하다고 봅니다.

2단계는『역사와 계급의식』(1923)을 통해 '총체성(totality)' 개념을 강조하며, 사회를 개별 요소가 아닌 변증법적 관계 속에서 파악해야 한다고 주장했습니다. 특히 프롤레타리아 계급이 자신의 역사적 역할을 인식해야만 혁명이 가능하다고 보았으며, 이를 '계급의식' 개념으로 정리했습니다.

3단계는 『리얼리즘 문제』(1950년대)를 중심으로 발자크, 톨스토이, 토마스 만 같은 리얼리즘 작가들을 변증법적 현실 인식의 모범으로 평가한 반면, 조이스, 카프카, 프루스트 등의 모더니즘 작가들을 비역사적이고 주관주의적이라고 비판합니다. 물론, 이 시기에는 문학과 예술이 사회주의 혁명과 인민의식 형성에 기여해야 한다고 생각했기 때문입니다.

4단계는 『미학 연구』(1960년대)를 통해 예술의 자율성을 강조하며, 리얼리즘을 보다 폭넓게 해석합니다. 또한 『사회 존재의 존재론』(1970년대, 미완성작)을 통해 인간의 실천과 창조성을 강조하며, 마르크스주의를 도구적 이데올로기가 아니라, 인간 해방의 철학으로 복원하려고 노력했습니다.

특히 『솔제니친』(1970)에서는 알렉산드르 솔제니친의 문학(『이반 데니소비치의 하루(1962)』을 분석하며, '스탈린주의적 전체주의'뿐만 아니라, 솔제니친이 제시한 '반공주의적 입장'도 비판합니다. 사실 스탈린의 박해를 받고 소설로 그에 맞선 솔제니친은 흔히 반스탈린주의자이자 반공 투사로 여겨지지만, 루카치는 솔제니친의 소설을 사회주의 리얼리즘의 재생을 위한 "서곡" 또는 "사회주의 리얼리즘을 부활시키고 세계문학적 의미를 지니도록 그것을 향상"시킨 것으로 평가합니다.

가령, 『이반 데니소비치의 하루』의 경우, 수용소에서 한 인간이 어떤 형태로 자신의 인간적 온전성을 보존할 수 있는가 하는 문제를 문학적으로 제기했다고 평가합니다. 스탈린의 폭력보다 인간 실존에 관점을 두는 것입니다. 이렇게 말년의 루카치는 계급이나 객관성, 또는 총체성 대신, '인간'을 문학예술의 핵심 가치로 삼았고 리얼리즘을 문학 및 예술의 보편적인 미적 원리로 높였습니다. 곧 계급투쟁만이 아니라, 인간의 자유, 윤리적 가치, 문화적 발전을 강조하며 휴머니즘적 마르크스주의로 변화하게 된 것입니다. 예술과 인간의 창조적 능력을 강조하면서, 경직된 사회주의 리얼리즘을 넘어서는 보다 유연한 입장을 취한 것입니다.

헤겔 미학에서 전성기의 사회주의 리얼리즘을 지나 말년의 루카치는 '계급'이나 '객관성' 또는 '총체성' 대신, '인간'을 문학예술의 핵심 가치로 삼습니다. 휴머니즘이죠? 이것은 리얼리즘을 문학 및 예술의 보편적인 미적 원리로 높인 것입니다. 이렇게 헤겔 미학에서 사회주의 리얼리즘을 거쳐 휴머니즘까지 루카치의 사유는 자기쇄신의 연속이었습니다.

이러한 루카치의 리얼리즘 이론은 마르크스주의 문학이론에 커다란 발전을 가져오는 동시에 다른 한편으로 심각한 편향을 가져왔다고 비판받고 있습니다. 왜냐하면 그는 예술방법이 단순히 형식적 · 기술적인 문제가 아니라, 삶에 대한 작가의 연관관계, 즉 세계관으로부터 유래하는 것임을 해명했기 때문입니다. 이에 근거하여 루카치는 모더니즘과 자연주의에 대해 비판했죠? 물론 이러한 이론은 기존의 문학 이론인 '문학적 방법'과 '작가의 세계관' 사이를 역전시켰습니다.

여기서 중요한 것은 작가의 세계관 내용이죠? 루카치는 '계급적 관점'을 중요시해 '진보성'과 '민중성'을 담지하는 것으로 생각했습니다. 결국 세계관과 방법을 대립시키는 루카치의 이론은 사회주의 문학운동에 있어서 부르주아계급의 진보적이고 민주주의적인 예술적 유산을 받아들이는(혹은 과도하게 강조하는) 정치적 입장으로 나아갔습니다. 우리로 말하면 '강남 좌파'의 인정이죠? 주류 마르크스주의자는 비판합니다(왜 '엘리트이자 학벌 좋은 지식인 부자'가 진보적이고 민중지향성을 가지면 안되는가라는 질문은 이 당시가 1930년대라는 것을 생각하면 이해가 됩니다).

헤겔이 '예술의 종언'을 진단한 바로 그 시대에, 가장 중요한 예술 형식으로서 '장편소설'의 중요성을 언급한 루카치는 자기 당대의 시대적 상황에 관해서는 비관적이었지만, 인류의 미래에 대해서는 낙관하였습니다. 물론 암울한 현재와 맞서 싸우기를 멈추지 않았습니다. 웬만한 소설 첫 문장보다 유명한 루카치의 초기작 『소설의 이론』(1916) 첫 구절은 이렇습니다. "별이 총총한 하늘이 갈 수 있고 가야만 하는 길들의 지도인 시대, 별빛이 그 길들을 훤히 밝혀주는 시대는 복되도다." 따라서 김경식의 평가는 이렇습니다. "루카치가 이론적 자기쇄신을 거쳐 제시한 그 길, 유물론적이고 역사적인 총체적 사유의 소산인 미학적 길의 필요성은 오히려 더 커졌다."

토론해 봅시다

① "문학예술은 인간을 더 인간답게 만드는가?"

② "AI의 예술 창작은 인간 중심적 예술관을 무너뜨릴 수 있는가?"

글쓰기의 힘

개인적으로, 저보다 나이가 적지만, 존경하는 사상가가 있습니다. 미국 텍사스주 콜린 칼리지의 철학과 교수인 신유물론자 레비 브라이언트(Levi Bryant)와 일본의 비평가이자 소설가인 아즈마 히로키, 그리고 작가인 사사키 아타루입니다.

사사키 아타루는 '일본의 니체'라고 불리는 철학자입니다. 시인 파울 첼란의 '빛의 강박'이라는 시에서 한 구절 따온 책, 『잘라라, 기도하는 그 손을』(자음과 모음, 2012)은 아주 흥미로운 책입니다. 우리 사회를 변혁하기 위해서 '기도하는 것'보다는 "책을 읽고 텍스트로 저항해야 한다"라고 선포합니다. 따라서 혁명이란 폭력이 아니라, 문학이라고 합니다. 읽는 것과 쓰는 것, 그 자체가 혁명이라는 것입니다. 그래서 혁명은 문학으로부터만 일어난다고 말합니다.

물론, 여기서 사사키가 말하는 문학은 소설보다 넓은 의미입니다. 가령, 문자로 쓰인 모든 텍스트와 춤이나 음악까지 포함한 것입니다. 따라서 사사키가 위대한 '문학'의 담당자로 이 책에서 소환하는 이는 마르틴 루터, 무함마드, 니체, 도스토옙스키, 프로이트, 라캉, 버지니아 울프 등입니다.

그렇습니다. “잘라라, 기도하는 그 손을”이라는 제목처럼, 간절히 바라기를 위해 두 손을 맞잡고 기도하기보다는 독서를 위해 책을 붙잡으라는 것입니다. 이것은 그리스도인들에게는 ‘기도’보다, ‘성경을 제대로 읽고’, 이러한 읽고, 씀으로 제대로 신앙 생활해야 한다는 것을 의미합니다. 그리고 ‘책을 붙잡는다’는 것은 법을 고쳐 쓰는 것, 곧 다른 체제를 만드는 것이라고 소개합니다. 그리고 이것이 바로 혁명입니다!

기독교 역사에 있어서 가장 중요한 혁명인 종교개혁을 이끈 루터를 소환한 이유가 바로 이 때문입니다. 루터는 성서를 끊임없이 읽었습니다. 그리고 자국어로 번역하였습니다. 그러다가 성서의 내용과 당시 성직자들의 행동을 비교하면서 그 유명한 95개 조의 의견서를 제출하게 됩니다. 읽고 쓴 것이 혁명의 시작이었습니다. 결국, 종교개혁에는 독서가 큰 역할을 담당한 셈입니다. 사사키의 루터 소개를 한번 볼까요? 그는 루터를 다루면서 “대혁명이란 성서를 읽는 운동”이라고 언급합니다.

“한마디로 하지요. 대혁명이란 성서를 읽는 운동입니다. 루터는 무엇을 했을까요? 성서를 읽었습니다. 그는 성서를 읽고 성서를 번역하고, 그리고 수없이 많은 책을 썼습니다. 이렇게 하여 혁명이 일어났습니다. 책을 읽는 것, 그것이 혁명이었던 것입니다.”

특히 사사키는 ‘책을 읽는다’는 것을 ‘고쳐 읽는다’는 것으로 봅니다. 그리고 고쳐 읽는 것은 ‘고쳐 쓴다’는 것이며 책을 고쳐 쓴다는 것은 ‘법을 고쳐 쓴다’는 것으로 봅니다. 결국 이렇게 법을 고치니, 혁명이 시작이 되는 것입니다.

법에 관해서 말이 나왔으니, 사사키는 11세기 말, 피사의 도서관 구석에서 발견한 유스티니아누스 법전, 곧 유스티니아누스의 명령에 따라 법학자 트리보니아누스가 편찬한 『로마법 대전』(529년 시행) 전 50권의 발견을 소개합니다. 정식명칭이 시민법대전(Corpus Juris Civilis)인 이 위대한 법전은 그때까지 전혀 이해 불가능한 것으로 생각되어 누구 한 사람 돌아본 사람이 없었습니다. 따라서 6세기부터 11세기 말까지 600년 가까이 완전히 망각 속에 묻혀 있었습니다. 그러나 유럽인들은 책을 찾았고, 들었고 읽었습니다. 사사키의 분석입니다.

"여기서 유럽은 지금까지 전혀 몰랐던 한없이 정치한 법 개념과 법률 용어를 대량으로 입수하게 됩니다. 이리하여 과거의 거대한 유산인 로마법을 교회법에 주입하여 전대미문의 규모로 고쳐 쓰는 작업이 진행됩니다. 그들은 읽었습니다. 읽어버린 이상 고쳐 읽지 않으면 안 됩니다. 고쳐 읽은 이상 고쳐 쓰지 않으면 안 됩니다. 읽은 것은 굽힐 수 없습니다. 그렇다면 쓰기 시작해야만 합니다. 반복합니다. 그것이, 그것만이 '혁명의 본체'입니다."

대단합니다. '축자영감설'의 오류를 이렇게도 이야기할 수 있겠네요! 아무튼 『로마법 대전』을 읽은 중세 유럽인들은 읽고 새롭게 쓰기 시작합니다. 새로운 법이 성립하게 되었습니다. 가령 군주법이나 제국법, 봉건법, 장원법, 도시법, 상법 등이 차례로 고쳐 쓰입니다. 물론 교회법도 마찬가지입니다. 당시 상황으로 보아, 교회법은 다른 모든 법을 총괄하는 것이죠? 그것이 바로 『그라티아

노스 교령집』(1140년 경)입니다. 사사키의 분석입니다.

"교회란 그리스도교 사회 전체를 말하고, 교회법이란 그 사회 전체를 통괄하는 법이었다는 이야기는 앞에서도 했습니다(그리고 당시 사회는 그리스도교 사회였습니다-필자 첨가). 로마법을 주입받아 고쳐 쓰인 교회법의 텍스트는 절대적으로 자기를 갱신하고 대사(代謝, 생명체가 생명 활동에 쓰는 물질이나 에너지를 생성하고 필요하지 않은 물질을 몸 밖으로 내보내는 작용-필자 첨가)되고, 체계를 이루고, 다른 '법의 집성'으로 다시 태어납니다. 이를 '중세 해석자 혁명'이라 부릅니다. 그리고 이 혁명의 과실인 새로운 법을 추축(樞軸)으로 한 '유럽 전체를 통일하는 그리스도교 공동체' 즉, '교회'가 성립합니다. 그렇습니다. 이것이 바로 근대국가의 원형이 되는 것입니다."

이 '중세 해석자 혁명'은 서구에서 발생한, 혁명을 결정지은 혁명, 아니 후속 혁명이 모두 그 연장선 위에 있고 계속 그 틀 안에 있어 온, 유럽 혁명의 어머니입니다. 중요한 것은 이 혁명적인 교회법이 다룬 내용입니다. 오해하듯이, 성직자 집단 내의 규칙(내규)만이 아니었습니다. 내용을 살펴보면, 세례, 교육, 구빈, 혼인, 가족, 이단이나 마술의 금지, 성범죄, 고아 · 과부 · 병자 · 노인의 보호 그리고 신탁제도, 계약 문제 등 대부분의 민법 사항이 들어 있습니다. 그리고 이 민법의 핵심, 곧 정신을 사사키는 "살기 위한 법, 낳아 기르기 위한 법"이라고 규정합니다.

"그러나 교회법에 속해 있던 이들의 관할 사항은 대체 무엇을 위해 있었을까요? 삶을 위해, 사람이 사람으로 살기 위해, 더 정확히 말하자면, '재생산', 즉 '번식(reproduction)'을 위해 있는 것입니다. 아이로 태어나고 자라며 가르침을 받고 사랑을 알게 되며 아이를 낳고 자식을 키우며 이 세상을 떠나기 위해, 즉 '살기 위해', '살기 위한 법'이 벌과 죽음을 주는 법의 상위에 있다는 것은 당연하겠지요. 가족법을 중심으로 한 체계, 그것이 교회법이고 '상위'에 있는 공통법입니다. 이를 변혁하지 않고 혁명은 성취할 수 없습니다."

대단합니다. 법(읽기와 다시 쓰기)을 통해 혁명을 논합니다. 지금 한국 교회의 개혁은 성경을 제대로 읽고, 다시 써야 합니다(새로운 성경을 쓰자는 것이 아니라, 제대로 읽은 성경의 가치관을 실천으로 옮기자는 것). 그런데 사람들은 읽기 싫어합니다. 성경적인 설교도 듣기 싫어하는데, 하물며 읽을 수야 있겠습니까! 따라서 사사키의 꼬집는 말을 마지막에 소개합니다. 그는 어려운 책을 멀리하는 세태에 대해, "메시의 드리블이 난해한 건 이해하면서 책이 난해한 건 참지 못한다!"

지금 민법을 바꿔야 합니다. 형법 집행자가 너무 많습니다. 그래서 세상이 이상하게 돌아갑니다. 법을 바꾸기 위해 법을 읽어야 합니다. 법을 읽기 위해서는 다른 책부터 읽어야 합니다. 기도하기 위해 두 손을 모으지 말고 책을 잡으세요. 하다못해 이 글이라도 읽기 위해 책장을 넘기기라도 하세요.

토론해 봅시다

① "글쓰기는 사고를 명확하게 한다는 명제는 타당한가?"

② "AI 시대에 인간의 글쓰기는 여전히 고유한 가치가 있는가?"

고도를 기다리며

도스토옙스키(F. M. Dostoevsky)가 인간의 본성을 장황하게 서술한 『카라마조프 가의 형제들』과 달리, 사뮈엘 베케트(Samuel Beckett)의 희곡 『고도를 기다리며』는 인간의 본성을 단순한 설정으로 잘 보여줍니다. 2막으로 구성된 이 희곡은 두 부랑자 블라디미르와 에스트라공이 50년 동안이나 고도를 기다리는 내용입니다. 오지도 않는! 이것은 베케트가 2차 대전 당시 겪은 피난 생활을 기초로 한 것으로, 인간의 삶 속에 내재 된 보편적인 기다림을 묘사한 것입니다. 아무튼 등장인물들은 인간의 본성을 잘 표현합니다.

블라디미르(디디)는 늘 무언가를 골똘히 생각하는 사색형 인간입니다(MBTI, T형). 이성적인 인간의 표상이죠? 에스트라공(고고)은 감성적이고 단순한 인간입니다. 극에서는 늘 불평만 합니다. 그리고 직관적이기에(MBTI, NF형), 늘 블라디미르와 대조적입니다.

포조는 폭력적이고 권위적입니다. 상대의 존재를 재빨리 간파하는 눈치가 발달한 사람입니다. 그리고 포조의 하인인 럭키는 이름과 달리 수동적입니다. 포조의 학대에도 별 반응없이 순응합니다. 물론, 때로는 지적인 면을 예리하게 드러내기도 합니다.

이성적인 인간과 감성적인 인간, 능동적이며 폭력적인 인간과 수동적인 인간의 대조입니다. 이들 모두 고도를 기다리지만, 고도는 오지 않습니다.

『카라마조프 가의 형제들』에는 카라마조프 가의 아버지 표도르가 있습니다. 고리대금업으로 자수성가했지만, 자신의 욕망에 충실한 사람입니다. 그리고 카라마조프 4형제 중 장남인 미챠는 전직 장교로 아버지의 생명력과 원시적인 감성을 물려받습니다. 두 사람 모두 감정적이고 욕망에 충실한 인간입니다. 나중에 아버지를 살해했다는 누명을 받고, 유죄판결을 받아 시베리아 유배형에 처해집니다. 성격은 아버지와 함께 에스트라공과 비교할 수 있습니다(MBTI, F형).

이반은 표도르의 둘째 아들로 대학을 나온 무신론자입니다. 이성적이며 냉철합니다. "신은 없다. 따라서 사람에게는 모든 것이 허용된다."라는 말로 유명하죠(MBTI, T형)? 사회와 종교의 박애에 대해 냉소적인 인물로 도스토옙스키의 또다른 작품『죄와 벌』의 라스콜리니코프를 생각나게 합니다. 표도르의 넷째 아들 스메르자코프(사생아)에게 영향을 줘, 아버지 표도르를 살해하게 만듭니다.

알료샤는 표도르의 셋째 아들로 수도사가 되려고 했으나 존경하는 조시마 장로의 죽음으로 수도원을 떠나는 인물입니다. 둘째 형 이반과 대치되는,『죄와 벌』소냐의 포지션을 갖고 있습니다.

순수함을 상징합니다.

그리고 넷째 스메르자코프는 표도르가 거지 여인과 정을 통해 낳은 사생아입니다. 태어난 후, 하인인 그리고리의 양자로 자라 표도르 가의 하인 겸 요리사로 일합니다. 동갑인 이반과 정신적 교류를 하지만, 그 내부는 비열하고 잔꾀가 많은 인물입니다.

이렇게 이성형과 감성형, 능동형과 수동형(혹은 비열함과 순수함)의 인간 군상을 잘 보여주는 베케트와 도스토옙스키의 작품이 이 뜨거운 여름, 다양한 삶을 경험해보도록 이끕니다. 그러나 중요한 것은 인간의 성격은 이 모든 것이 종합적으로 섞여 있다는 것입니다. 현실태로 드러난 것이 다를 뿐! 잠재태에는 모두가 같은 속성을 공유하고 있습니다. 그래서 인간의 삶은 카오스모스입니다.

토론해 봅시다

① "희망은 인간 삶에 꼭 필요한가, 허상인가?"

② "행동 없는 기다림은 책임 회피인가, 성찰의 시간인가?"

2

인간과
그 **신체**, 나아가
물질과의 **얽힘**

인체의 주요 구성 성분

우리 인체의 주요 구성 성분은 물, 단백질, 지방, 탄수화물, 무기질(미네랄), 비타민 등입니다. 이 가운데 물은 몸의 약 60%를 차지합니다. 세포와 조직 및 혈액, 임파액 등의 액체 형태로 존재하며, 체내 영양소 공급과 노폐물 제거하거나 체온 조절하고 여러 생화학 반응의 용매 등의 중요한 역할을 수행합니다.

단백질은 인체의 약 16%를 차지합니다. 단백질은 영어로 프로틴(protein)이라고 하는데, 이 말은 '가장 중요한'이라는 뜻의 그리스어 프로테이오스(πρώτειος)에서 유래하였습니다. 단백질은 근육, 피부, 모발 등 인체를 구성하는 조직의 성분임과 동시에 효소, 호르몬, 항체 등 눈에 보이지 않는 작은 단위에서 생체 기능을 수행하고 조절하는 역할을 합니다. 우리가 움직이고, 소화하고, 에너지 활용하고, 상처를 회복하는 등 인체에서 일어나는 기능적인 역할을 담당하는 것은 대부분 효소, 즉 단백질입니다.

지방의 비율은 15-25% 정도로 개인차가 있습니다. 지방을 에너지의 저장 형태로 알고 있지만, 사실 지방은 세포막의 구성 성분으로, 또한 일부 호르몬의 재료 등의 기능을 하고 있습니다.

우리 한국인에게 매우 친숙한 탄수화물은 인체의 약 1% 미만으로 존재합니다. 우리가 먹는 대부분의 탄수화물은 포도당 등으로 분해되어 활동에 필요한 에너지로 쓰이고, 일부 나머지가 '글리코겐'이라는 형태로 간 또는 근육에 '일시적'으로 저장되어 있습니다. 장기적인 저장 형태인 지방과 다르죠?

무기질(미네랄)은 우리 몸에 약 4% 존재합니다. 칼슘, 인, 나트륨, 칼륨, 마그네슘 등이 여기에 속하며, 뼈(칼슘, 인)나 적혈구(철) 등 인체의 일부를 구성하기도 하고, 효소의 작용을 도와주는 역할도 합니다. 무기질은 변성 또는 합성되지 않은 본래의 물질을 뜻합니다. 우리 인체에서 필요한 양은 아주 적지만, 인체 조직의 기능을 조절하는 매우 중요한 물질입니다. 그런데 이러한 무기질은 지구의 지표를 구성하는 성분이기도 합니다. 곧 우리 인간은 흙에서 태어나서 흙으로 돌아간다는 말은 원소의 차원에서 보면 맞는 말입니다.

비타민은 우리 몸에서 차지하는 비율이 미량이지만, 무기질과 같이, 효소의 작용을 도와 대사, 성장, 발달 및 건강 유지에 필수적입니다.

이것을 원소로 구분해 보면, 우리 몸을 구성하는 주요 성분은 총 25가지로 나눌 수 있습니다. 그중 대부분인 약 96%가 산소, 탄소, 수소, 질소이며 이것을 '대량 원소'라고 합니다. 나머지 4% 중 3.7%는 칼슘, 칼륨, 나트륨, 마그네슘, 황, 인, 염소이며 이것을 '대량 무기질'이라고 합니다. 그리고 0.3%의 '미량 무기질'로서 붕소, 바나듐, 철, 크롬, 코발트, 구리, 아연, 규소, 주석, 프롤린, 셀레늄, 망간, 몰리브덴, 요오드 등이 있습니다.

2023년 지구로 가져온 소행성 '베누'의 암석과 흙에서 생명체를 구성하는 요소와 이를 생성하는 촉매 구실을 하는 소금물의 증거를 발견하였다고 합니다. 이것은 생명체 출현에 필요한 조건들이 초기 태양계에 널리 퍼져 있었다는 사실을 반영합니다. 특별히 단백질의 구성 요소인 아미노산과 DNA의 핵심 요소인 염기(아데닌, 티민, 구아닌, 사토신)도 발견되었다고 합니다. 아미노산의 경우, 우리 몸을 구성하는 단백질은 모두 20가지 아미노산으로 이루어져 있는데, 이중 14가지가, 그리고 염기 4가지도 모두 베누 시료에서 발견되었다고 합니다.

이제 생명의 원료가 베누 모체에서 흥미롭고 복잡한 방식으로 결합됐다는 것이 발견됨으로 생명으로 가는 다음 단계의 길이 곧 발견될 것입니다. 우리 몸과 소행성이 이렇게 얽혀있는 것입니다.

토론해 봅시다

① "인간의 정체성은 물질적 구성에 의해 규정될 수 있는가?"

② "신체는 의식보다 인간 존재의 본질에 가깝다."

소진된 인간

질 들뢰즈(Gilles Deleuze)의 『소진된 인간』(문학과지성사, 2013)은 '베케트의 텔레비전 단편극에 대한 철학적 에세이'라는 부제를 달고 있습니다. 베케트는 잘 알다시피, 아일랜드 출신의 극작가입니다. 『고도를 기다리며』라는 부조리극으로 유명하죠? 『소진된 인간』은 베케트의 〈쿼드〉, 〈유령 삼중주〉, 〈한갓 구름만〉, 〈밤과 꿈〉 등 네 편의 텔레비전 단편극을 철학적으로 분석하는데, '소진'이라는 주제에 천착하여 살펴봅니다.

이 책의 시작은 이렇습니다. "소진된 인간은 피로한 인간을 훨씬 넘어선다." 소진과 피로, 무슨 차이일까요? 들뢰즈는 '피로'를 더 이상 무언가를 '실현'할 수 없는 무력한 상태(그러나 가능성은 남은 상태)로, '소진'은 더 이상 아무것도 '가능'하지 않은 상태로 구분합니다. 따라서 피로한 인간은 누워 있거나 포복하거나 바닥에 버티고 선 채, 충분히 휴식을 취할 수 있습니다. 그러나 소진된 인간은 책상 위에 머리를 푹 숙여 기댄 채 앉은 자세를 취합니다. 이렇게 앉아 있기에 회복될 수 없습니다. 들뢰즈는 다음과 같이 말했습니다.

“소진된 인간은 모든 가능한 것을 소진하는 자이다. 피로한 인간은 더 이상 실현할 수 없다. 그러나 소진된 인간은 더 이상 가능하게 할 수 없다. ‘내게 불가능한 것을 요구하기를. 좋다, 그것 말고 내게 무엇을 요구할 수 있으랴.’ 더 이상 가능한 것은 없다. 철두철미한 스피노자주의. 그 자신이 소진되어 가능한 것을 소진한 것일까, 아니면 가능한 것을 소진해버렸기에 그는 소진된 것일까? 가능한 것을 소진하면서 그는 소진된다. 그 반대이기도 하다. 그는 가능한 것에서 실현되지 않은 것을 소진한다. 모든 피로 너머에서, ‘결국 다시 한번’ 가능한 것과 끝장을 본다.”

사실 베케트의 극중 인물들은 성별도, 이름도, 나이도 없는 익명의 주체들입니다. 이들은 ‘행동’하지 않습니다. 가능성을 실현하려 하는 대신, 수동적 주체에 머물며 무용한 왕복 운동을 반복할 뿐입니다. ‘고도’를 기다리는 사람들도 그렇습니다. 또한, 극중 인물들이 발화하는 소리도 무의미한 언어의 무한한 배열을 통해 소진된 상태를 감각적으로 나타냅니다. 이상한 문장들과 의미 없는 단어의 반복이 관객들로 하여금 감정의 소멸과 동시에 선택의 무의미성을 보여줍니다. 들뢰즈가 소개하는 베케트의 단편 〈쿼드〉가 그렇습니다. 내용은 이렇습니다.

‘검은 화면에 잿빛 정사각형 지대가 보인다. 중세 수도복처럼 모자 달린 긴 망토를 입은 배우들이 하나둘씩 모서리에서 등장한다. 얼굴도 보이지 않고 성별조차 알 수 없는 그들은 허리를 구부정하게 숙인 채 좀비처럼 정사각형 안을 왔다갔다 한다. 미세한 타악기 소리와 함께 그들의 발소리가 음산하게 울린다. 배우들은 규칙적으로 정사각형의 변을 따라가거나 대각선으로 횡단한다. 단, 정가운데 부분은 밟지 않고 돌아서 가며 절대 서로 부딪치지 않는다.'

들뢰즈는 『차이와 반복』에서 이러한 베케트 극중 인물을 '애벌레 주체'라는 개념으로 정의한 적 있습니다. "무언가 가능한 것을 실현하거나 실재화하는 능동적 주체들이 아니라, 실현하고자 하지 않으므로 실패의 가능성조차 없는 주체"입니다.

중요한 것은 이러한 소진의 개념이 들뢰즈에게 결코 부정적인 의미가 아니라는 것입니다. 오히려 '생명' 자체의 순수한 발생적 역량이 역설적으로 함축된 개념입니다. 따라서 들뢰즈는 소진됨으로써 만들어지는 이미지와 공간에 관해 격조 높은 새로운 사유를 펼칩니다. 왜냐하면, 가능성이 완전히 사라졌다는 것은, 지금 현실에서 이유와 근거를 따져 실현 가능성을 찾고, 또 그것을 찾지 못해 고통스러워한다는 의미가 들어 있기 때문입니다. 이것은 주체가 아직 기존의 질서와 규칙, 라캉식 상징계에 갇혀 있다는 뜻이기도 합니다.

그러나 베케트의 작품들에서 인물들은 가능성 자체를 문제 삼습니다. 아니, 지배 시스템에서 가능한 것들을 죄다 소진해 버립니다. 그때 새로운 순수한 생명의 역량이 꿈틀거립니다. 동양적 사유로는 "내려놓아야 길이 보인다", 혹은 성경적 사유로 "사랑은 참으로 버리는 것"인 것입니다. 여기서 들뢰즈의 '잠재적인 것(virtualité)'이 등장합니다. 이것을 가능한 것(possibilité)과 혼동해서는 안 됩니다.

물론 잠재적인 것의 의미는 아직 현실적이지 않다는 뜻이지만,

그렇다고 해서 실재하지 않는 것은 아닙니다(잠재태는 영어로 번역하면 virtual인데, 컴퓨터나 온라인 등의 과학기술을 통해 가상 세계에 존재하는 것을 지칭할 때 사용함으로 우리말 '가상'이라고 번역할 수 있으나, 들뢰즈에 의하면 '사실상의'에 가까운 의미입니다).

들뢰즈에 의하면 잠재적인 것은 실재하므로 실현(實現)되는 것이 아니라, 현실화(現實化)되어야 합니다. 그래서 '사실상의'라는 의미를 가지고 있습니다. 그리고 현실화는 잠재적인 것의 질적 변화이자 차이, 혹은 분기(分岐)이며 창조입니다. 베케트가 만들어내는 공간과 이미지가 바로 그러한 창조입니다. 곧 소진을 통해 스스로 '이미지를 만들어'내는 창조적 인간이 베케트의 극중 인물들입니다.

사실, 베케트의 단편극들은 최초의 잠재성을 하나의 가능태의 형태로 축소 시키거나, 혹은 점점 명료한 현실적 이미지로 실현하지 않습니다. 오히려 이미지 안에 잠재되어 있는 역량들(들뢰즈의 표현으로는 강도의 차이들)을 활성화시킴으로 이미지가 충만해지도록 이끕니다. 결국, 극 속의 신체들은 소진되지만, 이미지의 역량은 폭발 직전까지 상승합니다.

지금, '가능한 것'조차 지배체제 내에서만 상상할 수 있게 만드는 대한민국의 현실을 보면 소진된 인간들보다 피로한 인간이 많습니다. 더 이상 무언가를 '실현'할 수 없는 무력한 상태지만, 그래도 가능성은 남아 있다고 생각하는 피로한 인간들은 지배체제를 벗어날 수 없습니다. 소파에 누워있다 육체적 피로가 회복되면 다시 지배 시스템에 굴종합니다.

그러나 소진된 인간은 책상 위에 머리를 푹 숙여 기댄 채 앉아서 모든 것을 소진합니다. 그리고 소진함으로 이 지배체제를 벗어납니다. 그때 혁명은 상상할 수 없는 이미지와 새로운 공간 창조(새로운 질서, 지배체제)로 시작될 것입니다!

토론해 봅시다

① "현대 사회는 인간의 신체와 감정을 '소진 자원'으로 전락시켰는가?"

② "'소진'은 자기 개발의 부산물인가, 자본주의적 구조의 희생물인가?"

신유물론, 사물도 살아 있다

'물질이든 비물질이든 그 무엇에도 군림하지 않고 평등한 관계를 맺으며 사는 세상'을 바라고(왜냐하면 이것이 공멸을 막을 유일한 방법이라고 생각하기 때문) 대표적인 신유물론자 5인의 사상을 소개한 학자가 있습니다. 경상대 인문학연구소 학술연구교수인 심귀연 교수입니다. 책 제목도 깔끔합니다. 『이 책은 신유물론이다』(날, 2024)!

사실, 신유물론은 21세기 철학의 최전선에 서 있습니다. 1990년대 후반에 등장하여 종래의 유물론과 다른 방식으로 유물론을 구성합니다. 가령, 마르크스의 유물론에서, 물질은 "인간의 의식에서 독립돼 있으며 물질이 의식보다 선차적이고 의식은 물질에 부수되는 것"이라고 이해했습니다. 그러나 문제는, 물질은 인간이 개입하지 않으면 아무것도 할 수 없는, 즉 수동적인 것, 죽어 있는 것으로 본다는 점입니다. 대표적인 것이 자연이죠? 인간 세계에서는 여성이라고 할 수 있습니다. 이렇게 문화/자연, 남성/여성, 백인/유색인, 서양/동양의 이분법이 자연스럽게 구유물론에서는 따라옵니다.

특히 마르크스는 물질을 경제적인 차원에서 분석하여 '생산력'과 '생산관계'에 집중하죠? 생산력이란 "재화를 창출하는 데 사용되는 모든 능력"을 말합니다. 가령, 인간의 정신적 · 육체적 노동능력과 기계 · 설비 · 토지 같은 생산수단의 결합이 생산력을 구성하는 것입니다. 생산관계는 "생산수단의 소유관계"를 말합니다. 누가 생산수단을 소유하느냐가 생산관계의 본질을 규정합니다. 따라서 마르크스에 의하면, 자본주의 사회에서는 자본가가 생산수단을 독점적으로 소유하기 때문에 문제가 된다고 꼬집습니다. 그러나 신유물론은 이러한 '경제결정론(economic determinism)'을 넘어, '물질의 형이상학(the Metaphysics of Matter)'을 구축합니다.

"사물도 살아 있다."라고 생각하는 신유물론자들은 이렇게 물질에 생명력을 부여합니다. 곧, 물질 안에 능동성과 생기, 활력 등을 찾아내는 것입니다. 사실, 물질하면 떠올리는, '수동적이고 죽어 있는 것'이라는 개념은 데카르트 이후부터 형성되었습니다. 따라서 신유물론자들은 데카르트의 물질관에 영향을 받은 유물론을 '생기 잃은 물질'에 관한 이론, 즉 구유물론이라 부르고, 신유물론은 '활력 있는 물질'에 관한 이론이자, '신물질주의'라고 정의합니다.

이러한 신물질주의 입장에서 보면, 모든 물질은 스스로를 변화시킬 힘을 가지고 있습니다. 가령, 최근의 이상기후 현상은 자연이, 지구가 더는 참을 수 없다고 항변하는 목소리라는 것입니다. 따라서 심귀연 교수는 "신유물론은 사소하고 사소해서 아무것도 아니라고 생각했던 것들에도 관심을 기울이고 그것들과 함께 더

불어 살아가는 공생의 길"이라고 합니다.

이 책에서 심귀연 교수는 신유물론 철학자들의 핵심 사상을 일상에서 흔히 접할 수 있는 예를 들어 쉽게 설명하고 있습니다. 먼저 라투르(Bruno Latour)의 '행위자 연결망 이론(Actor-network theory, ANT)'입니다. 심교수의 설명입니다. "라투르에게는 행위자들의 연결망만 있을 뿐입니다. 연결망은 '행위자들이 연합한 효과이지 행위자들이 연합한 원인이 아니라'는 것이 라투르의 주장입니다. 여행하는 사람으로서 '나'는 여행 가방과 기차와 지도 등이 연합한 '효과'입니다." '여행하는' 사람이 다른 모든 것, 가령 가방과 기차, 지도 등의 원인이 아니라는 말입니다. 다른 연합의 효과도 있을 수 있다는 말입니다. 가령, 버스, 가방 분실, 안내 표지판 등.

근대 인간 중심주의에 의문을 제기한 라투르는 인간은 순수하게 정신적일 수 없으며, 자연과 분리된 문화는 없다고 보았습니다. 이런 사유가 행위자 연결망 이론에 담겨 있는 것입니다. 따라서 이제 배제되었던 존재들, 가령 돼지, 병아리, 강 등은 수단이 아닌 행위자로 드러나기 시작했습니다. 이렇게 라투르의 행위자 연결망 이론은 비인간 존재들의 목소리를 인간과 다를 바 없는 행위 능력으로 간주했다는 점에서 의미가 큰 것입니다.

로지 브라이도티(Rosi Braidotti)의 경우, 그녀는 '신유물론적 페미니스트'라고 할 수 있습니다. 남성과 여성, 인간과 비인간의 경계를 해체하고 이들 간의 상호 작용 혹은 연결성에 관심을 갖기 때문입니다. 브라이도티는 "인간과 남성의 존엄성과 책임을 보통 강조하는데, 비인간과 여성의 존엄성과 책임도 강조해야 한다." 고 주장합니다. 또한 브라이도티는 여성이 그간의 수동적 존재가 아니라, 능동적으로 변화하는 능력을 가진 존재라는 이야기를 합니다. 이것이 브라이도티의 신유물론이 페미니즘과 맞닿을 수밖에 없는 이유이기도 합니다. 그리고 그녀는 새로운 개념어를 사용합니다. 가령, '유목하는 주체', '반-재현주의', '비판적 포스트휴먼' 등이 그렇습니다. 다음은 '유목하는 주체'에 관한 심교수의 소개입니다.

"브라이도티는 보편적 주체를 거부하는 대신에 유목하는 주체를 받아들입니다. 주체는 더는 확고하게 자신의 위상을 지키고 있지 않습니다. 끊임없이 변신하는 주체로 인해 나와 너, 주체와 객체 간의 경계가 흐려집니다. 다시 말해 유목하는 주체는 보편적인 본질을 품는 변하지 않는 무엇이 아니라, '동물-되기', '타자-되기', '벌레-되기' 등, 경계를 넘나드는 변신하는 존재입니다."

재현의 불가능성을 이야기하는 '반-재현주의'에 관해서는 "불변하는 본질이 없다는 것은 재현을 위한 원본이 없다는 말과 같습니다. 원본이 없으니 재현이 불가능합니다. 브라이도티는 원본이 없어 재현할 수 없는 상태를 '반-재현주의'"라고 말합니다.

'비판적 포스트휴먼'의 경우는 인간과 기술의 협력을 이야기합니다. "브라이도티는 인간과 기술의 관계를 목적과 수단으로 보지 않을 뿐입니다. 즉 인간을 위해 기술을 사용하는 것이 아니라는 것입니다. 인간과 기술은 서로 협력하여 새로운 모습을 지닌 존재로 나타난다는 말입니다."

또 다른 학자는 제인 베넷(Jane Bennett)입니다. 그녀는 '생기적 유물론자'입니다. 베넷은 인간이 도구를 생산 수단으로만 삼는 태도는 인간 중심적인 것이라 비판하며 이를 벗어난 일원론의 입장에서 인간과 물질의 관계를 이해하는 '생기적 유물론(vital materialism)'을 주장합니다. 다음은 심귀련 교수의 설명입니다.

"인간이 버린 쓰레기는 매립지 안에서 '사라지지 않고' 활기 넘치는 화학 물질과 휘발성 강한 메탄 등을 생성합니다. 이런 사례에서 보듯이 물질은 스스로 영향력을 미치는 힘을 만들어 냅니다. 베넷이 말하는 생기란 이런 물질의 활력에 관한 것입니다. 전기력도 한 예입니다. 전기의 활력인 것이니까요."

따라서 인간만이 아니라 물질에도 힘과 활력이 있으며, 우리가 자신 이외의 물질들을 존중할 줄 알아야 '생동하는 물질'들과 공존할 수 있을 것이라고 말합니다. 그리고 이러한 생기적 유물론의 입장에서 나오는 말이 바로 '사물-권력'입니다. 인간의 권력이 사물과 결합되어 나온다는 뜻이죠?『생동하는 물질: 사물에 대한 정치생태학』(현실문화, 2020)에서 제인 베넷은 이렇게 말합니다.

"물질을 능동적인 것으로서 간주하는 것은 인간 행위소의 지위를 재조정하는 작업을 요구한다. 이것은 경탄할 만하고 장엄한 인간의 권력을 부정하는 것이 아니라 그러한 권력을 우리 자신이 생기적 물질성으로 구성되어 있다는 주장에 대한 증거로서 제시하는 작업이 필요하다는 뜻이다. 즉, 인간의 권력은 그 자체로 일종의 사물-권력이라 할 수 있다. (…) 이러한 물질들을 능동적인 영혼이나 마음 같은 비물질적인 존재의 지시를 받는 기계적이고 수동적인 수단으로 여기지 않는 입장이나 그 물질들을 활기를 지니는 자기-조직적인 물질이라 말하는 입장은 설득력을 갖기 쉽지 않다."

그렇습니다. 물질들이 활기를 지니는 자기-조직적인 물질이라고 생각하는 것은 주류 철학이나 유물론이 아닙니다. 그러나 4차 산업혁명과 AI시대는 그것이 가능한 시대가 되었습니다. 따라서 도나 해러웨이(Donna J. Haraway)를 살펴보아야 합니다. 그녀는 사이보그 선언문으로 유명하죠? 심귀연 교수는 이렇게 소개합니다.

"사이보그는 인공두뇌를 가진 생명체로, 기계와 유기체가 얽힌 혼종체(hybrid)입니다. 마치 허구적인 존재 같지만 실제로는 우리 모두가 사이보그라고 해러웨이는 말합니다. 안경을 쓴 나, 자전거를 타고 가는 학생, 마이크를 들고 강의하는 교수 등을 떠올려 보세요. 우리는 무수히 많은 사이보그를 만납니다."

'반려종'도 해러웨이의 사유 가운데 중요한 개념입니다.

"그러므로 우리는 '반려종'의 의미를 정확히 이해해야 할 것입니다. 개나 고양이 그리고 사람은 이제 식탁에 함께 앉아 식사를 나눕니다. 서로를 응시하며 관심의 대상자로 식탁에 앉게 됩니다. 함께 밥을 먹는 것은 서로에게 감염되는 행위입니다. 이때 개나 고양이는 더는 가축이 아니고, 보호를 받아야만 하는 존재들도 아닙니다."

특히 해러웨이는 이분법을 해체합니다.

"사이보그는 유기체와 무기체인 기계, 물질과 비물질, 인간과 비인간의 경계를 부단히 횡단합니다. 〈사이보그 선언〉과 《반려종 선언》의 공통점이 이분법을 거부하는 것인데, 신유물론의 '새로운 가능성'은 이분법을 해체하면서 열립니다. 즉 새로운 가능성이란 물질의 활력을 인정하는 것뿐 아니라 물질들 간에 무언가 생성될 수 있는 가능성을 말합니다."

이렇게 사이보그 반려종 등과의 연대, 혹은 공생을 위해 해러웨이는 '공동생성'이라는 말을 실뜨기로 설명합니다.

"실뜨기는 상대가 어떻게 참여하느냐에 따라 그 모양이 달라지고 변형됩니다. 이것이 함께 되기, 공동생성의 존재론적 안무이지요. 해러웨이에게 중요한 건 바로 이런 실뜨기의 얽힘과 그 효과입니다."

이러한 공동생성에 있어서 '퇴비'의 중요성도 언급합니다. 새로운 사유를 만들어 내기 때문입니다. 심귀연 교수는 이렇게 소개합니다.

"퇴비가 된다는 것은 공동생성을 위한 과정입니다. 퇴비가 되어 다른 싹을 틔우기 때문입니다. 싹은 자라서 줄기와 잎, 열매를 맺고 이윽고 다시 퇴비가 되는 순환 과정을 겪습니다. 그래서 해러웨이는 생명을 우선시하는 것이 아닌 '지속'을 우선시하는 태도가 필요하다고 말합니다. 인간은 진화의 결과물이지, 인간이기 위해 진화를 거쳐 온 것은 아닙니다."

물론 진화에는 '이형변이'도 한 역할을 합니다. 심귀연 교수는 이렇게 말합니다.

"인간과 인간의 소통도 어려운데, 인간과 개의 소통은 말해 무엇하겠습니까. 그래서 '훈련'의 과정이 필요한 것이지요. 소통한다는 것은 훈련의 과정을 거쳐 서로를 변화시키는 행위입니다. 해러웨이는 이렇게 변경된 형태를 '이형변이(metaplasm)'라고 합니다. 변경 목적이 뚜렷하든 아니든 변경된 모든 경우를 이릅니다."

마지막으로 카렌 바라드(Karen Barad)입니다. 페미니즘 과학연구자인 바라드는 양자물리학의 중요 개념들을 발전시켜 세계가 물질과 의미의 얽힘, 그리고 관계성으로 생성된다고 보는 '행위적 실재론'을 자신의 인식론, 존재론적, 윤리적 틀로 제안합니다. 그리고 바라드는 과학에 기반한 자신의 사유를 소수자 정치로 확장시킵니다. 최근 '물질적 전회'로 각광받고 있는 신유물론 연구자 중에서도 독특한 주제를 가지고 있습니다.

'행위적 실재론'은 간단히 말하면, 행위자는 행위함으로써 실재한다는 말입니다. 이처럼 행위적 실재론은 '실재', 즉 존재의 '행위'와 '생성 능력'을 강조합니다. 특히 물질의 능동적인 행위성과, 물질이 의식과 상관없이 존재한다는 것을 근본적으로 강조한 이론이라고 할 수 있습니다. 여기서 행위성이란 인간의 의도와 상관없이 생성되는 과정입니다. 물질은 고정된 속성을 가지는 것이 아니라 매 순간 변화한다는 것입니다. 심귀연 교수는 이렇게 소개합니다.

"예를 들어보겠습니다. 물이 끓고 있습니다. 보글보글 끓어오른 이 물은 곧 커피잔으로 옮겨질 것입니다. 물이 보글거리는 것을 얽힘, 끓어오르는 것을 내부-작용이라고 할 수 있겠습니다. 바라드에겐 현상이야말로 가장 기본적인 존재론적 단위인 것입니다.

내부-작용을 하는 행위 요소들의 존재론적 분리 불가능성과 얽힘 자체가 바로 현상이지요."

바라드는 이론물리학으로 박사 학위를 받은 과학 연구자입니다. 이런 이력이 다른 신유물론자와 다른 점을 만들어 냅니다. 따라서 양자물리학의 주요 개념으로 신유물론을 설명합니다. 특히 '물질과 의미의 얽힘'을 행위적 실재론으로 제안합니다. 여기서 '회절적 방법론'이 나오죠?

이 방법은 작은 차이들에 주목합니다. 특히 '얽힘' 속에 있는 행위성들의 미세한 움직임과 변화를 살펴보고, 윤리적 절단에 주의를 기울입니다. 바라드가 회절적 방법론으로 차이를 드러내는 것에 집중하는 이유는, 차이를 드러낸다는 것은 무엇이 배제되고 제거되는지를 확인시켜 줌으로써 그런 행위에 책임을 지게 하기 때문입니다. 심귀연 교수는 이렇게 소개합니다.

"바라드에 따르면 타자에게 응답하는 것은 윤리적 문제입니다. 응답한다는 것은 타자의 존재를 인정한다는 뜻이기 때문입니다. 타자는 자아에 대립해서 존재하는 독립적인 실체가 아닙니다. 그것은 또 다른 나입니다. 바라드는 자기 몸을 만짐으로써 타자를 경험합니다. 몸은 나와 타자들, 자연과 문화, 그리고 과거-현재-미래가 얽힌 행위적 실재이며, 윤리와 정치의 근원이 됩니다. 자기-만짐은 응답의 문제입니다."

이렇게 신유물론 학자를 소개하고 심귀연 교수는 문제의 핵심을 이분법으로 봅니다. 사실, 그동안 인간은 "만물의 영장"이라고 생각하며 지구촌의 강자로 군림해 왔습니다. 세상을 인간과 인간

아닌 것들로 이분화하고 그 맨 위 자리를 고수했습니다. 서양철학의 '실체'라는 개념이 바로 그 이념적 토대입니다. 실체란 "변하지 않고 홀로 존재하는 그 무엇"입니다. 데카르트의 '생각하는 나'로서의 인간 주체가 바로 실체의 대표적 개념입니다. 심귀연 교수는 이렇게 비판합니다.

"데카르트의 영향력은 근대를 넘어 지금까지 이어지고 있습니다. 인간 중심주의를 벗어나지 못하게 합니다. 정신을 가진 인간은 능동적인 주체이고, 물질은 수동적인 객체 혹은 죽은 것들이라는 이분법이 사람들의 마음속에 깊이 새겨져 있습니다."

그러나 실체의 개념, 곧 변하지 않고 홀로 존재하는 개념이 설령 존재한다면, 그것은 다른 것과의 관계를 맺는 일 자체가 불가능합니다. 일찍이 기원전 6세기 그리스 철학자 헤라클레이토스도 "모든 것은 흐른다(Πάντα ῥεῖ)."라고 하지 않았나요? '어제의 나'와 '오늘의 나'는 같지 않습니다. 또한 우리는 단 한 번도 같은 강에 두 번 들어갈 수 없습니다. 따라서 신유물론자들은 실체라는 개념을 폐기해야 한다고 봅니다.

동시에 신유물론은 실체론에 기반을 둔 이분법도 해체하고자 합니다. 그리고 새로운 세상에서 인간은 물질로서 다른 물질과 동등한 관계를 맺으며 얽히고설켜 살아가라고 합니다. 물론 각각의 물질(인간을 포함해서)은 각자의 방식으로 세상을 경험합니다. 그리고 이 경험은 같지 않습니다. 심귀연 교수는 다음과 같이 말했습니다.

"바위와 인간은 서로 다른 물성을 가지고 있습니다. 그 물성은 확장되고 변화하기도 합니다. 존재하는 모든 것은 각자의 방식으로 세상을 경험합니다. 바위와 인간인 나는 모두 물질이지만, 같은 경험을 하지는 않습니다."

다르지만, 같은 인간과 물질의 공생은 가능할까요? 인간이 물질과 다른 욕망과 폭력성 때문에 공생은 쉬워 보이지 않습니다. 그래서 기막힌 세상이 지금 계속되는 것입니다. 특히 인류세라는 말이 나온 이유도 여기에 있습니다. 심귀연 교수는 이렇게 꼬집습니다.

"인간이 지구에 미치는 영향이 커 인류세라는 말까지 나오는 이 시대에, 신유물론은 자연을 비롯한 물질과 비인간 존재들을 새롭게 바라볼 기회를 준다는 점에서 특히 주목을 받고 있습니다. 이런 태도는 사회, 문화, 정치 영역으로 확장되어 적용되고 있습니다. 이는 인간 중심적인 태도에 대한 일련의 반성과 비인간 존재의 능동성을 인지하게 된 효과라고 하겠습니다."

이렇게 신유물론을 통해 인간의 사유를 바꿔야 합니다. 그리고 이분법을 해체해야 합니다.

"이분법은 주체들끼리 갈등하고 투쟁하게 합니다. 누구나 타자 혹은 객체가 되고 싶지 않아서 상대방이 주체성을 가지는 것을 거부하기 때문이지요. 신유물론은 이런 이분법을 해체하고, 물질의 능동성을 발견함으로써 연대와 협력을 가능하게 합니다."

그리고 페미니즘의 소리에 귀 기울여야 합니다.

"지금 전 세계를 고민에 빠뜨린 기후위기는 우리가 타자임을 부정해 나타난 현상일 것입니다. 우리는 자연이고, 물질이고, 타자입니다. 앞서 말했듯이 페미니즘은 아주 오랫동안 자연, 물질, 타자의 목소리에 귀를 기울여 왔습니다. 이런 점에서 신유물론은 페미니즘이 확장된 결과라고 해도 과언이 아니겠습니다."

또한, 이성에 관해 재고해야 합니다. 오랫동안 철학은 이성의 역할과 이성을 가진 인간에게만 집중했습니다. 그 결과 인간과 비인간의 경계는 갈등과 위계를 만들어 냈습니다. 따라서 신유물론은 이런 철학의 근원적인 문제에 직면하여 존재에 대해 다시 묻는 행위가 될 것입니다. 정리해 볼까요?

"신유물론자들이 무엇을 주장하는지는 분명합니다. 세 가지로 압축할 수 있겠습니다. 신유물론자들은 첫 번째, 세계를 이분법으로 바라보는 시각을 거부합니다. 두 번째, 실체 개념을 거부합니다. 실체란 변하지 않으며 다른 것에 의존하지 않는 독립적인 개체를 의미합니다. 세 번째, 물질은 실체가 아닌 '얽힘'의 관계로 생성된다고 봅니다."

목하, 신유물론의 시대가 개막했습니다.

토론해 봅시다

① "해러웨이 '사이보그' 개념은 인간 정체성을 확장하는가, 해체하는가?"

② "신유물론은 인간 중심주의를 극복하는 데 유효한 철학인가?"

신유물론의 종류

최근까지 연구된 신유물론의 종류를 크게 세 가지로 나눌 수 있습니다. '생기론적 신유물론(Vitalist New Materialism)', '사변적 실재론/객체지향 존재론(Speculative Realism/Object-Oriented Ontology)', 그리고 '수행적 유물론(Performative Materialism)'입니다.

첫 번째 생기론적 신유물론은 물질과 생명의 상호작용을 강조하며, 물질이 단지 죽은 물체가 아니라 생명력을 가진 것으로 이해합니다. 이 이론은 생명 현상과 비생명 물질을 구분하지 않으며, 모든 존재가 상호작용하고 변화하는 동적인 실체로 봅니다.

대표적인 철학자가 제인 베넷(Jane Bennett)입니다. 그녀의 '사물-권력(Thing-Power)' 이론은 사물이 단순히 인간의 도구가 아니라, 생동적이고 능동적인 힘을 가진 존재임을 주장합니다. 로지 브라이도티(Rosi Braidotti) 역시, 생명과 존재가 끊임없이 변하고 상호작용하는 과정을 탐구하며, '유목적 주체성'을 제시합니다. 그리고 이러한 유목적 주체성은 인간과 비인간의 경계를 넘어서려고 합니다.

두 번째 사변적 실재론은 객체나 존재를 인간의 인식과 관계에 의존하지 않고, 그 자체의 실재를 탐구하려고 합니다. 따라서 사변적 실재론은 인간의 인식 한계를 넘어서는 실재를 제시하고, 객체, 혹은 존재의 독립성을 강조합니다. 객체지향 존재론은 사변적 실재론의 주요 분파 중 하나이죠?

대표적인 철학자는 그레이엄 하먼(Graham Harman)입니다. 객체지향 존재론의 창시자로, 객체들이 인간과 비인간의 관계를 넘어 독립적인 존재로 존재한다고 주장합니다. 여기서 객체와 물질은 그 자체로 존재의 깊이를 가지고 있으며, 인간의 인식은 이들의 진정한 본질을 드러내지 못한다고 봅니다. 그의 영향을 받은 레비 브라이언트(Levi Bryant)는 사변적 실재론의 중요한 인물로, 객체지향 존재론의 일환으로 물질과 객체의 존재론적 측면을 재구성합니다. 특히 '기계-지향존재론(Machine-Oriented Ontology)'과 '에일리언 현상학(Alien Phenomenology)'을 통해 비인간 존재들의 관점에서 현실을 이해하려고 합니다. 객체에 기계, 나아가 로봇까지 포함되는 것입니다. 대단합니다.

특히 에일리언 현상학은 에드문트 후설의 현상학을 바탕으로, 인간의 경험이 아닌 비인간 존재들의 경험을 탐구하는 것으로 '현상학적 전환'을 요청합니다. 브라이언트는 인간이 아닌 존재들의 시각에서 세계를 이해하고자 하였습니다. 비인간 존재들의 관점이죠? 이것은 인간의 주관적 경험에 의존하지 않고, 존재자들이 경험하는 세계의 본질을 찾아보려고 하는 것입니다.

예를 들어, 기계나 동물이 세상을 어떻게 경험하는지를 탐구하며, 인간의 인식이나 이해와는 다른 방식으로 존재들이 세계에 관계하는 방식을 설명합니다. 그리고 존재하는 모든 것들이 인간의 인식과 관계없이 독립적이고 자율적인 존재를 가진다고 브라이언트는 주장합니다. 존재자들이 인간과 상호작용하기 전에 이미 독자적인 존재론적 특성을 가지고 있다고 보는 것입니다.

셋째로 수행적 유물론은 물질이 고정된 존재가 아니라, 언어와 행위의 수행을 통해 만들어지고 변화하는 과정에 중점을 둡니다. 이 이론은 물질이 어떻게 사회적, 정치적, 문화적 맥락에서 구성되고 수행되는지에 대해 탐구합니다.

대표적인 학자는 캐런 바라드(Karen Barad)입니다. 그녀는 물질이 고정된 것이 아니라, 상호작용 속에서 끊임없이 변화하는 역동적인 실체라고 봅니다. 이러한 바라드의 수행적 유물론은 '회절적 방법론(Diffraction Methodology)'과 '행위적 실재론(Agential Realism)'을 바탕으로, 물질과 의미가 어떻게 상호작용하는지를 설명합니다.

여기서 '회절적 방법론'은 물리학에서 나오는 회절(diffraction) 현상을 비유적으로 차용한 접근법입니다. 회절은 빛이나 파동이 물체에 부딪혀 퍼지는 현상인데, 바라드는 이를 지식 생산에 적용합니다. 이렇게 회절적 방법론을 사용하면, 서로 다른 관점들이 상호작용하며 새로운 이해가 생성됩니다. 즉, 다양한 관점이나 이론이 충돌하면서 새로운 지식과 현실을 만들어가는 것입니다. 물론 바라드는 이러한 과정 역시 중요하다고 봅니다. 그리고 이러한 회절적 방법론은 선형적이고 이분법적인 사고방식에서 벗어나, 다양한 시각과 차이가 상호작용하는 과정을 통해 복잡한 현실을 이해하려는 방법론입니다.

'행위적 실재론(Agential Realism)'의 경우, 세계와 현실이 고정된 상태로 존재하는 것이 아니라, 행위(수행)를 통해 구성되고 현실화된다고 주장하는 철학적 관점입니다. 여기서 '수행(Agential)'은 단순한 물리적 활동이 아니라, 세계가 현실화되는 과정을 말합니다. 곧, 물질과 주체가 상호작용하여 새로운 현실을 만들어가는 방식입니다. 이것은 물질과 주체가 분리된 존재가 아니라, 서로 얽히고 상호작용하며 현실을 구성하는 과정에 함께 존재한다는 의미입니다.

이렇게 바라드에 따르면 현실은 '객체'가 아니라, 행위자(agent)와의 상호작용 속에서 만들어집니다. 여기서 물질은 고정된 존재가 아니라, 끊임없이 구성되고 변화하는 실재가 됩니다. 이것은 우리가 인식하는 세계는 고정적이지 않고, 상호작용에 의해 계속 변형되고 재구성된다고 보는 것입니다. 이렇게 주체와 물질은 독립적이지 않으며, 둘은 상호작용을 통해 현실을 구성하는 것입니다. 여기서 인간의 인식이나 경험만이 현실을 만들어가는 것이 아니라, 물질의 존재와 행위 또한 중요한 역할을 하죠? 양자역학의 양자 얽힘의 철학적 표현입니다.

수행적 유물론자 가운데, 마이클 하트(Michael Hardt)와 안토니오 네그리(Antonio Negri)는 독특하게 수행적 유물론적 관점에서 사회적 실천과 혁명적 변화의 가능성을 탐구합니다. 물질의 정치적, 사회적 '수행성'을 강조하는 것이죠?

공저인 『제국(Empire)』에서 하트와 네그리는 글로벌 제국주의와 초국가적 권력의 구조를 분석합니다. 제국이라는 새로운 형태의 세계 정치 구조를 설명하는데, 이것은 과거의 국가 중심적인 권력 구조와는 다른 다양한 행위자들의 상호작용을 통해 이뤄지는 곳입니다. 따라서 제국은 단지 하나의 고정된 정치적 형태가 아니라, 사회적 실천과 관계 속에서 수행되고 지속적으로 재구성됩니다. 즉, 제국의 힘은 물질적인 구조 속에서 일어나는 수행적 행위들을 통해 유지되고 확장됩니다. 그리고 네그리&하트에 따르면 권력은 더 이상 하나의 고정된 장소에 존재하는 것이 아니라, 세계적 차원에서 복잡하게 얽힌 관계 속에서 변화하는 수행적인 실천으로 이해되어야 한다는 사실입니다.

또 다른 공저 『다중』은 혁명적 잠재력을 지닌 다양한 사회적 실천들을 탐구하는 책입니다. 하트&네그리는 다중(multitude)이라는 개념을 통해, 기존의 국가와 제국에 맞서서 일어날 수 있는 대중적인 혁명적 실천을 제시합니다. 여기서 다중은 다양성과 집단적 행위를 강조하는 개념으로, 여러 개인이 집합적이고 협력적인 방식으로 행동함으로써 새로운 사회적 질서를 창출하는 가능성을 뜻합니다. 이렇게 다중은 물질적이고 사회적인 행위들이 모여 새로운 정치적 실천을 만들어낸다는 점에서, 수행적 유물론의 관점을 따릅니다.

이렇게 네그리&하트는 다중을 통해, 기존의 권력 구조를 해체하고, 이를 새로운 사회적 관계 속에서 재구성할 수 있는 혁명적 가능성을 강조합니다. 다중의 사회적 실천이 물질적, 정치적 세계를 수행적으로 변화시킬 수 있다고 믿는 것입니다.

목하, 신유물론으로 형이상학을, 존재론을, 그리고 정치경제학을 논해야 하는 시대가 도래했습니다!

토론해 봅시다

① "다중은 제국에 맞설 수 있을까?"

② "물질에도 능동성과 윤리적 책임을 부여할 수 있는가?"

거대 사물

1968년 영국 출신인 티머시 모턴(Timothy B. Morton) 라이스대 영문과 교수는 『거대사물』(2013)에서 지구 온난화처럼 인간의 측정과 이해를 넘어서는 다분히 일상적인 사물의 존재를 이론화하면서 '거대사물'에 관해 이야기합니다. 이것은 과학, 철학, 문학, 예술 등 다양한 분야를 넘나듭니다.

모턴에 의하면 거대사물(hyperobject)은 "인간에 비해 광대한 시간과 공간에 펼쳐져 있는 것"입니다. '거대(hyper-)'는 다른 어떤 것과 비교해서 압도적이라는 의미이고, '사물(object)'은 무한에 가까운 사물(객체)의 가능성을 인정하는 '객체 지향 존재론(object-oriented ontology)'의 맥락에서 나온 말입니다. 따라서 우리 인간의 지식 체계로 담아내기에는 너무 크고 인간과의 관계로만 쓰임새를 정하기에는 너무 다채로운 것을 거대사물이라고 부르는 것입니다.

이러한 거대사물은 외계인처럼 '낯설고 낯선 존재(strange stranger)'로 생각됩니다. 그렇다고 해서 멀리 떨어져 있거나 먼 미래에야 온다는 의미는 아닙니다. 너무 거대하기에, 그리고 너무 복잡하기에 낯선 것입니다.

모턴은 거대사물의 특징을 5가지로 요약합니다. ①우리 인간의 삶과 일상 곳곳에 등장하기에 '끈적거림(viscosity)', ②가늠하기 힘든 광범위한 연결성 때문에 특정 지역에 국한할 수 없기에 '비지역성(nonlocality)', ③인간의 직선적이고 측정가능한 시간과 달리 유동적이고 무한해 보이는 시간대에 존재하기에 있다가도 없는 것처럼 보이기에 '시간적 파동(temporal undulation)', ④거대사물은 직접 경험하기 어렵기 때문에 공유된 감각적 공간에 있는 다른 물체를 통해 점진적으로 경험할 수 밖에 없는 '페이징(phasing, 점진적 구현)', ⑤인간은 거대사물과 기묘한 인과 관계에 있다는 '상호사물성(interobjectivity)'이 그것입니다.

주변을 둘러보면, 태양계와 블랙홀처럼 인간과 무관하게 탄생한 거대사물도 있지만, 우리 인간이 만든 거대사물(핵무기, 인터넷)도 있습니다. 이렇게 우리 눈앞에 거대사물은 존재하고 있습니다. 어떻게 보면, 신은 거대사물이라고 할 수 있겠습니다. 미시적 사물에 관심을 두고 그 미시적 사물의 끈적거림에 헤맨다면 이제 시간적 파동 속에 있는 거대사물을 페이징함으로 새로운 기막힌 세상을 경험해야 할 것입니다.

토론해 봅시다

① "기후, 인터넷, 자본 같은 '거대 사물'은 인간보다 더 큰 행위자(actor)로 이해되어야 하는가?"

② "'비인간 사물'의 존재론적 지위를 인간과 동일선상에서 논의하는 것은 과도한 철학적 확장이다."

객체지향 존재론

1968년 미국 출신인 그레이엄 하먼(Graham Harman) 서던캘리포니아건축대 철학 특임교수는 '객체지향 존재론(object-oriented ontology, OOO)'으로 유명합니다. 인간이 더 이상 독립적 주체로서 객체와 유리된 채 존재할 수 없다는 의미죠? 우리 인간은 수많은 사물과 존재론적으로 뒤얽혀 있다는 것입니다. 사물에는 우리 인간의 기술 과학도 포함됩니다.

OOO는 브뤼노 라투르의 '행위자-네트워크 이론(actor-network theory, ant)'과 같이 데카르트 이후 발전해 온 자연과 (인간)사회의 이분법을 해체합니다. 그러나 하먼은 ant의 인간/비인간, 주체/객체의 네트워크가 새로운 하이브리드를 생산한다고 보는 것을 넘어 '사회=주체', '자연=객체' 관점 자체를 부정합니다. 인간은 물론 인간이 만든 문화와 사회 역시 자연에 존재하는 다른 객체와 다르지 않다는 것입니다. "인간은 만물의 척도"를 비판하는 것이죠? '종차별주의'의 극복이라고 볼 수 있습니다.

이렇게 모든 것이 평등한 객체로서 수평적으로 존재하고 세계를 객체와 객체의 관계로 재정립한다면 세계를 이해하는 방식에 어떤 변화가 생길까요? 혁명입니다. 신학적으로는 만유재신론의 길을 예비하는 것입니다. 그러나 하먼은 실재와 감각이라는 개념으로 객체를 좀 더 세분합니다. 곧, '실재객체', '감각객체'입니다. 가령, 아무도 없는 숲에서 나무가 쓰러졌다면 이 사태는 실재객체입니다. 그러나 만약 누군가 이 나무가 쓰러지는 소리를 듣거나 기록을 했다면 이것은 감각객체가 됩니다. 유령이나 귀신도 생각해 볼까요? 이것들은 실재객체가 아니지만 사회적 실체로서 문화에 존재하고 고유의 행위력이 있기 때문에 감각객체입니다.

또한 하먼은 객체의 속성에 관해서도 두 가지로 설명합니다. 곧, '실재속성'과 '감각속성'입니다. 실재속성은 객체에 내재된 속성이고, 감각속성은 외부에서 측정하고 감지할 수 있는 속성입니다. 가령, 블랙홀은 물리적으로 실재하기에 실재객체입니다. 그러나 외부로 정보를 발산하지 않기 때문에 감각속성이 없다고 봅니다. 그러나 산타클로스나 염력 등은 실제로 존재한다고 볼 수 없기에 실재속성 없는 감각속성만 있는 객체가 됩니다.

결국, 두 종류의 객체는 각각 두 종류의 속성과 연계되므로 네 가지 경우의 수가 생깁니다. 하먼은 이것을 '네 겹의 객체(quadruple objects)'이라고 부르는데, 곧, '감각객체의 감각속성', '실재객체의 감각속성', '감각객체의 실재속성', '실재객체의 실재속성'입니다. 여기에 하먼은 각각 시간, 공간, 에이도스, 본질(에센스)의 요소를 대입합니다.

이렇게 객체를 세계의 근본 구조로 파악하려는 객체지향존재론은 객체에 대한 '환원주의적 접근'과 '구성주의적 접근' 모두를 배

격합니다. 환원주의적 접근을 비판하며 하먼이 만든 말이 '언더마이닝(undermining)'의 오류입니다. 더 이상 근원으로 내려갈 수 없는 가장 단순한 객체를 가정하는 오류이죠? 반대로 구성주의적 접근을 비판하며 '오버마이닝(overmining)'의 오류라는 말도 만듭니다. 상위 단계의 객체를 상정하는 오류입니다.

아무튼 하먼의 OOO가 충격을 준 것은 건축 분야입니다. 자크 데리다와 질 들뢰즈가 가졌던 건축에서의 영향력을 넘어선 것입니다. 가령, '존재'에 대한 '생성'의 우위라는 들뢰즈의 사유를 넘어섭니다. 이것은 건축이 그 자신의 질적인 것들에 의해서가 아니라, 그것의 관계, 과정, 내적 복잡성, 맥락적 관계들에 의해 평가된다는 들뢰즈의 건축 이해에 대한 비판입니다. 다시 존재론으로 돌아가자는 것입니다. 기막힌 반전입니다.

따라서 지젝은 하먼의 OOO를 인간 주체를 위한 모델에 그 어떤 장소도 허용하지 않는다고 비판하지만, 브루노 라투르는 OOO가 우리가 경험하는 기술과학의 급격한 발전으로 주체와 객체의 관계에 대한 새로운 사고를 요청으로 반깁니다. 하먼의 OOO의 기본적인 원리를 소개합니다.

"(1) 모든 객체들은 그것이 인간이든, 비인간이든, 자연적이든, 문화적이든, 실제적이든 또는 공상적이든 동등하게 취급되어야 한다.

(2) 객체들은 그것들의 성질들과 동일하지 않지만, 그 성질들과 긴장관계를 가지며, 바로 이러한 긴장이 세계에서 발생하는

모든 변화의 원인이다.

(3) 객체들은 두 가지 종류로만 관여한다. 즉 [하나는] 실재 객체(real objects)로서 다른 여타의 것들에게 일반적으로 영향을 주든 주지 않든 존재한다. 반면 [다른 하나는] 감각 객체(sensual objects)로서 오로지 몇몇 실재 객체와 관련을 가짐으로써만 존재한다.

(4) 실재 객체는 서로 간에 직접적으로 관계할 수 없고, 오직 간접적으로만, 즉 감각 객체를 통해서만 관계할 수 있다.

(5) 객체의 성질들도 마찬가지로 오로지 두 가지 종류로만 관여한다. 즉 실재 성질과 감각 성질이 그것이다.

(6) 객체의 이 두 가지 종류와 성질의 두 종류는 네 가지 기본적인 순열을 이끌어 내는데, 이때 OOO는 시간과 공간의 근원처럼 이것을 취급하며, 마찬가지로 본질(essence)과 형상(eidos)으로 알려진 항들과 밀접하게 관련시킨다.

(7) 마지막으로 OOO는 철학이 일반적으로 수학이나 자연과학보다 미학과 더 밀접한 관계를 갖는다고 주장한다. 열거된 이 생각들 중 몇몇은 아마 도전적이거나 심지어 받아들이기 힘든 것처럼 들릴 것이지만, 나는 이것들을 가능하면 알기 쉽게 설명하도록 모든 노력을 다할 것이다. 나의 희망은 이 책을 끝까지 읽는 사람들이 어떤 남달리 새로운 지적 전망이 펼쳐졌다는 것을 발견하리라는 것이다(Graham Harman, "INTRODUCTION", *Object-Oriented Ontology: A New Theory of Everything*, UK: Penguin Random House, 2017, 6-14)."

토론해 봅시다

① "객체지향 존재론은 존재의 민주화를 실현하는 철학인가?"

② "객체지향 존재론은 인간 행위의 책임과 윤리 문제를 회피하는 것은 아닌가?"

지젝의 신유물론 비판

철학자 슬라보예 지젝(Slavoj Žižek)은 신유물론, 특히 객체지향 존재론(Object-Oriented Ontology, OOO)과 관련된 현대 철학적 흐름에 대해 비판적입니다. 『시차적 관점(*The Parallax View*)』(마티, 2009)과 『헤겔 레스토랑 + 라캉 카페(*Less Than Nothing: Hegel and the Shadow of Dialectical Materialism*)』(새물결, 2013)에서 이야기하고 있죠?

먼저 『시차적 관점』(마티, 2009)에서는 신유물론의 '주체의 역할'과 '사회적 맥락의 부재'를 중심으로 비판합니다. 곧, 신유물론이 물질과 존재의 독립적 존재를 강조하는 동안, 그 과정에서 인간 주체와 그 사회적 · 역사적 맥락을 간과한다는 것입니다. 지젝의 말입니다.

"새로운 물질주의자들이 주장하는 것은 물질을 고유한 존재로 해석하려는 시도인데, 이는 본질적으로 인간과 물질 간의 구분을 지우려는 위험을 내포한다. 그들은 인간을 '주체'와 '객체'라는 이분법에서 벗어나게 하려 하지만, 이는 오히려 인간의 독특한 존재성을 무시하는 방향으로 나아갈 수 있다."

곧, 신유물론이 물질을 주체와 분리된 고립된 객체로 보는 경향을 꼬집는 것입니다. 이러한 신유물론적 접근은 인간 주체의 역사적, 사회적, 그리고 상징적 맥락을 무시하고, 물질을 '객체'로만 바라보려 하는 오류를 낳게 된다는 것입니다.

역시, 지젝입니다! 사실 신유물론의 지금까지 이뤄진 인간중심주의에 대한 비판은 '인간'의 의도, 행위, 담론, 담론에 관련된 경험과 기표, 표상을 통해 이뤄졌기에, 결국 인간을 중심에 두는 방식으로 귀결된 것이라는 지적은 타당합니다.

이렇게 지젝은『시차적 관점』에서 신유물론을 비판하는데, 특히 물질의 자율성에 관해서도 비판의 칼날을 멈추지 않습니다. 가령, 객체지향 존재론 입장에서 물질이 인간과 독립적으로 존재한다고 주장하는데, 지젝은 이 주장에 대해 회의적입니다. 왜냐하면 물질이 자율적이고 고립된 존재라고 보는 관점이, 인간 사회의 역동적이고 변증법적인 관계를 무시한다고 보았기 때문입니다.

지젝에 따르면, 변증법적 유물론이 인간 주체와 비인간 세계(물질, 객체 등) 사이의 상호작용을 강조하는 반면, 신유물론은 비인간 객체들을 그 자체로 자율적인 존재로 다룬다는 것입니다. 따라서 지젝은 헤겔적 변증법(Hegelian dialectic)과 라캉적 반복(repetition)을 결합하여, 역사를 선형적이 아니라, 반복과 차이 속에서 전개되는 과정으로 이해합니다. 이것은 역사가 단순히 반복적이고 순환적으로 전개하는 것이 아니라, 변화와 발전을 이끌어내는 모순적이고 다층적인 전개 과정을 설명하는 지젝의 철학적 방법론입니다. 예를 들어, 혁명이나 사회적 혁신이 발생하고난 후에도 다시 동일한 문제들이 발생할 때, 이는 결국 새로운 전개와 결합되어 더 깊은 수준의 이해나 해결로 나아간다고 해석할 수 있습니다.

이러한 맥락에서 지젝은, 신유물론자들이 인간 주체와 그 사회적, 역사적 조건과 물질이 어떻게 상호작용하는지에 대한 설명이 부족하다는 점을 꼬집습니다. 오히려 인간 주체와 물질적 세계의 관계가 변증법적인 사고를 통해 '상호작용적'이어야 한다고 생각합니다(물론, 이것은 캐런 버라드가 양자역학의 '얽힘'으로 설명한 바 있습니다). 따라서 지젝은 물질과 존재를 이해할 때 '인간적 경험'과 현실을 철저히 고려해야 한다는 점을 강조합니다.

두 번째로, 『헤겔 레스토랑 + 라캉 카페』(새물결, 2013)에서도 마찬가지입니다. 이 책은 우리말로는 두 권으로 나눠 출판되었는데, '라캉을 통해 묻고 헤겔이 답하다'라는 내용을 담고 있어서 헤겔에 관한 부분(헤겔 레스토랑)과 헤겔의 반복으로서 라캉에 관한 부분(라캉 카페)으로 나눠집니다(이것은 헤겔로 돌아가자는 것이 아니라, 오히려 헤겔을 반복하는 것입니다만). 라캉을 통해 헤겔을 읽고, 헤겔을 통해 라캉을 읽는다는 뜻입니다. 핵심은 '변증법', '역사 철학', '유물론' 등 그동안 방치되었거나 외면되어온 주제를 라캉의 정신분석을 결합하여 부활시키는 것입니다. 물론 부활하는 것은 라캉의 옷을 입은 헤겔입니다.

아무튼 지젝에 따르면, 신유물론은 '변증법적 유물론'이 빠졌다고 지적합니다. 사실, 헤겔의 변증법적 사고에서 물질은 단순히 '객체'로 고립되지 않고, 그 안에서 '반대'와 '모순'을 통해 변증법적인 발전을 이루며, 이 과정을 통해 존재가 의미를 부여받고 전개된다고 봅니다. 하지만 신유물론은 이러한 변증법적 상호작용을 경시하고, 물질을 그 자체로 독립적인 존재로 다룹니다. 따라서 지젝은 신유물론의 이러한 점을 비판하며, 변증법적 유물론을 통해 물질과 주체의 관계를 더 깊이 이해할 수 있다고 주장합니다.

물론 이 책에서도 객체지향 존재론이 객체를 '고립된 실체'로 다루는 점에 대해 비판적입니다(이것은 지젝이 객체지향 존재론을 오독한 결과이기는 합니다만). 지젝은 객체들이 서로 상호작용하는 관계 속에서만 의미를 가질 수 있으며, 객체들이 서로 독립적으로 존재할 수 없다고 봅니다. 따라서 지젝에 따르면, 객체들이 독립적인 존재로서 존재한다는 생각은 물질적, 사회적 관계를 간과하는 위험을 초래하는 오류가 있다고 봅니다.

그러나 무엇보다도 지젝은, 신유물론의 존재론이 '사변성'을 띄고 있음에 관해 우려합니다. 왜냐하면 신유물론이 물질의 자율성을 과도하게 강조하고, 그 결과로 인간의 사회적 · 정치적 관계를 왜곡할 수 있기 때문입니다. 따라서 지젝은 신유물론이 물질적 현실을 '사변적 존재론'으로 간주하여, 이론적 논의에서 현실의 사회적, 역사적 맥락을 배제하는 경향을 비판합니다. 이것은 실질적인 사회적 문제를 간과한다는 의미입니다.

결국 지젝의 신유물론 비판은 크게 두 가지로 요약될 수 있습니다. 첫째, "신유물론은 주체와 사회적 맥락을 무시한다." 따라서 지젝은 인간 주체와 사회적 맥락을 고려한 변증법적 유물론이 더 중요하다고 주장합니다. 둘째, "신유물론은 과도하게 객체의 자율성을 부여한다." 신유물론이 물질을 고립된 객체로 다루어 과도한 자율성을 부여하지만, 지젝은 객체들이 상호작용하는 관계 속에서만 의미를 가지며, 객체들 간의 관계를 무시하는 신유물론을 비판하는 것입니다.

사실, 신유물론은 들뢰즈가 스피노자를 다시 읽으며 그를 '신유물론자'로 호명한 것에서 그 이름을 가지게 되었습니다. 들뢰즈는 스피노자의 철학을 통해, 물질을 단순한 물리적 실체로 보지 않고, 상호작용하는 역동적이고 변화하는 실체로 보고 새로운 의미를 부여합니다. 이것은 전통적인 물질 개념을 재구성한 것입니다. 특히, 『차이와 반복』에서 들뢰즈는 철학의 중심 개념으로 차이와 반복을 부각시키고, 존재의 본질이 변화와 차이에서 비롯된다고 주장합니다. 물론, 신유물론도 물질이 고정된 것이 아니라, 끊임없이 변화하고 관계망 속에서 형성된다고 봅니다. 들뢰즈의 영향이죠? 따라서 지젝은 이를 무시했거나, 아니면 간과한 것이라 볼 수 있습니다.

이렇게 신유물론은 전통적인 인간 중심적 관점에서 벗어나, 물질과 인간, 객체와 주체의 관계를 새로운 방식으로 설정합니다. 사상적으로는 탈중심, 혹은 포스트휴머니즘입니다. 들뢰즈 역시 물질과 세계를 관계적이고 다차원적으로 재구성하는 작업을 진행했습니다. 그러나 휴머니즘, 곧 인간중심주의에 머물고자 했던(물론, 그 인간은 노동자 지향적입니다만) 순수한 영혼인 지젝에게는 이것이 허황된 것으로 보였나 봅니다. 일면 공감도 되지만, 안타깝기도 한 모습입니다.

토론해 봅시다

① "신유물론은 언어와 주체를 배제함으로써 오히려 비판적 사유를 제한하는 것은 아닌가?"

② "지젝은 신유물론의 실천적 무력함을 정확히 지적하고 있는 것은 아닌가?"

3

인간과
그 세상의 얽힘

아이히만, 악의 평범성인가? 악의 기만성인가?

독일의 여성 철학자 한나 아렌트(H. Arendt)가 『예루살렘의 아이히만』(1963)에서 보여준 '악의 평범성(banality of evil)'은 "아무리 평범한 시민이라도 생각하기를 거부하고 비판 없이 집단의 광기에 휩쓸리면 악마가 될 수 있다."라는 것을 잘 보여주었습니다. 1961년 4월부터 12월까지 예루살렘에서 열린 아이히만의 재판을 8개월 동안 참관한 아렌트는 이렇게 결론을 짓습니다. "아이히만은 친절하고 선량하며 근면한 관료였다. 무비판적으로 상관의 명령을 따르는 '생각의 무능'이 그를 유대인 학살의 주범으로 만들었다."

아렌트에 의하면, 아이히만은 '악마'나 '괴물'이 아니라, 단지 자신의 의무를 다했을 뿐이며, 위에서부터 내려진 명령과 나라의 법을 따랐던 것입니다. 영도자의 의지를 가진 입법자, 아돌프 히틀러 밑에서 아이히만은 더 이상 "자기 스스로 무언가를 결정할 수 없었고", 그가 바꿀 수 있는 일은 아무것도 없었기 때문입니다. 물론, 아렌트는 '평범한 악'이라는 개념으로 아이히만의 무능함을 꼬집습니다. 핵심은 '스스로 생각할 수 없었다'라는 것인데, 이것은 아이히만이 상투적인 문구를 사용하고, 관청의 용어를 사용하며 그 언어 뒤로 숨는 행동과 말에서 여실히 드러납니다. 따라서 아렌트는 이렇게 덧붙입니다.

"아이히만은 이아고도 멕베스도 아니었고, 또한 리처드 3세처럼 악인임을 입증하기로 결심하는 것은 그의 마음과는 전혀 동떨어져 있는 일이었다. 자신의 개인적인 발전을 도모하는데 각별히 근면한 것을 제외하고는 그는 어떠한 동기도 갖고 있지 않았다. 그리고 이러한 근면성 자체는 결코 범죄적인 것이 아니다. 단지 자기가 무엇을 하고 있는지 결코 깨닫지 못한 것이다."

세상에 악이 존재하는 것은 인간의 도덕성이 모자라서가 아니라, 인간의 가치와 권리를 억압하는 사회 · 정치적 구조 악에 대한 저항이 없기 때문이라는 사실을 밝혀낸 것입니다. 그러나 독일 철학자이자 역사학자인 베티아 스탕네트(Bettina Stangneth)는 『예루살렘 이전의 아이히만(*Eichmann vor Jerusalem*)』(2011)에서 이렇게 아렌트의 입장을 반박합니다.

"아이히만은 철저히 광신적인 반유대주의자였고 자신이 하는 일이 무엇인지 분명히 알고 있었다, 예루살렘에서 열린 재판에서 그는 속마음을 감춘 채 어수룩한 관료의 역할을 연기했을 뿐이다."

이러한 주장을 입증하기 위해 슈탕네트는 나치 패전 뒤 10년간 신분을 속이며 아르헨티나에서 살았던 아이히만이 쓴 메모와 글 수만 건을 분석했습니다. 시기적으로 아렌트가 접할 수 없었던 자료들(1990년대가 지나서야 공개된 수많은 자료들)에 근거해 주장을 펼쳐나간 것입니다. 결국 아이히만은 전쟁 수행 중, 거대한 기계의 톱니바퀴에 불과했다거나, 혹은 전후에는 원래의 순진한 모습으로 지낸 것이 아니라는 사실을 찾아냅니다. 아이히만은 나치 잔당들과 지속적인 모임을 가졌고, 국가사회주의의 재건을 설계했으며, 1950년대 당시 독일 총리 콘라트 아데나워에게 서한을 보내 자신의 주장을 펴려고 했던 확신범이었던 것입니다.

슈탕네트가 찾아낸 아이히만의 행적은 이렇습니다. 토끼 교배 사업이 실패로 돌아가자, 아이히만은 나치 전범 요제프 멩겔러의 친척 소유 공장에 취직했고, 딸의 남자 친구도 전범의 아들이었습니다. 특히 아이히만이 아르헨티나에서 남겨놓은 글에는 공격 성향을 드러내는 욕설과 모욕적 언사가 넘쳤습니다. 그가 남긴 글들과 인터뷰 자료를 보면 그는 새로운 시대에 맞는 자신의 역할을 추구했으며, 청년들에게 새 시대의 상징이 되기를 원했습니다.

결국, 스탕네트는 이렇게 결론을 내립니다. “아렌트가 비록 제한된 자료를 갖고 최선을 다해 연구를 수행했으며 또 용기 있는 판단을 내리기는 했지만, 가면을 쓴 아이히만에게 결국 속았다.” 게다가 『예루살렘의 아이히만』이라는 아렌트의 책 때문에, 연구의 초점이 ‘아이히만의 잔인한 행위’나 ‘홀로코스트의 참혹함’이 아니라, ‘악의 평범성’이라는 철학적 개념으로 바뀌었다고 꼬집습니다(물론, 이것은 아렌트가 의도한 결과는 아닙니다만).

토론해 봅시다

① "악은 특별한 괴물이 아닌 평범한 인간도 저지를 수 있다."

찬: 한나 아렌트의 '악의 평범성'에 동의한다.

반: 악은 본질적 기만과 의도가 있어야 한다. 슈탕네트에 동의한다.

② "복종과 무지는 책임을 면책할 수 없다."

찬: 도덕적 판단 능력은 개인의 의무이다.

반: 시스템 내 개인은 구조적으로 무기력하다.

수직 폭력과 수평 폭력

"내가 수용소에서 처음 받은 위협과 모욕, 첫 구타는 나치 친위 대원들로부터 받은 것이 아니라 나와 똑같은 유대계 수용자들, 즉 동료들로부터 받은 것이었다."

독일 나치에 의해 아우슈비츠에 감금됐지만 살아남은 유대계 이탈리아인이자 『이것이 인간인가』(돌베게, 2007)를 통해 아우슈비츠 수용소의 이야기를 쓴 프리모 레비(Primo Levi, 1919~1987)의 말입니다. 레비는 650명의 수용자와 함께 12칸의 화물차에 실려 아우슈비츠로 끌려갔습니다. 화물칸에는 모두 45명이 있었는데, 이 중 목숨을 건진 이는 고작 4명이었습니다. 레비가 아우슈비츠에서 지낸 기간은 11개월이었는데 당시 아우슈비츠 수감자의 평균 생존 기간은 고작 3개월이었습니다. 이 끔찍한 일을 경험한 레비가 인류 사회에 던진 궁금증이 바로 서두에 언급한 것입니다.

상식적으로 같은 처지에 놓인 수감자들은 서로 연대하고 협동하는 것이 자연스러워 보입니다. 그런데 레비는 전혀 다른 경험을 하게 됩니다. 나치로부터 억압받는 유대계 수감자들은 감옥 안에서 서열을 정했습니다, 그리고 그 안에서 약자를 괴롭혔습니다.

같은 동족끼리, 같은 처지에 있는 동료들에게! 기막힌 상황입니다. 왜 그럴까요? 〈오징어 게임〉 시즌 2를 공개하고 황동혁 감독은 이렇게 말합니다.

"사는 게 힘들어지고 좋은 일자리가 사라지면 우리는 서로를 탓하잖아요. 권력을 가진 사람들 때문이라 해도요. 분노가 옆으로, 또는 아래로만 흐르는 것 같았어요. 시즌 2에서 기훈은 게임을 끝내려고 하면서 '우리가 싸워야 할 사람들은 저 사람들(게임의 주최자들)'이라고 말해요. 계란으로 바위 치기처럼 실패할 수밖에 없는 일이고 바보스럽게 들릴지라도요."

감독의 말은 먹고 살기 어려워질수록 서로를 탓하는 사회상을 투영하고, 옆이나 아래가 아닌 위를 향해 분노하는 방법을 모색하려는 것으로 볼 수 있습니다. 이것이 바로 평생을 인종차별과 식민주의에 맞서 싸웠던 탈식민지 이론가 프란츠 파농(Frantz Fanon, 1925~1961)의 연구입니다. 그는 이렇게 질문합니다. "가난하고 힘없는 군중들이 왜 동료들에게 폭력을 휘두르는가?"

프랑스 국적의 정신과 의사로 알제리에 정착한 파농이 맨 처음 주목했던 일은 알제리에서 일어났던 숱한 폭력 사태였습니다. 그 시절 알제리에서는 크고 작은 폭력 사건이 끊이지 않았습니다. 하루가 멀다하고 민중들끼리 서로 죽이고 죽였습니다.

가령, 하루 14시간의 고된 노동을 마치고 천막에 돌아온 알제리 민중은, 옆 천막에서 아기가 시끄럽게 운다는 이유로 그 천막으로 돌진해 아기를 흉기로 찔러 죽였습니다. 또한 더 이상 외상을 주기를 거부하는 상점 주인을 야밤에 찾아가 찔러 죽인 젊은이도 있었습니다. 당시 알제리의 지배자였던 프랑스는 알제리 국민들의 이런 폭력성을 몹시도 증오했습니다. “알제리 국민들은 선천적으로 저열하고 폭력적이며, 이유 없이 살인하고 범죄 성향이 강하다. 깜둥이들은 원래 폭력적이야.”

그러나 파농은 1954년부터 1959년까지 자신이 직접 치료한 정신병 환자들의 치료기록을 바탕으로 이러한 수평적 폭력의 원인을 이렇게 규명합니다. “알제리 국민들이 폭력적인 이유는 바로 프랑스인들이 가하는 수직 폭력 탓이다.” 이것이 현대 정신의학계에 큰 충격을 안긴 파농의 ‘폭력론’입니다. 프랑스의 알제리 국민들을 향한 수직 폭력으로 인한 알제리 국민들 간의 수평 폭력이죠?

수직 폭력은 지배계급이 피지배 계급에게 가하는 폭력입니다. 수평 폭력은 같은 위치에 있는 피지배계급들 사이에서 벌어지는 폭력입니다. 파농의 분석에 따르면 인간은 수직 폭력으로부터 피해를 크게 입을수록, 수평 폭력의 유혹에 빠진다는 것입니다. 자신을 곤궁한 처지로 몰아넣은 것은 지배계급이지만, 정작 그 일을 당한 민중들은 자기보다 못 하거나 약한 사람을 죽이고 두들겨 패는 방식으로 자신들의 한과 고통을 푸는 것입니다. 기막힌 세상입니다. 파농은 다음과 같이 절규했습니다.

“굶주림, 집값을 못내 집 주인에게 내쫓김, 어머니의 말라붙은 젖가슴, 해골이 앙상한 아이들, 폐쇄된 작업장, 심장 곁을 까마귀 떼처럼 따라다니는 실업자들, 이 속에서 원주민은 매일 살인의 유혹을 받게 된다. 몇 파운드의 밀가루 때문에 얼마나 많은 일이 일어났는가?”

따라서 파농은 유럽의 백인들을 향해 '폭력 항쟁'의 기치를 높이 들었습니다. 왜냐하면 수평 폭력의 원인인 제국주의의 수직 폭력을 제거해야 이 문제가 해결되기 때문입니다. 그러나 수평 폭력을 없애기 위해 수직 폭력을 폭력으로 제거해야 한다는 파농의 주장은 현실화되기 쉽지 않습니다. 지배계급은 민중들의 수평 폭력 본능을 악용하려고 하기 때문입니다.

국가간 수직 폭력을 강화하고, 미국 내 민중들에게는 수평 폭력을 도발하는 트럼프 2기가 등장합니다. 그러나 미국인들은 진정한 착취의 뿌리인 트럼프와 월가의 수직 폭력에 맞서야 할 것입니다. 〈오징어 게임〉 시즌 2는 게임과 드라마에서 수직 폭력과 맞섰습니다. 드라마이기 때문에 가능한 것일까요? 따라서 프랑스의 철학자 장 폴 사르트르는, 파농의 미완의 책 『대지의 저주받은 사람들』(그린비, 2010) 서문에서 이렇게 호소합니다.

"유럽이 우리 대륙에 손을 댔으니 그 손을 후려쳐서 떠나가게 만들어야 한다. 역사의 현장에 뛰어들어 투쟁을 시작하자! 마땅한 무기가 없다고? 식칼이라도 들어라. 그것이면 충분하다!"

토론해 봅시다

① "현대 사회의 폭력은 수평 폭력(또래 · 이웃)으로 전환되었다."

찬: 계층보다 일상적 관계 내 갈등이 더 큰 폭력이다.

반: 여전히 권력 불평등 구조가 본질적 원인이다.

② "수직 폭력보다 수평 폭력이 공동체를 더 쉽게 붕괴시킨다."

찬: 신뢰 기반의 관계가 무너지기 때문이다.

반: 구조적 억압이 더 근본적인 위기이다.

폭군

하버드 대학교의 인문대 교수이자 셰익스피어 연구자인 스티븐 그린블랫(Stephen Greenblatt) 교수는 『폭군』(비잉, 2020)에서 다음과 같은 문제의식을 제기합니다. 2016년 미국 대선 당시, 그는 "트럼프처럼 독재자가 될 가능성이 높은 인물이 왜 대통령으로 선출되는가?"라는 의문을 품었습니다. 그리고 이 질문은 2025년을 맞은 오늘날, 다시 우리 앞에 돌아오고 있습니다.

그린블랫 교수는 '독재자는 어떻게 탄생하는가?', '도대체 독재자는 어떤 성격을 가진 인물인가?'라는 주제로 책을 씁니다. 그때 셰익스피어의 문학 작품을 활용합니다. 리처드 3세, 멕베스 등입니다. 이들을 분석하며 독재자의 권력은 오래가지 못하고 몰락한다고 소개합니다. 번역자 이종인 선생은 역자 후기에서 이렇게 말합니다.

"셰익스피어는 독재자들이 권세를 오래 누린다고 생각하지 않았다. 그들이 권좌에 부상하는 방식이 아무리 영리하다 하더라도, 일단 권좌에 오르면 그들은 아주 무능하다는 것이 밝혀진다. 그들이 통치해야 하는 국가에 대하여 아무런 비전을 갖고 있지 못하므로, 그들은 지속적인 지지를 이끌어내지 못한다. 그들이 아무리 잔인하고 난폭하다고 해도 모든 반대 세력을 제거하지는 못한다. 그들의 고립, 의심, 분노는 서로 상승작용을 일으켜 오만하고 과도한 자신감을 만들어내고, 이것이 마침내 그들의 몰락을 촉진한다."

폭군(Tyrant)의 사전적 의미는 "자신이 권력을 행사할 수 있는 사람들을 잔인하고 불공정한 방식으로 대하는 사람"을 뜻합니다. 눈여겨 볼 것은 이러한 폭군을 도와주는 이들이 있다는 것입니다. 그린블랫 교수는 셰익스피어의 『리처드 3세』를 인용하며 그들을 6그룹으로 나눕니다.

"그리하여 셰익스피어의 드라마는 다음과 같은 주제를 탐구한다. 어떻게 이런 사람이 영국 왕위에 오를 수 있었을까? 독재자를 도와주는 사람들은 대략 6그룹으로 나눌 수 있다. 첫째, 리처드에게 정말로 속아버린 사람들이다. 그의 주장을 정당하다고 생각했고, 그의 약속을 믿었고, 그의 감정 표현을 액면 그대로 받아들였다. 그들은 너무 순진하거나 순수한 사람 혹은 너무 힘이 없어 정치에 아무런 유의미한 역할을 하지 못하는 사람들이다. 둘째, 괴롭힘과 폭력의 위협 앞에서 겁을 먹거나 무기력해진 사람들이다. 리처드가 미친 듯이 위협하자 그의 난폭한 명령에 대한 저항도 점점 시들해진다. 셋째, 리처드가 겉과 속이 모두 사악한 사람이라는 사실을 명확히 깨닫지 못하는 사람들이다. 그들은 리처드가 거짓말쟁이고 끔찍한 일을 저지른 것을 잘 알지만, 그것을 쉽게 잊는 경향이 있다. 그들은 정상적이지 않은 것을 정상적인 것으로 만드는 일에 엄청나게 매혹된다. 넷째, 리처드가 형편없다는 것을 알지만 그래도 모든 일이 정상적으로 굴러갈 거라고 생각하는 사람들이다. 그들은 방 안에는 언제나 충분한 수의 어른들이 있어서 약속을 지키고 핵심 제도가 준수되리라 생각한다. 그들은 허약하기 짝이 없는 정치 구조에 의존하려 든다. 다섯째, 다소 음흉한 그룹으로 리처드를 통해 자신이 이익을 볼 수 있다고 생각하는 사람들이다. 이들은 리처드를 도와주고, 그의 더러운 일에 참여하고, 각종 폐해들을 무관심하게 지켜본다. 그러나 리처드는 일단 목적을 달성하면 이런 냉소적인 협조자들부터 먼저 제거한다. 여섯째, 리처드의 명령을 수행하는 잡다한 사람들이다. 어떤 사람들은 곤란한 상황을 피하고자 마지못해 명령을 따른다. 어떤 사람은 명령을 이행하면서 뭔가 챙길 수 있길 바란다. 또 어떤 사람들은 고위직을 공격하여 고통받고 죽어가게 하는 잔인한 게임을 즐긴다. 독재자 주변에는 이런 사람들이 넘쳐난다."

그럼에도 불구하고 이러한 기막힌 세상에도 희망이 있습니다. 그린블랫 교수의 말입니다.

"지도자들은 종종 위태로운 처지에 놓이고 타락한다. 군중들은 종종 어리석고, 배은망덕하며, 민중 선동가에게 쉽게 넘어가고, 그들의 진정한 이익이 어디에 있는지 더디게 이해한다. 비열한 사람들의 잔인한 동기가 승리를 거두는 것처럼 보이는 기간, 그것도 긴 기간이 있다. 그러나 셰익스피어는 독재자와 그 추종자들은 결국에는 실패한다고 보았다. 그들 자신의 사악함과 민중들의 인간적 감정에 의해 파멸하고 마는 것이다. 민중의 감정을 일시적으로는 억압할 수 있을지 몰라도 아예 없애지는 못한다. 집단적 올바름을 회복하는 가장 좋은 기회는 보통 시민들의 정치적 행동에서 나온다. 드라마에서 사람들은 독재자를 지지하는 함성을 외쳐 달라고 재촉받을 때 침묵한다. 사악한 주인이 죄수를 고문할 때 그 악랄함에 저항하는 하인도 있다. 경제적 정의를 요구하는 배고픈 시민들도 있다. 그들은 이렇게 말한다. '도시란 사람이 아니라면 무엇인가?'"

토론해 봅시다

① "대중은 스스로 폭군을 만든다."

찬: 포퓰리즘과 권위주의 수용은 집단의 선택이다.

반: 정치 · 경제 시스템이 강제한다.

② "폭군의 탄생은 구조가 아닌 인간 심리에서 비롯된다."

찬: 권력에 대한 욕망은 성적 욕망보다 크다.

반: 제도 · 정치 시스템이 결정적이다.

서바이벌 문화

서울대 사회학과의 김홍중 교수는 한국 사회의 집합 심리를 탐구해 온 사회학자입니다. 지난 20세기 한국 사회를 이끌었던 근본이념을 '존재'도 아니고 '실존'도 아닌, 생존이라고 분석하며 『서바이벌리스트 모더니티』(이음, 2024)에서 '생존주의(survivalism)'를 소개합니다. 김홍중 교수의 말을 들어볼까요?

"한국 근대의 고유한 사상 형태는 하이데거적 '존재'론도 아니고 사르트르적 '실존'주의도 아니다. 한국 근대의 간판 사상은 '생존'의 사상이다."

생존주의는 '살아남는 것'을 최우선으로 여기는 가치관이자, 윤리이자, 미학입니다. 이것은 전쟁, 독재와 민주화, 그리고 급격한 경제성장을 겪는 동안 한국 사회가 어떻게 살아남았는지를 설명하는 핵심 키워드이자 동력이 됩니다. 생존주의에 의하면, 세계는 정글입니다. 경쟁과 도태의 공간이기도 합니다. 따라서 생존주의자에게는 살아남는 것이 제일 중요합니다. 그 결과 생존에 도움이 되지 못하는 가치들은 배제되거나 우선순위에서 밀려납니다. 김홍중 교수는 다음과 같이 말했습니다.

"생존한다는 것은 자동사적 사태가 아니라 타동사적 사태다. 생존은 목적어가 있다. 자신의 생명을 위협하는 무언가와의 관계를 통해서만, 타자에 의한 자기(自己)의 파괴와 상실 속에서만, 서바이벌은 성립된다. 모든 생존자는 생명을 끌고 죽음 쪽으로 최대한 가까이 감으로써, 부분적으로 파괴된 채 살아난 자들이다."

이러한 생존주의는 한국 사회에서 20세기를 거치면서 세 차례의 전개 과정을 보여줍니다. 첫째 1894년의 동학농민혁명, 갑오경장, 청일전쟁이 야기한 충격 속에 형성된 '만국공법(萬國公法) 생존주의'입니다. 여기서 만국공법은 당시 조선시대가 사대 질서로 중국을 중심으로 한 수직적인 체제였다면, 공법질서는 주권적이고 독립적인, 이른바 '근대국가'를 기초단위로 하여 이를 넘어선 상위의 존재를 인정하지 않는다는 점에서 수평적 체제라고 볼 수 있습니다.

물론 이 역시 당시 제국주의 팽창을 거듭하고 있던 유럽문명권의 세계관을 반영한 것으로 그 실상은 동양 각국의 기대와는 크게 달랐습니다. 곧 이 만국공법은 유럽 국가 간의 법이었고, 그 이외의 국가들은 반(半)문명국, 야만국으로 국제법의 주체가 될 수 없었던 한계가 있습니다. 그리고 이 만국공법에 기초한 생존주의가 꽃피기 전에 한국전쟁으로 통한 냉전 생존주의가 등장합니다. 둘째, 1950년 한국전쟁 이후 냉전체제에서 형성된 '냉전 생존주의'가 그것입니다.

마지막 셋째, 1997년 외환위기 이후 신자유주의 국제 질서에 편입되는 과정에서 형성된 '신자유주의적 생존주의'입니다. 물론, 그동안 한국의 근대를 설명하는 여러 이론이 있었습니다. 가령, 서구의 제도들을 빠르게 수용하며 근대화 과정이 복잡하게 혼재된 '압축적 근대성', 정치와 경제에 과도한 중심성이 부여되는 '환원근대', 냉전 시기의 전쟁과 군대를 중요시하는 '군사화된 근대성', 유교를 주된 문화적 자원으로 두고 동아시아 유교 문명의 큰 틀 위에서 한국 근대를 바라보는 '유교적 근대성' 등이 있습니다. 그러나 이 이론들은 역동적이고 복합적인 시간을 직접 겪어내고 살아낸 시민들의 삶을 충분히 담아내지 못합니다.

아무튼 이 책에서 집중적으로 분석하는 것은 냉전 생존주의입니다. 김홍중 교수는 박정희의 통치 사상을 생존주의적 통치성의 관점으로(4장. 생존주의적 통치성과 근대의 꿈-박정희를 중심으로), 정주영이 꿈꾼 한국 자본주의 정신을 생존지향적 발전주의로 해석(5장. 한국 자본주의 정신 - 정주영을 중심으로)합니다.

물론, 그에 앞서 김홍중 교수는 미술과 문학 텍스트에 형상화된 생존주의를 짚어 냅니다. 가령, 전후 폐허 속 죽음과 삶의 경계에서 생존해 나가는 한국 민중의 생명성을 그린 박수근과 박완서의 '나목(裸木, 잎이 떨어져 가지만 남은 나무)' 이미지를 분석하고(1장. 나목(裸木)의 사상-박수근과 박완서의 경우), 김기영 감독의 영화의 근원적 상상력을 '살아남는 것'에 대한 욕망의 표현으로 해독(2장. 생존주의 욕망기계-김기영의 시네마)하기도 합니다. 그러나 냉전과 신자유주의 생존주의가 나무의 가지마저 부러뜨립니다. 따라서 김홍종 교수는 이렇게 질문합니다.

“가혹한 경쟁을 통해 서바이벌 게임에서 승리하는 것을 삶의 일반적 과정으로 생각하는 사람들에게 사회는 ‘정글’이다. 생존 압박에 시달리며 타자를 누르기 위해 삶을 바치는 사람들에게 평화란, 협력이란, 희생이란 과연 무엇일까?”

그리고 그 답에 관해 ‘사회적인 것의 공동화(共同化) 현상’으로 설명합니다. 이것은 안병무와 서남동의 민중신학이죠? 결국 사회적인 것을 추구하며 타자와의 공존을 추구하는 새로운 생존의 상상력을 민중신학을 통해 소개하고 있습니다. 김홍중 교수의 말입니다.

“왜 페미니스트가 비건이 되고 동물권에 더 빨리 민감해지고 생태주의자가 되는가? 왜 겪는 자들이 겪는 것들에 더 가까이 다가가고, 인간-너머의 겪음까지 실천을 뻗쳐 가는가? 피해자들이, 무너진 자들이, 아픈 자들이 왜 함께 움직이는가? 파괴 관계에서의 위치성, 겪는 자들의 감수성을 공유하기 때문이다.”

신학에서 버린 민중신학이 소설과 그림, 영화와 시, 그리고 사회학에서 다시 꽃을 피웁니다.

토론해 봅시다

① “서바이벌 경쟁은 인간 본성에 기반한 진화의 결과이다.”

찬: 생존은 본능이며 경쟁은 자연스럽다.

반: 협력이 진화의 핵심이다.

② “서바이벌 문화는 교육에 부정적 영향을 준다.”

찬: 비교와 탈락은 자존감을 파괴한다.

반: 동기 부여와 역량 향상에 효과적이다.

가난을 엄벌하다

친구의 권유로 '구별짓기', '아비투스', '문화자본'으로 유명한 프랑스의 사회학자 피에르 부르디외(Pierre Bourdieu)의 강의를 듣고 사회학에 관심을 갖게 된 로익 바캉(Loic Wacquant)은 부르디외와 공동작업을 합니다. 그리고 부르디외가 사망한 후, 미국으로 건너가 사회학의 명문 시카고 대학에서 연구를 시작합니다. 연구과제를 모색하던 중, 캠퍼스에 인접한 흑인 게토 지역을 목격하고, 이를 멀리서 추상적으로, 혹은 문헌적으로 연구하지 않고 게토의 밑바닥으로 들어갑니다. 게토지역 복싱팀에 들어가 복싱을 하며 지역의 젊은이들과 어울린 것입니다. 그러면서 바캉은 보았습니다. 복싱으로 성공하지 못한 많은 흑인 젊은이들이 감옥을 들락거리는 것을! 결국 감옥과 게토는 밀접한 관계가 있었던 것입니다.

바캉은 가난한 게토 주민들이 감옥을 들락거리면서 더욱 가난해지고, 그 가족도 복지 혜택을 받지 못하게 되는 이러한 메커니즘을 목격하면서 "왜 이 같은 악순환이 벌어지고 있는지?"를 질문하며 감옥을 조사하기로 하였습니다. 그리고 '빈곤과 감옥'의 관계를 '글로벌화와 형벌국가의 도래'라는 구조적 변화 속에서 포착했습니다. 그 내용이 바로 『가난을 엄벌하다』(참언론 시사인북, 2010)입니다. 바캉은 이렇게 말했습니다.

"경제 규제 완화와 형벌 규제 강화는 한 쌍을 이루고 있다. 사회복지 투자 완화가 복지국가의 와해를 야기하자, 계층 구조가 불안해졌다. 불안전으로 초래될 사회 해체를 저지하기 위한 수단으로 형무 예산의 초과 투자가 요구된 것이다. 형무 인플레이션은 신성불가침한 자연적 운명이나 재앙이 아니다. 전반적인 민주주의 대토론을 거쳐 요구할 것은 요구하고 결정할 것은 결정해야 하는 정치적 문화적 사안이다."

곧 국가가 '법과 질서'를 내세우면서 범죄를 강력하게 근절하겠다고 나선다고 무작정 박수칠 일이 아니라는 뜻입니다. 쉽게 말해, 법무장관이나 검찰총장, 혹은 검찰과 경찰이 나서는 사회는 그리 좋은 사회가 아니라는 말입니다.

이 책 1부는 '미국산 형벌국가는 어떻게 전 세계에 파급되었나?'를 묻고 있고, 2부는 '유럽이 왜 사회복지국가를 포기하고 형벌국가를 추구하나?'를 묻습니다. 먼저 바캉이 주목한 것은 미국의 뉴욕입니다. 1990년대 루돌프 줄리아니 뉴욕시장은 윌리엄 브래튼 뉴욕시 경찰국장과 손잡고 '톨레랑스 제로(인내심 전무)' 정책을 들고 나왔습니다. 범죄의 온상인 빈민 지역을 청소해 국가의 질서를 잡겠다는 브래튼의 불관용 형사 정책은 언론의 환영을 받았습니다.

"범죄의 가장 확실한 발생 원인은 죄인 그 자신이다."라는 브래튼 경찰국장의 지론대로, 그는 기업이 이익 목표를 정하고 관리하듯이, 범죄 등록 건수를 관리하기 시작했습니다. 뉴욕경찰국장은 기업가처럼 매일 범죄건수를 챙기는 경찰 업무를 지휘했습니다. 그 결과 윌리엄 브래튼은 뉴욕의 치안 유지 예산을 대폭 늘렸습니다. 사회복지 분야 예산이 3분의 1 삭감되는 동안에 뉴욕의 치안 예산은 40퍼센트 인상되었습니다. 체포자 숫자가 늘어나자 법정에서 이와 관련한 재판을 감당하지 못해 쩔쩔매는 '법정 병목 현상'까지 벌어졌습니다.

이렇게 사소한 경범죄에도 강력하게 대응하겠다는 이 뉴욕의 '톨레랑스 제로' 정책은 법 집행을 공격적으로 하는 형벌 정책의 대표주자가 되었습니다. 그러자 지나치다 싶을 정도로 위험한 범죄 도시의 리더로 알려졌던 뉴욕이 갑자기 미국에서 가장 안전한 도시로 떠올랐습니다. 그러나 바캉에 따르면, 뉴욕은 통계적으로 한 번도 전자인 적도, 후자인 적도 없었습니다. 바캉은 다음과 같이 말했습니다.

"흑인이 많이 사는 동네의 범죄율은 분명 줄었지만, 그곳 흑인 주민의 3분의 2는 줄리아니의 정책이 경찰의 공격성을 더욱 강화했다고 본다. 3분의 1만이 이제는 안전한 도시에서 사는 것 같다고 대답했다. 반면 뉴욕 백인은 58퍼센트가 범죄 엄벌주의를 실시한 줄리아니 시장을 칭찬했고, 87퍼센트는 이제 덜 위협받고 사는 것 같다고 대답했다. 그렇다면 톨레랑스 제로 정책은 완전히 상반된 두 얼굴을 보여주는 셈이다. 대상은 흑인이고, 그 수혜자는 백인이다. 형벌국가 강화는 그 간접 효과를 보나 실제 기능을 보나

카스트의 장벽을 재복구하거나 강화하고 있다고밖에 볼 수 없다."

뉴욕에서 탄생한 이 톨레랑스 제로 정책은 영국으로 건너갑니다. 그리고 다시 유럽 대륙으로 넘어가 전 세계로 번개처럼 퍼져 나갔습니다. 그리고 마침내 검찰공화국이 대한민국에서 화려하게 꽃을 피웠습니다. 놀라운 것은 이러한 새로운 형사 정책에 유럽이 열광하고 있을 때 미국에는 수감자가 넘쳐나기 시작했습니다. 그러자 미국은 발 빠르게 감옥을 민영화해 넘치는 수요를 흡수했습니다. 결국 감옥 산업은 갑자기 월가의 블루칩으로 떠올랐습니다. 그러나 바캉은 이렇게 감옥 산업에 관해 비판합니다.

"인구 일부를 투옥시켜 얻는 효과는? 일정 구역을 직접 감시 체제 아래 놓아 얻는 효과는? 한마디로 총체적인 침체이다. 학업, 취업, 결혼 계획의 전면적인 차질, 가정 불안, 사회 조직에서의 소외, 빈민가에 그냥 처박히기, 사회에 대한 불만, 정부에 대한 반발, 자포자기, 반항, 온갖 정신적 병리 현상들, 고통, 감옥행이라는 통과의례, 인간 불신, 상호 폭력."

물론 유럽이 미국의 이러한 톨레랑스 제로 정책에 매료됐던 것은 당시 신자유주의 정책을 밀어붙이는 미국이 경제적으로 일취월장하는 듯 보였기 때문입니다. 게다가 그동안 유럽 경제를 지탱해왔던, 아프리카나 아시아 등지에서 대량 유입돼 온 값싼 노동력이 경제의 침체와 더불어 부담스러워졌기 때문이기도 합니다. 영국의 브렉시트나 최근 독일 극우정당의 난민 반대는 바로 이러한 연장선 상에 있습니다. 그러나 바캉은 이렇게 지적합니다.

"유럽은 미국의 본질을 몰랐다. 미국의 공식 빈민 수가 3,500만

명이고, 이 숫자는 서유럽의 2~3배에 달한다는 것을. 그리고 6세 미만 아동 다섯 명 중 한 명이 절대 빈곤 속에서 성장하고 있으며, 특히 흑인 아동은 두 명 중 한 명이 그렇다는 것을!"

아름다울 미(美)가 아닌 미혹할 미(迷)라는 것을 몰랐던 것입니다. 결국 바캉의 분석 핵심은, 공격적인 처벌 기제야말로 신자유주의 국가의 필수적인 통치 기술이라는 것입니다. 따라서 공권력 동원과 처벌 강화는 범죄 불안이 아닌, 신자유주의 기조에서 비롯된 사회불안 때문입니다. 동시에 이재명 대표의 구속 영장 기각 사건(2023년 9월 27일)은 이러한 '톨레랑스 제로', '불관용 형사 정책', '형벌주의'에 브레이크를 건 사건입니다. 그럼에도 검찰공화국은 이 기조를 버리지 않을 것입니다. 지옥엔 바닥이 없기 때문입니다. 그리고 보이지 않는 손이 철장갑을 끼고 나타났기 때문입니다. 바캉이 잘 지적해 주었습니다.

"국가가 비용을 들여서라도 질서를 바로잡겠다고 하면 유권자에게 어필할 수 있을 뿐만 아니라 불안의 사회적 · 경제적 원인을 추궁하는 과정에서 국가는 책임을 벗어날 수 있었다. 그 책임은 이제 사회보장이나 경제 정책의 영역에서 철수한 국가가 아니라 그런 '반사회적 행위가 횡행하는' 지대에 사는 사람들에게 돌아가는 것이다. 하여 앞으로는 자기 책임하에 자기가 사는 사회를 자신의 손으로 관리하는 것이 당연하다는 논리가 성립된다."

결국 정권은 잠재적 위험 요소인 불안정 노동자와 빈곤 계층이 널리 퍼져 있는 사회에서 사회불안을 통제하기 위해 공권력을 적극 활용합니다. 정적을 제거하고, 시민들의 불만을 통제하고, 이들을 '위험 집단'이라고 낙인찍거나 전체주의 세력, 공산주의자라고 몰아붙입니다.

특히 자신의 배만 불리고 국민을 돌보지 않는 스스로의 부당함을 정당화하기 위해 각종 처벌 기제를 전시하고 활용합니다. 건군 75주년 국군의 날을 맞아 9월 26일 서울 숭례문에서 광화문 일대에 대규모 장비가 동원된 국군의 날 시가행진이 펼쳐진 것은 그 일환입니다. 따라서 바캉은 이렇게 말합니다.

"신자유주의 정부를 '작은 정부'라고 부르는 것은 불완전한 표현이다. 경제적 측면만 보면 작은 정부이지만, 공권력의 측면에서는 큰 정부이기 때문이다. 즉, 신자유주의 국가는 작은 정부와 큰 정부의 모습을 동시에 띠는 야누스의 얼굴을 갖게 된다."

따라서 내로남불의 형벌국가를 지향하는 검찰공화국은 범죄의 궁극적인 온상을 잡아내지 못하고 범죄율을 줄이기 위해 만들어진 형벌체계가 오히려 범죄를 만들어 내는 악순환에 빠지는 것을 막지 못합니다. 놀라운 것은 이러한 악순환을 막기 위해, 곧 사회가 더욱 혼란해지기 때문에 유권자로부터 이런 범법자들을 잡아내야 한다는 논리가 강화되고, 이 혼란이 극도에 도달하면 나치즘에서 보이듯 유대인이라고 하는 거대 집단 자체를 사회적 합의에 의해 희생양으로 삼는 일이 국가적 의식을 통해 나타나게 된다는 사실입니다. 바캉은 이렇게 이야기합니다.

"도로 경주에서 기권 선수를 싣고 가는 자동차처럼 된 감옥은 쓸모없고 달갑지 않고 위험하기까지 한 하층 무산계급을 긁어모아 창고에 집어넣는 데서 끝나지 않고, 빈곤을 은폐하고 그 가장 파괴적인 결과물을 중화시킨다. 우리가 흔히 간과하지만, 형무제 자체가 사회적 불안정과 고립무원을 더 확대시키고 영속화한다. 빈자를 위한 것이라는 온갖 기관과 제도는 환상에 불과한 안전 지상주의 때문에 오히려 범죄환경을 조장한다. 문화적 동질성을 상실케 하고 가난을 더욱 가난하게 만든다. 아들, 남편, 아버지, 봉급쟁이, 실업자, 병자, 마르세유 사람, 마드리드 사람 기타 등등 이른바 개인적 · 사회적 신분에다 '죄수'라는 불명예스러운 꼬리표를 달아줌으로써 이들을 빠져나올 수 없는 빈곤의 소용돌이에 몰아넣는다. 극빈자들을 향한 국가 사회 정책은 이렇게 무서운 얼굴을 숨기고 있는 것이다."

애리조나주립대 김정희원 교수의 말이 새로운 세상을 열기 위해 무엇을 해야 할지를 잘 보여줍니다.

"우리가 마주하고 있는 위기는 그저 '검찰독재'가 아니다. 공권력의 남용과 형벌의 엄포 속에 누구의 삶이 더 취약해지는가? 집회와 시위를 불법화하면 누가 범죄자가 되는가. 우리 사회에 어떤 수준의 절망이 도사리고 있으며, 오늘의 생존을 걱정하는 이는 누구인가? 자포자기한 사람들을 엄벌한다고 사회가 안전해지지 않는다. 더 많은 이들이 삶의 터전을 잃기 전에, 더 많은 재난과 죽음이 닥쳐오기 전에, 이 시급한 위기에 맞서기 위한 밑그림을 그려야 한다. 한국 정치는 언제쯤 이 교착상태를 극복하고, 좀 더 근본적인 의제에 집중할 수 있게 될까?"

토론해 봅시다

① "현대 복지국가는 가난한 자를 범죄자처럼 다룬다."

찬: 서류, 검사, 조건부 지원은 사회적 처벌이다.

반: 공공 자원 배분을 위한 합리적 필터다.

② "가난은 개인의 책임이 아닌 구조적 문제다."

찬: 계층 이동의 사다리가 사라졌다.

반: 노력으로 극복 가능하며 책임은 개인에게 있다.

호모 커넥투스

호모 코로나쿠스(Homo coronacus, 거리두기 인간)와 반대되는 신인류로 '호모 커넥투스(Homo connectus, 연결된 인간)'가 있습니다. 성신여대 정외과의 최민자 교수는 『호모 커넥투스』(모시는사람들, 2020)에서 '지금-이후 시대'에 새로이 인식된 세계상, 새로운 인간의 정체성을 표현하는 신조어로 호모커넥투스를 소개합니다. 그 본질은 '연결성'입니다. 최민자 교수는 다음과 같이 말했습니다.

"호모커넥투스의 본질은 연결성이다. 연결성은 곧 소통성이므로 '하나됨(oneness)'의 근간을 이루는 것이다. 우리는 단 한순간도 연결되지 않은 적이 없었다! 다만 자각하지 못하고 있을 뿐이다. 우리는 이미 완전히 연결되어 있다. 우리는 본래 호모커넥투스다! 왜냐하면 우주의 본질은 생명이고, 우리 모두는 '불가분의 전체성(undivided wholeness)'인 생명이라는 피륙의 한 올이기 때문이다. '접속의 시대'가 안고 있는 문제의 본질은 크게 두 가지, 즉 문화자본주의의 등장으로 인해 지역 문화가 고갈되고 지구 문화의 동질화가 심화되면서 인류 지식의 보고(寶庫)가 사라지고 문화적 다양성이 소멸될 위기에 처했다는 것, 그리고 인간의 가치가 형성되는 유일한 원천인 문화의 상품화로 인해 문화생활을 구성하는 수많은 관계는 물론 인간 자체도 상품화됨으로써 사회적 신뢰와 사회 자본이 고갈되어 인류 문명이 위기에 처하게 되었다는 것이다. 호모커넥투스라는 신조어가 인간 본래의 정체성을 바탕으로 하지 않고 단지 외적 · 기술적 연결에 머문다면 공감의 신문명은 창출되기 어려울 것이다."

사실 4차 산업혁명 시대의 핵심은 '초연결-초융합-초지능'이 핵심입니다. 초연결 사회는 현상적으로는 사물인터넷(IoT)과 만물인터넷(IoE), 가상 물리 시스템(CPS), 인공지능(AI), 빅데이터 등을 중심으로 플랫폼 기반 네트워크에서 이루어집니다. 문제는 4차 산업혁명 시대, 디지털 혁명이 가져올 혜택만큼 초연결 사회는 사이버 리스크도 크다는 점입니다. 따라서 혜택의 최대화-리스크 최소화를 위해서는 기술에 대한 인간 제어 기능 확보 문제, 기술 사회의 윤리 정립 문제, SNS에서의 유해 정보 확산 방지 문제 등 사이버 세상의 기본을 세우는 일 등이 요구됩니다. 동시에 사회적 불평등의 문제도 고려해야 합니다. 최민자 교수는 이에 대하여 다음과 같이 말했습니다.

"호모커넥투스의 본질을 깨우치고 확장시키는 것은 이러한 4차 산업혁명 시대가 소수의 승자와 다수의 패배, 인간의 승리와 자연의 패배, 물질적-성장적 문명의 승리와 정신적-공감적 문명의 패배로 귀결되지 않도록 하는 길이다. 모두의 승리는 인간이 자유의지가 곧 필연이 되는 세계에서 살아갈 수 있게 하는 데서 성취되는 것이다.”

이를 위해 호모커넥투스는 인간과 세계의 초연결성이 단지 가시적 세계만이 아니라 보이지 않는 양자 세계와 그보다 더 근본적인 데로 이어진 이 우주의 근원적 양태로서, 하나와 전체는 불가분의 전체성 속에 이어져 있음, 곧 전체로서의 생명을 발견해야 합니다. 따라서 ‘사람-사람’, ‘사람-만물’, ‘만물-만물’이 상호 연결된 초연결 세계의 운동 원리로 ‘창조-융합-연결-확장’의 원리를 이해해야 합니다. 이것을 잘 보여주는 것이 포스트휴먼 사이보그입니다. 최민자 교수는 이렇게 소개합니다.

“포스트휴먼 시대에는 인간과 사물 간의 분리가 사라지면서 인간은 포스트휴먼 사이보그로 진화할 것이다. 포스트휴먼 시대에 새롭게 등장하는 사이보그는 사물(만물)인터넷과 인간의 연계로 네트워크를 통해 인간의 능력이 증강된 ‘네트워크 사이보그’다. 인간의 뇌를 다운로드해서 슈퍼컴퓨터에 업로드하는 ‘트랜센던스(transcendence)’ 프로젝트가 성공할 경우, 소프트웨어라는 ‘마음파일(mind file)’은 육체라는 하드웨어의 영구성과는 상관없이 널리 확장될 것이다. 그 단계가 되면 ‘I AM’은 육체적 자아의 정체성이 아니라, 보편적 실재로서의 참자아, 즉 순수 현존(pure presence)의 정체성을 나타내는 것임을 분명히 알게 될 것이다. 포스트휴머니즘은 기술적으로만 접근할 수 있는 주제가 아니며 일체의 이원성을 넘어서는 인간 의식의 패턴 변화를 전제로 한다. 그것이 해체주의의 핵심이다. 우리의 의식이 육체적 자아에서 영적, 우주적 자아로 확장될 때 포스트모던 세계가 열린다. 포스트모던 세계는 연결성 · 소통성 · 능동성을 본질로 하는 호모커넥투스의 정체성이 구현된 세계다."

결국 최민자 교수의 책은 "과학을 통한 영성으로의 접근과 영성을 통한 과학으로의 접근"이 그 핵심입니다. 오늘날 현대 과학의 양자역학 인식 체계는 있음(입자)과 없음(파동)은 서로 넘나드는 것이며, 존재-비존재의 통일이야말로 우리 존재의 실상이라는 데까지 도달하였습니다. 이것은 결국, 보이는 것(망원경이나 현미경까지 포함한)만으로는 우리 자신(인간과 우주)을 온전히 설명하고 이해할 수 없으며, 보이지 않는 것, 계산으로도 계산될 수 없는 영역까지를 염두에 둔 세계 이해를 기반으로 할 때, 우리는 우리 스스로를 지키고, 온전히 실현해 나갈 수 있습니다.

그렇지 않나요? 코로나19 바이러스는 보이지 않지만, 그것의 존재를 완벽하게 인정할 때, 비로소 안전한 방역이 시작되었습니다. 히브리서 기자도 이렇게 말합니다. "믿음은 바라는 것들의 실상이요, 보이지 않는 것들의 증거니(히 11:1)" 4차 산업혁명 시대, 곧 '초연결-초융합-초지능' 시대에 영성적 인간이 귀환할 것입니다.

토론해 봅시다

① "연결은 자유를 보장하는가, 감시를 강화하는가?"

찬: 연결은 정보와 자유의 확장이다.

반: 디지털 통제와 감시로 자유가 축소된다.

② "인간은 스스로 연결의 노예가 되었다."

찬: 인간은 중독과 자기노출, 일상적 감시를 선택했다.

반: 인간은 여전히 연결을 통제할 수 있다.

Z세대

로버타 카츠(Robert Katz) 등 스탠퍼드대, 옥스퍼드대, 킹스 칼리지에서 Z세대를 직접 가르치는 인문·사회 분야의 학자들이 Z세대의 사고방식과 일상을 각종 연구 자료를 토대로 정밀하게 포착하여 Z세대가 지향하는 가치와 문화, 세계관을 분석한 책 『GEN Z: 디지털 네이티브의 등장』(문학동네, 2023)은 Z세대를 다른 말로, '포스트 밀레니얼', '주머(zoomer)', 또는 'i세대'로 명명합니다. 책의 서문을 볼까요?

"Z세대는 인터넷 없는 세상을 아는 사람들과 근본적으로 다른 방식으로 형성되고 세상과 대면한다. 이들은 오프라인과 온라인 세상을 딱 떨어지게 구분하지 않고 넘나든다. 어른들의 도움 없이 낯선 디지털 세상을 항해해야 했기에, 빠르게 돌아가는 디지털 환경에서 살아가는 법을 스스로 깨쳤다. 그러면서 이들 세대만의 일상적 문화가 만들어졌고, 점차 다른 세대까지 퍼져나갔다. 모두의 일상이 상당 부분 온라인으로 옮겨간 코로나19 팬데믹 기간에 그 경향은 더욱 가속화되었다. 코로나 시대는 곧 디지털 시대다. 디지털 기술에 능숙한 Z세대가 주도하는 흐름을 사회 전체가 따르기 시작한 기점으로 볼 수 있다."

Z세대는 어린 시절부터 온오프라인을 자유롭게 넘나들며 언제나 '접속중'인 상태로 성장했습니다. 인터넷과 스마트폰이 없던 시절을 기억하는 이전 세대와는 다르게 이들은 디지털 기술 이전의 삶이란 것을 아예 겪어본 적이 없습니다. 무언가를 배우거나 정보를 얻고 타인과 관계를 맺는 일까지, 이들 삶의 모든 과정에서 디지털 기술은 필수적인 요소로 자리합니다. 가령, Z세대 최연장자 축에 속하는 이십대 중후반은 월드와이드웹이 대중 앞에 등장한 1995년 전후로 태어났습니다. 디지털 시대의 무궁무진한 정보와 무한한 연결의 가능성만을 경험하며 자란 첫 세대가 바로 이들입니다.

Z세대에게는 오프라인에서 친구를 만나 시간을 보내는 것만큼이나 소셜미디어로 교류하는 일도 중요하고, 학교나 직장에서 공동 작업을 해야 할 때도 특정 소프트웨어나 웹사이트를 활용해 협업하는 것이 자연스럽습니다.

또한 온라인에서 현실세계의 문제의식을 공유하고 디지털 기술을 이용한 사회운동을 조직하는 등 실제 세상을 바꿀 수 있는 방법들을 함께 도모하기도 합니다. 이렇게 Z세대에게 온라인과 오프라인은 상호적으로 끊임없이 영향을 미치는 공간이 됩니다.

그러나 Z세대의 이러한 새로운 세상 경험은 역설적이고 심지어는 모순적이기까지 합니다. 이들은 과거 어느 세대보다 많은 '발언권'을 가졌으나(밈이나 유튜브, 틱톡 영상은 수십, 수백만 명에게 전달될 수 있다), '현실세계'에서는 자신들의 힘이 위축되었다고 느낍니다(제도와 정치, 경제 체제는 폐쇄적이어서 이들의 진입을 가로막으며 잘못된 방향으로 나아가는 것처럼 보인다). 따라서 진정성이 이들에게는 중요합니다.

"Z세대에게 진정성은 중요한 문제다. 이들은 어린 시절부터 온라인에 떠도는 광고와 낚시성 글들을 접하고, 유명인이나 소셜미디어 인플루언서들의 위선과 가식 또한 숱하게 목격해왔다. 이에 따른 배신감과 환멸은 이들로 하여금 진정성, 진실성, 솔직함 같은 긍정적인 가치들을 더욱 소중히 여기게끔 만들었다. 더불어 Z세대는 자신의 정체성을 명료하고 구체적으로 표현하고 싶어하는 열망이 강하며, 출신 배경과 소속된 조직을 통해서라기보다 자신이 좋아하는 것, 관심을 기울이는 것, 잘하는 것 등으로 세세하게 구별된 요소를 조합한 조립식 정체성으로 스스로를 증명하고자 한다. 이들은 그렇게 정립한 자신의 고유한 정체성을 존중받고 싶어하며 나와 다른 타인의 정체성에 대해서도 포용적인 태도를 보인다. 모두를 같은 선상에 두고 바라보는 평등한 세상이 아니라 소외되는 집단 없이 모두가 존중받는 공정한 세상을 꿈꾼다. 이 공정한 다원주의 사회로 나아가기 위해 소수자에 대한 혐오와 차별은 앞장서서 규탄하고 타인의 정체성이나 다른 문화를 베끼고 도용하는 일에 대해서도 일절 용납하지 않는다."

이들에게 기존의 소통 방식은 너무 위계적입니다.

"누구나 참여해 동등하게 자신을 표현할 수 있는 온오프라인 집단에 소속되어 정체성을 형성한 Z세대에게, 제도적 기관의 형식적인 소통 방식은 마음이 가지 않고 억압적이며 너무 위계적으로 느껴진다. Z세대는 기관들의 언행이 일치하지 않으며 운영되는 방식 역시 부조리하다는 것을 정확하게 파악하고 있다. 약속한 포용과 평등이 지켜지지 않고 엄격한 윤리적 잣대에 들어맞지 않을 때, Z세대는 환멸을 느낀다."

따라서 정체성의 경우도 중요한데, Z세대는 정해진 정체성을 수용하거나 선택하는 데 그치지 않고 자신을 정확히 표현할 수 있는 정체성을 탐색하고 창조합니다.

"포스트 밀레니얼은 정체성을 다루는 방식, 그중에서도 젠더와 섹슈얼리티 정체성을 다루는 방식에 혁신을 일으켰고, 유연성을 높이는 더 많은 선택지를 가져왔다."

가령, 젠더를 표현하는 Z세대의 어휘를 보면, 남성으로도 여성으로도 정체화하지 않은 '논바이너리', 태어났을 때 부여받은 젠더와 젠더 정체성이 일치하는 '시스젠더', 양성 중 한 성에서 다른 성으로 변한 '트랜스', 남성성 여성성 양성성 사이를 오가는 '젠더 플루이드', 남성과 여성이 혼합되어 나타나기도 하는 '젠더 퀴어', 사회적 범주로서 젠더를 전면 부인하는 '포스트젠더'나 '에이젠더' 등 갈수록 세분화되고 있습니다.

결국 "정체성은 언제나 정치적으로 중요한 함의를 품어왔으나 새로운 기술이 정체성 정치를 더욱더 실현 가능하고 가시화되게 함으로써 앞으로는 다양한 정체성 집단이 새로운 방식으로 변화시켜나가는 시민사회의 모습을 더 많이 목격하게 될 것이다."

이들에게 가족의 개념도 변화되고 있습니다. "우리는 누구나 태어나면서부터 가족을 만나지만, 동시에 자신이 속한 가족과 부족을 살아가다 발견하기도 한다. 유일한 방법은 솔직해지는 거다." '나'와 비슷한 생각을 가진 사람들을 찾아 새로운 가치로 연결되는 온라인 공동체가 바로 Z세대의 가족입니다.

인터넷은 젠더, 섹슈얼리티, 취미, 관심사 등 여러 면에서 자신과 공명하는 커뮤니티를 쉽게 찾아낼 수 있는 발판을 마련해 주었습니다. 따라서 Z세대는 온오프라인의 경계 없이 자신의 정체성에 맞는 집단을 적극적으로 찾아 교류합니다. 가족은 더이상 핏줄로 이어진 사람들만을 뜻하지 않습니다. 같은 관점을 공유하는 이들이 강력한 정서적 유대감으로 결속해 새로운 가족을 구성해 나갑니다.

본래 가족을 뜻하던 '팸', '크루' 같은 용어는 Z세대 사이에서 함께 많은 시간을 보내는 친한 사람들을 뜻하는 말로 쓰입니다. 주로 지향하는 가치가 비슷한 사람들끼리 결집하는데, 어느 팸에 속할 것인지는 자신의 정체성을 찾는 일과도 밀접하게 연관됩니다. 이들은 여러 집단에 동시에 소속되기도 하고 집단과 집단 사이를 유연하게 이동하기도 하며 다층적 지지를 제공하는 사회를 직접 만들어 나가기도 합니다.

일부 논평가들은 뉴미디어가 Z세대의 문해력과 글쓰기를 수준을 떨어뜨린다고 걱정하지만, 가령 인류학자 이토 미즈코는 이렇게 반박합니다. "뉴미디어가 문해력과 글쓰기 수준을 떨어뜨리고 있다는 불안감은, 전통적으로 문해력의 기준을 정의해온 기존 제도(학교 혹은 가족)의 주변화를 가리키는 하나의 지표일 수 있다." 그렇습니다. 세상이 바뀌었습니다. 놀라운 세상입니다.

물론 이들 Z세대도 걱정이 있습니다. 그들 손아래 세대인 '알파 세대'가 디지털 기술을 사용하는 방식에 우려를 표하는 것입니다. 주변 친구들, 특히 손아래 형제자매가 소셜미디어나 게임에 지나치게 의존적이라며 걱정한다는 것입니다. 결국 답은 Z세대 자신들에게 있습니다.

"세대를 막론하고 인간은 누구나 자신들이 만들지 않은 세상을 물려받는다. 휘청이는 제도와 깊어진 불평등, 기후위기를 모두 떠안게 된 Z세대는 자신들이 마주한 세상을 심히 우려하고 있다. 이들에게는 익숙한 도구인 디지털 기술과 네트워크로 문제를 해결하는 것 말고는 다른 방도가 없다. 이들은 디지털 기술이 문제를 일으키기도 하지만 그 해법 역시 줄 수 있음을 잘 안다."

토론해 봅시다

① "Z세대는 가장 자기중심적인 세대인가?"

찬: 불확실성 시대의 자기 생존전략이다.

반: 공동체적 가치 실현에 더 능동적이다.

② "Z세대는 기성세대보다 더 윤리적이다."

찬: 기후감수성, 젠더 인식 등에서 더 민감하다.

반: 정치적으로 회의적이며 실천이 부족하다.

4

인간과 동물의 얽힘

이타성의 신경과학

우리 몸에서 가장 중요한 장기는 뇌입니다. 왜냐하면 뇌는 대체 불가하기 때문입니다. 심장도, 간도, 팔, 다리도 다른 사람(이나 동물)의 것으로, 혹은 기계로 대체 가능하지만 뇌는 아직 대체할 수 없습니다. 사실 심장이 펌프질을 하는 것은 뇌에 피를 공급하기 위함이기에 신경과학자가 보기에 뇌야말로 가장 중요한 장기가 됩니다.

뇌 연구의 역사는 가장 먼저 철학에서 시작되어 의학으로 이제 21세기 들어 과학으로 접어듭니다. 인공지능이 가능한 시대가 되었기 때문입니다. 잘 아시다시피, 뇌는 1,000억 개의 신경세포(뉴런)로 구성되어 있습니다. 다른 체세포와 달리 신경세포에는 많은 가지(신호를 받아들이는 '가지돌기'와 그 신호를 다른 신경세포나 세포에 전달하는 '축삭')들이 뻗어 나와 서로 연결되는데, 신경세포 하나에 시냅스가 무려 수천, 수만이나 됩니다. 이런 신경세포들의 가지와 가지를 이어 주어 신호를 주고받는 부위가 바로 시냅스입니다. 사람의 뇌에는 무려 수십조 내지 100조 개의 시냅스가 존재합니다. 신경세포와 세포들 사이 시냅스의 전기적 신호로 만들어진 시공간적 패턴을 통해 기억이 만들어지는 것입니다.

아무튼 시냅스를 통해 신호를 전달하는데, 이때 신경전달물질이 전달되어 전기 신호로 바뀌고 근육세포 등과 연결됩니다. 우리의 사유, 감정, 운동 등이 바로 이러한 신경전달 물질인 화학물질과 전기 신호로 구성된다는 말입니다. 결국 이러한 발견은 우리 인간을 화학물질에 좌우되는 인간으로 보게 만들었습니다. 실제 신경과 의사들의 약처방이 조증이나, 조현병 치료에 효과가 있기 때문입니다.

그럼에도 이타성의 신경과학을 찾아보려면 타인이 처해 있는 상황이나 타인의 고통을 공감하는 인간의 '관계성' 혹은 '이타성'의 마음이 전두엽의 공감신경세포(empathy neuron)로 불리는 신경의 역할에 있음을 말할 수 있습니다. 박건우 교수는 이를 '눈치'와 '공감', 그리고 누가복음 10장에 나타난 '선한 사마리아인'의 '이웃의 범위 확장'에서 찾고 있습니다.

결국, 종교의 영역을 도파민, 세로토닌 같은 신경전달 물질이 신경세포의 활성을 흥분시키거나 억제시키는 +, -로, 나아가 이를 통해 형성되는 공감, 눈치, 평판 같은 도덕성에서 찾는 것입니다. 이것은 그대로 인공지능과 연결됩니다. 다층 퍼셉트론(입력층-은닉층-출력층)이 그렇습니다. 물론 이러한 이타심은 이기심과 공존합니다. 때로는 인정 욕구와도 결합니다. 그리고 이웃의 범위를 확장하는 '이웃 사랑'이라는 계명에도 부합합니다. 신경과학자는 여기까지입니다.

조금 더 생각해 볼까요? 진화심리학으로 넘어가야 합니다. 독일

막스플랑크 진화인류학연구소의 세계적인 영장류학자인 마이클 토마셀로(Michael Tomasello) 공동 소장은 인간의 도덕성을 감탄해야 할 '진화의 기적'이라고 이야기합니다. 그의 책 『도덕의 기원: 영장류학자가 밝히는 도덕의 탄생과 진화』(이데아, 2018)에서 토마셀로 소장은 도덕관념의 탄생에 관해 이렇게 이야기합니다. "경제 활동이 아닌 생존 활동에서 도덕관념이 탄생했다. 이것은 협업을 통한 사냥과 그 전리품의 공정한 분배, 무임승차자의 배제에서 인류 최초의 도덕관념(공정의 도덕)이 탄생했다."

토마셀로 소장은 인간 도덕성의 진화 역사에, 앞서 이야기했던 '공감의 도덕'은 물론, '공정의 도덕', '정의의 도덕'을 추가합니다. 그렇다면 우리 뇌에 공정과 정의를 담당하는 신경전달 물질이 있을까요?(이것은 신경과학자들이 답해야 할 문제이니, 여기서는 생략합니다.)

사실 도덕은 하나의 규격화된 단위(module)가 아니라, 각각 나름의 진화사를 갖는 많은 상이한 과정의 복합적인 결과물이라고 볼 수 있습니다. 곧 인간의 도덕은 우리 인간들의 여러 가지 행위를 포함한 이 세계가 어떻게 작동하는지에 관한 일정한 인지적 통찰의 맥락에서, 인간들이 서로와 상호작용하게 된 어떤 특정한 방식의 결과입니다.

가령, 자원을 공정하게 나누는 데서 자신과 동등한 자격이 있는 존재로 타인을 대하거나, 사회규범을 어긴 데 대해 타인을 질책하는 것과 똑같이 자신을 질책하는 것은, 적절한 존중심을 가지고 자신을 타인과 대등하게 보는 인식, 즉 불편부당한 관점에서 생겨나는 진정한 도덕을 반영하는 것입니다.

자, 그럼 '공감의 도덕'부터 살펴볼까요? 신경과학자의 이야기를 기반으로 사유를 확장해 봅시다. 38억 년 전 지구에서 최초의 생명이 출현한 이래 지금까지 온갖 생명체가 번성하고 명멸했습니다. 치열한 생존경쟁과 자연선택의 과정 때문입니다. 그러나 이러한 약육강식의 동물 세계에서 '도덕' 관념의 원형이 나타나기 시작한 것은 길게 잡아도 불과 600만 년 전입니다.

이때 대형 유인원과 현생인류인 호모 사피엔스의 공통 조상이 혈연 단위를 넘는 집단생활을 시작했습니다. 이들은 집단생활을 통해 도덕관념을 창출합니다. 생존을 위한 협업에서 비롯한 공감이 바로 도덕관념의 시작이었던 것입니다. 이것이 토마셀로 소장이 말하는 도덕의 진화 첫 번째, '공감의 도덕'입니다. 토마셀로 소장은 이렇게 이야기합니다.

"도덕의 결실이 현실화 되려면 필수적인 협동적 먹이 찾기, 특히 넓은 잠재적 협동자 풀 안에서 파트너를 선택해야 하는 과제에 더욱 철저하게 적응된 개인들이 필요했다. 무엇보다도 초기 인류 개인들은 좋은 협동 파트너를 평가하여 선택하고, 남들의 평가를 예상해 자기도 파트너로 선택받을 수 있게 행동하고, 일반적으로 만족스러운 방향으로 지속적인 파트너십을 관리하고 통제함으로써 유익한 파트너십을 창출하는 것을 배워야 했다."

사실 모든 포유동물은 공감 능력을 지니고 있습니다. 그러나 '혈연적 공감'을 넘어 소속집단 안에서 마땅히 지켜야 할 '규범적 가치'로서의 도덕은 인간에게만 유일하게 발견되는 특질입니다. 이것이 토마셀로 소장이 말하는 도덕 진화의 두 번째, '공정의 도덕'

입니다. 그리고 이 공정의 도덕은 분배의 문제에서 시작됩니다. 그는 이렇게 말합니다.

"전리품을 공정하게 나누는 것은 따라서 '물질'의 평등에 관한 문제가 아니다. 그것은 존중의 평등에 관한 문제다. 그렇기 때문에 나는 당신보다 덜 받아서 단순히 실망한 것이 아니라, 적극적으로 분함을 느끼는 것이다. 따라서 공동 헌신은 우리의 협동적 노력의 전리품을 나눌 때가 되면 판을 키운다. 공동 헌신을 한 파트너들은 단순히 우리가 동등하게 나누는 것을 선호하는 것이 아니다. 동등하게 나누는 것이 서로에 대한 책임이라고 느끼는 것이다."

따라서 '공정의 도덕'은 가장 기본적입니다. 타인의 안녕에 대한 관심은 모든 도덕적인 것의 필수 조건이기 때문입니다. 그리고 이것은 생태환경의 변화로 촉발됐습니다. 200만 년 전 아프리카에서 인류의 초기 조상인 호모(Homo) 속이 등장했을 당시, 지구에 빙하·건조기가 닥쳤습니다. 부족해진 먹이를 두고 원숭이, 대형 유인원과 경쟁이 치열해졌습니다.

이후 약 40만 년 전부터는 초기 인류가 본격적으로 큰 동물 사냥에 나섰는데, 여기엔 협업이 절대적이었습니다. 먹잇감을 함께 사냥하거나 포식자와 적으로부터 집단을 지키는 공동지향성에서 '우리'라는 개념이 싹텄습니다. 협업이 생존의 필수 조건이 되면서, 좋은 협력 파트너를 찾고, '나'도 파트너로 선택받는 게 절실해졌습니다. 여기에서 상대를 나와 동등한 자격으로 대하고, 집단 안팎의 무임승차자를 배척하며, 협력적인 파트너만이 전리품을 나눌 자격이 있다는 감각이 생겨났습니다. 토마셀로는 이렇게 말합니다.

"다른 대형 유인원과 갈라지는 근본적인 변화는 초기 인류 개인들이, 생명 유지에 필요한 자원을 생산하는 데서 남들이 자기에게 점점 더 의존하게 된 것처럼 남들에게 점점 더 의존하게 되었다는 것이다. 그들은 점점 더 상호 의존하게 되었다. 지금까지 우리는 그 결과로 나타난 도덕심리가 진정한 도덕이라고 주장했다. 개인들이 종종 남을 돕는 것, 그리고 마땅한 자격으로 즉 공정하게 남을 대하는 것을 근접 목적으로 삼게 되었기 때문이다. 이러한 새로운 도덕적 태도는 새로운 형태의 합리성, 즉 협력적 합리성을 구성하는 데 결정적인 힘이 되었다. 이런 협력적 합리성 덕분에 초기 인류 개인들은 자신 앞에 놓인 새로운 협력적 세계를 이해하고 이 세계를 어떻게 헤쳐 나가는 것이 최선인지에 대해 적절한 행동 결정을 내렸다."

이 같은 '공정의 도덕'은 여러 개인의 협력적 동기와 경쟁적 동기가 복잡하게 상호작용하는 가운데 일정한 균형을 달성하려는 것이라 볼 수 있습니다. 그리고 이것은 인간만의 특성이 됩니다.

그렇다면 '정의의 도덕'은 어떨까요? 토마셀로는 15만 년 전 호모 사피엔스의 등장과 더불어 나타난 인구학적 변화에 주목합니다. 그의 말을 들어볼까요? "초기 인류의 느슨하고 비교적 소규모인 집단에 근거한 협동적 먹이 찾기는 진화적으로 안정된 전략이었지만 문제는 이것이 지나치게 성공적이라는 점이다." 무슨 말인가요?

당시 호모 사피엔스 집단들은 규모가 커지고 충돌이 잦아지면서 쪼개지기 시작했고, 서로 구별되는 집단정체성을 갖는 부족 조직들로 형성됐습니다. 따라서 '공정의 도덕' 단계에서 보인 공동지향성이 이제 집단지향성으로 확장이 되었습니다. 게다가 상호의존성은 자원과 영역을 놓고 경쟁하는 '우리'와 '그들'을 구분하기 위한 문화적 정체성과 소속집단에 대한 충성 감각으로 진화했습니다. 그렇게 집단의 성공을 위한 분업체계 속에서 객관적인 규범과 옳고 그름이라는 가치 판단이 개입된 도덕관념이 바로 '정의의 도덕'이라는 것입니다. 이 단계에선 도덕규범 위반에 '죄의식'을 느낄 만큼 내면화된 자기 규제가 작동하게 됩니다. 토마셀로의 말을 좀 더 들어볼까요?

"현대 인류는 유능한 문화적 행위자로서 정체성을 창조하고 유지할 필요가 있었다. 즉 관습적인 방식으로 행동하고, 관습적인 방식으로 행동하지 않는 사람들(자신을 포함해)을 질책하고, 먹을거리 찾기에서부터 집단 방어에 이르기까지 모든 일에서 내집단 성원들과 협동하고 외집단 성원들을 배제하며, 일반적으로 자신의 내집단 동료들과 집단 전체에 특별한 관심을 보이는 방식으로 행동함으로써 특정한 집단에 속하는 '사람'이 되어야 했던 것이다."

정리해 보겠습니다. 〈그림 1〉 '인간 도덕의 진화에 관한 상호의존 가설 요약'에서 보듯 인간의 도덕은 경쟁의 맥락에서 '협력'이라는 공감의 도덕에서 필수적인 협동적 먹이 찾기의 파트너쉽, 곧 2인칭 도덕인 '공정의 도덕'으로, 그리고 마지막으로 문화 속의 삶으로 객관적 도덕을 추구하는 '정의의 도덕'으로 진화해 왔다는

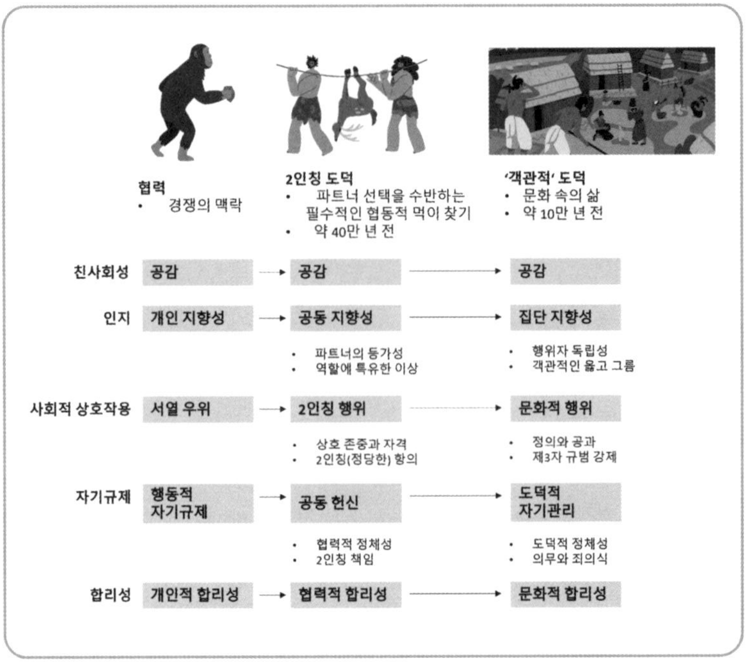

〈그림 1〉 인간 도덕의 진화에 관한 상호 의존 가설 요약

것입니다. 물론 이것은 단계적으로 진화해 왔지만 서로 간에 모순도 있고 복잡성도 내포합니다. 다음의 토마셀로의 말이 그것을 잘 증명해 줍니다.

"전체적으로, 인간의 도덕 안에 존재하는 복잡성, 그리고 심지어 불가피한 모순을 인식하는 것이 중요하다. 인간의 사회적 삶의 번잡함과 예측 불가능성을 감안하면, 인간 도덕의 복수(複數)의 원천과 층위를 모든 상황에 일관되게 적용할 수는 없다. 굶주리는 내 협력 파트너에게 공감을 느끼면 전리품의 절반 이상을 그에게 줄 수 있지만, 그것은 전리품을 동등하게 나누는 나의 일반적인 경향과 모순된다. 남의 먹을거리를 훔쳐서는 안 된다는 사회규범이 있을 수 있지만, 내 아이나 친구가 굶주리고 있다면 어떨까? 그리고 각기 다른 사회규범이 동등하게 적용될 수 있는 상황에서는 어떨까? 인간의 도덕은 단일체가 아니라 수백만 년에 걸친 인간 진화의 상이한 시기에, 상이한 생태적 압력 아래에서, 상이한 여러 원천으로부터 이어 붙인 잡다한 구성물이다."

자, 그럼 한 가지 문제가 남았습니다. 이처럼 진화의 기적인 인간의 도덕성이 왜 현실에서는 역할을 하지 못하고 비도덕적인 인간이 많은 걸까요? 왜 인간은 진화의 세례로 올바름, 선함, 도덕심으로 충만한 존재가 되지 못하는 걸까요? 때로는 공감과 공정을 중시하며 다양한 방식으로 이기심을 경계하지만, 동시에 종종 이기적인가요? 토마셀로의 마지막 말이 그 답변이 됩니다.

"그래도 우리는 때로 이기적이다. 그렇다. 우리가 도덕적인 것은 기적이며, 우리가 꼭 이런 모습이었어야 했던 것은 아니다. 전체적으로 볼 때, 대체로 도덕적인 결정을 내리는 사람들이 대체로 더 많은 아이를 낳은 것은 우연일 뿐이다. 그리하여 또한, 이상한 말이지만, 우리는 도덕이 우리 인간 종과 우리의 문화, 우리 자신들에게—적어도 지금까지는—어쨌든 좋은 것으로 보인다는 사실에 그저 감탄하고 축하해야 한다."

사실 도덕은 주로 철학과 종교(신학)의 영역이었습니다. 그런데 진화생물학과 인지과학, 영장류학 등 자연과학이 이 문제에 본격적으로 뛰어들면서 오늘날 도덕 진화이론은 크게 '진화인류학', '도덕심리학', '유전자-문화 공진화론' 등 세 가지 접근법으로 나뉘게 되었습니다. 철학과 종교(신학)의 영역에 있었던 도덕이 이제 도덕 진화이론의 세 영역과 만나 대화를 나눠야 합니다. 그때 놀라운 세상이 열릴 것입니다.

토론해 봅시다

① "인간의 이타성은 진정한 도덕심이 아니라 진화된 생물학적 전략일 뿐이다."

찬: 공감과 도덕 판단은 뇌의 생존기제에서 유래한다.

반: 인간은 자기 희생적 윤리 판단이 가능한 존재이다.

② "이타성은 사회를 유지하기 위한 이기적 도구일 뿐이다."

찬: 집단 내 신뢰 유지를 위한 전략이다.

반: 진정한 이타성은 보상이 없더라도 실현된다.

내 안의 유인원

민주주의 체제의 문제는 민중을 제대로 구분하지 못해서입니다. 일찍이 한완상 전 부총리는 민중을 '즉자적(卽自的) 민중'과 '대자적(對自的) 민중'으로 구분했습니다. 뇌과학적으로 말하면 직관적이고 감정적인 시스템1의 뇌를 가진 민중이 즉자적 민중이고, 도덕적이고 이성적인 시스템2의 뇌를 가진 이들이 대자적 민중입니다. 유인원으로 말하면 즉자적 민중이 침팬지이고 대자적 민중은 보노보입니다.

세계적인 영장류 학자이자 에모리대학교 심리학과 석좌교수인 프란스 드 발(Frans de Waal) 교수는『내 안의 유인원』(김영사, 2005)에서 침팬지(pan troglodytes)와 보노보(pan paniscus)라는 두 종의 영장류 친척을 등장시켜 '이기적 유전자'와 '이타적 유전자'의 논의를 넘어서는 종합적이고 균형 잡힌 해석을 내놓았습니다. 드 발 교수의 말입니다.

"이 책에서 나는 권력과 공격성, 섹스, 사랑, 협력, 도덕성에서 유인원과 인간이 어떤 행동을 나타내는지 직접 비교할 것이다. 이 모든 차원에서 인간의 본성은 두 가지 측면을 다 드러낸다. 어떻게 인간은 다른 사람을 잔인하게 죽이는 한편으로 관대한 사랑을 실천하며, 이 두 가지 성향을 어떻게 함께 지니고 있을까? 나는 다른 많은 사람이 한 것처럼 우리의 본성을 성선설 또는 성악설로 딱 잘라 말하는 대신에 그 다면성을 탐구하고 조명하고자 한다."

결론은 인간 내부에는 수평적 관계의 보노보와 수직적 관계의 침팬지가 모두 살고 있다는 것입니다. 중요한 것은 우리 스스로가 내부의 양면성을 통제할 수 있으며 한쪽 면이 다른 쪽 면보다 더 잘 표출될 수 있도록 하는 환경이나 동기를 만들어갈 수 있어야 한다고 말합니다. 드 발은 이렇게 말합니다.

"보스니아와 르완다에서 대량 학살을 자행할 때처럼 사람들이 나쁜 짓을 저지를 때, 우리는 그들을 짐승이라 부른다. 그렇지만 다른 사람의 목숨을 구한다거나 가난한 자를 돕는 것과 같은 이타적인 행동을 하면, 우리는 그러한 행동이 인간 특유의 도덕성에서 비롯되었다고 치부한다. 기독교에서 흔히 이야기하듯이 야수와 천사 사이에 머물고 있는 이러한 인간 본성의 이중성이라는 주제는 우리와 가장 가까운 두 친척 동물, 침팬지와 보노보를 살펴봄으로써 더 잘 이해할 수 있다. 침팬지는 폭력적이고 권력에 굶주린 동물이라는 평판을 얻고 있는 반면, 영장류 세계의 히피족이라 할 수 있는 보노보는 '전쟁이 아니라 섹스'를 더 좋아하는 것처럼 보인다."

사실 침팬지와 보노보 사이에 유전적 거리는 가깝지만 행동형질의 차이는 매우 다릅니다. 그렇다면 침팬지와 보노보는 어떤 성향 차이가 있을까요? 먼저 침팬지는 수컷 중심의 엄격한 위계질서와 잔인한 폭력성을 지니고 있습니다. 이들은 공격적 성향으로 싸움을 통해 권력을 쟁취하고 유지하며, 성적 문제를 해결합니다. 그래서 침팬지를 '도살자 유인원(killer ape)'이라고도 합니다.

반면 보노보는 감수성이 풍부하고 성욕이 왕성한 낙천성(카마수트라 영장류), 그리고 상대방을 이해하고 돕는 동료의식과 역지사지(易地思之)의 공감(empathey) 능력도 지니고 있다고 합니다. 특히 보노보는 암컷 중심으로 자신의 권력을 유지하기 위하여 짝짓기를 통해 서로 연대하고 수컷을 견제합니다.

이들 유인원과 마찬가지로 우리 인간 사회 역시 '먹이'와 '성'을 두고 경쟁합니다. 따라서 제한된 자원과 성을 서로 차지하기 위한 전쟁과 학살, 정치적 탄압과 노사 갈등, 차별과 강간 등의 폭력성은 침팬지적 성향을 드러낸 것입니다. 이것을 기독교적으로 보면, 우리 인간은 '카인의 후예'인 것입니다.

반면 식량원조나 불우이웃 돕기, 각종 기부활동, 지진이나 화재 시 낯선 사람을 구하는 행위 등 '측은지심'을 통해 평화를 지키려는 것은 보노보적 성향을 드러낸 것입니다. 결국 인간은 침팬지와 보노보의 성향을 모두 지닌 야누스적 존재라고 할 수 있습니다. 민중도 이렇게 양면성을 가지고 있고 우리 인간의 뇌도 시스템1과 시스템2가 함께 있는 것입니다.

지금 대한민국에 침팬지가 득실거립니다. 학교에도, 사회에도, 정치에도, 문화에도, 마침내 우리 마음 속에도! '자유경쟁'이라는 신자유주의를 지향하는 한국 사회가 침팬지를 닮아가고 있습니다. 침팬지 실험이 있습니다. '오이'는 괜찮은 음식이지만, 옆에서

'포도'를 먹는 원숭이가 있으면, 오이를 먹던 원숭이가 오이를 던져버린다는 것을 기억해야 합니다. 따라서 우리 안에 보노보를 부활시켜야 합니다. 놀라운 세상은 그때 다가올 것입니다.

토론해 봅시다

① "인간은 본질적으로 공격성과 폭력성을 타고난 존재다."

찬: 유인원과의 유전적 유사성과 진화적 증거가 이를 지지한다.

반: 인간은 문화적 · 도덕적으로 자기 통제 능력을 지닌다.

② "동물성과 인간성은 구분할 수 없다."

찬: 인간의 행동은 본질적으로 동물적 충동에 기초한다.

반: 언어 · 윤리 · 의식 등 인간 고유의 영역이 존재한다.

우생학

『우리 안의 우생학』(돌베개, 2024)은 다양한 분야의 연구자들이 우리나라 역사 속 우생학의 흔적을 조명한 책입니다. 우리나라에서 우생학은 사이비 과학으로, 20세기의 비극으로 알려져 있습니다. 왜냐하면 생명을 '살 가치가 있는 것'과 '없는 것'으로 나누고, 살 가치가 없다고 판단된 사람들의 생식 또는 생존을 막은 우생학은 다른 나라 이야기인 것으로 여겼기 때문입니다. 물론 우리나라에서는 우생학에 따른 피해 사례가 크게 공론화되지 않았기 때문에, 우리의 역사는 우생학이나 그러한 사고와 무관하다고 생각해 왔습니다. 그러나 우생학이 작동하는 방식, 그리고 차별이 한 양태로 숨겨진 우생학적 가치관은 우리 안에 잠재되어 있습니다. 따라서 저자들은 프롤로그에서 이렇게 말합니다.

"한 가지 짚고 넘어가야 할 점은, 한국 우생학의 역사를 살펴보려는 우리의 의도가 한국 역사의 어떤 부분을 우생학적이라고 낙인찍고 비난하는 데 있지 않다는 것이다. 우생학을 그저 나쁜 것으로 묘사하며 '악마화'하는 것은 우생학이 실제로 차별을 양산하는 방식을 충분히 이해하는 데 별 도움이 되지 않는다. 따라서『우리 안의 우생학』은 우생학의 비윤리성을 드러내는 것보다 우생학이 작동하는 방식을 탐구하는 데 중점을 두려한다. 우생학이 어떻게 사회적 약자들을 부적격자로 구분하는지, 그로 인한 차별을 어떻게 자연스러운 것으로 만드는지, 그러한 과정을 통해 우리가 눈치채지 못하는 사이에 보건, 복지, 교육 등 여러 분야에 어떻게 녹아들어 있는지를 드러냄으로써, 한국 사회에서 이루어지는 차별의 한 양태를 밝히고 문제 삼으려는 것이 우리의 목적이다."

돌이켜 보면, 약 100년 전, 일제의 지식인들은 민족을 발전시킬 수단으로 우생학을 소개했으며, 해방 이후로도 대한민국의 과학자, 의학자들은 '민족우생'이라는 기치를 내걸어 선진국으로 도약하기 위해서는 우생법을 적극적으로 도입해야 한다고 주장했습니다. 해방이 되자, 유전학자들과 의학 전문가들은 '민족우생'이라는 이름으로 우생학을 과학적으로 온당한 분야이자 담론으로 만들려고 했습니다. 주로 의학자와 과학자들이 우생학을 과학으로 만들고 교육시키고자 했습니다. 물론, 국가적인 정책에 개입하려고도 했습니다. 이들 노력으로 1973년 제정되어 지금까지 남아 있는 '모자보건법'과 1990년대까지 이어지던 우생학 교육이 그 예입니다. 어쩌면 우리에게 남아 있는 우생학적 사유들은 이때 뿌리내린 것인지도 모른다고 저자들은 이야기합니다.

이러한 우생학적 가치관은 한센인과 장애인들이 국가에 의해 강제불임시술을 당하는 비극을 낳았고, 산전진단기술의 발달과 함께 유전병을 가진 태아를 감별하려는 시도가 보편화되었습니다. '1장 민족성 향상을 위한 도구, 우생학'에서 우생학적 견해를 이렇게 분석합니다.

"이런 견해는 1930년대 후반에 이르러 열등한 자의 생식을 법으로 금지해야 한다는 논의로까지 확대됐다. 우생학의 실천에 법적 강제성을 부여해야 한다는 요구였다. 일례로 1938년 경성제국대학 의학부 부속의원 내과 의사인 김사일은 일본 후생성 민족위생협의회가 선천적 장애, 정신질환, 한센병을 지닌 자들에 대해 자손의 생산을 금지하는 이른바 '단종법'을 실시하기로 결정했다고 하면서 '다소의 희생이 있다 하더라도 국가, 사회와 민족의 발전을 위해서는 우리는 입법의 정신을 잘 이해하고 대승적 견지에서 이에 협력'해야 한다고 말했다. 세브란스 연합의학 전문학교의 교수 김명선 또한 '국민 체질 향상으로 보아서 단종법은 단연 시행을 요하는 것'이므로 그것이 조선에서도 속히 시행되기를 기대한다고 말했다."

사실, 우생학은 유전과 생식의 통제뿐 아니라, 사회적 가치체계와 편견에 따른 적격자와 부적격자의 구분, 또한 그런 구분을 합리적 혹은 자연적인 것처럼 정당화하는 과학 연구, 부적격자를 사회에서 배제하려는 여러 전략들, 부적격자의 증가, 이른바 사회의 '퇴화'를 막기 위한 공중보건적 · 사회복지적 접근 등을 모두 포함합니다. '2장 여성의 선택 속 우생학의 그림자'가 그것을 잘 보여줍니다.

"우생학은 1920~1930년대 전 세계적 의제가 된 산아제한론을 만나면서 성, 생식, 출산 문제에 대해서 보다 구체적인 고민을 하기 시작했다. 식량 생산의 속도를 초과하는 인구증가의 속도가 인류의 멸망을 초래할 수 있다는 공포에서 비롯된 양적 차원에서의 인구조절 필요성이, 우등한 인구의 증식과 열등한 인구의 감소를 지향하는 질적 인구조절의 필요성과 결합하여 산아제한의 대상과 방법에 대한 논의를 심화시켰다. 여기에 여성들의 임신과 출산에 관한 성적 자기결정권 문제도 개입되면서 산아제한론은 1920년대 페미니즘에서 중요한 의제가 되었다. 그런 점에서 산아제한론은 맬서스주의, 우생학, 성과학, 모성주의, 사회주의 등과 복잡한 관계를 맺고 있었다."

잘 알려진바, 일제가 우생학적 차별과 배제를 활용해 조선을 통치했다는 사실은 현대 한국 사회에도 잘 알려져 있습니다. 그러나 당시 조선인들이 그런 일제의 정책을 환영했고, 나아가 우생학을 더 수용하기 위해 적극적으로 노력했다는 사실은 별로 알려져 있지 않습니다. 특히 조선의 지식인들이 우생학의 도입을 강력히 추진했다는 사실은 금시초문입니다. 1930년대 조선 사회에서 '우생운동'이 활발했다면 쉽게 믿을 수 없을 것입니다. 그렇다면 이들은 왜 일제의 부당한 억압, 우생학적 차별과 배제를 환영했을까요?

저자들의 설명에 따르면, 식민지 조선에서 우생학을 대표하는 키워드가 '발전'과 '진보'였기 때문입니다. 우생학은 민족의 선천적 소질 중 우수한 요소를 개발하고 열등한 요소를 제거할 방법을 모색하는 과학적 방법으로 여겨졌습니다. 민족 간의 경쟁에서 살아남기 위해서는 우생학적 실천이 필요하다고 여긴 것입니다. 이러한 우생학을 통한 민족 발전의 꿈은 조선의 개혁과 발전을 목표로 내세운 다른 사회적 움직임과 긴밀하게 얽혀 들어갔습니다.

놀라운 것은 조선의 페미니스트들은 소수의 우량한 자녀만 낳는 것이 여성을 봉건적 질서에서 해방시킬 수 있다는 이유로 우생학을 지지했다는 것입니다. 그들에 따르면 소수의 건강하고 총명한 자녀만 낳는다면 출산과 양육에 대한 여성의 부담이 줄고, 그만큼의 시간과 자유를 자기계발과 사회 진출에 쏟음으로써 여성은 지위 향상의 기반을 다질 수 있었다고 생각한 것입니다. 이렇게 생식 통제의 필요성을 제시해 온 우생학의 논리는 산아제한을 실행할 명분을 제공했습니다. 관련 언급을 살펴볼까요? '6장 한센인에 대한 강제 단종과 낙태'에서는 이렇게 이야기합니다.

"사회 전체와 민족, 국가의 발전에 저해가 되는 집단을 '사회적 약자'로 이름 붙이고 치료와 돌봄을 표방하며 시설에 수용하는 행위는 우생학적이다. 시설은 아이, 청소년, 성인, 환자, 장애인, 노인, 외국인 등 수용된 이의 모든 권리를 박탈하는데 여기에는 항상 재생산권이 포함되어 있다. 성생활을 할 권리, 가족을 꾸리거나 친밀한 관계를 만들 권리, 그리고 자녀를 생산할 권리를 인정하고 보장하는 시설은 존재하지 않는다. 한센인의 사례처럼 특별히 단종수술이나 낙태수술을 하지 않는다 하더라도 시설 그 자체가 재생산을 제한하는 우생학적 실천이자 실천의 공간인 것이다."

'7장 입양에 적합한 아이 찾기'에서는 이렇게 말합니다.

"일부 지식인들도 혼혈아들이 처한 사회적 위치를 진단하면서 때로는 이들을 멸시했다. 세브란스 의학 전문학교 생리학 교실의

한 교수는 1946년 신문 칼럼을 통해 '대체로 혼혈아들의 유전 인자 결합이 부자연스러운 까닭에 지능이 현저히 저열하고, 치열 부정이 되는 일이 많다'라고 주장했다. 그 의사는 보육 시설을 운영하는 원장의 말을 빌려 혼혈 여아가 태어난다면 그녀의 존재 자체가 한국 여성들에게 수치스러운 일이며, '인류의 적'이라고 지칭할 만큼 나쁜 것이라고 보았다."

'8장 정신적 결함, 성적 일탈, 우생학'에서도 이렇게 주장합니다.

"결국 부녀보호소는 가족이 없을 시, 장애 여성을 타 적격시설로 이송 조치하는 것을 원칙으로 했음에도 당시 가난하고 장애가 있는 여성들을 받아줄 공공 의료복지시설은 사실상 존재하지 않았다. 그렇다고 해당 여성들을 무작정 퇴소 조치하는 것은 더욱 어려웠을 것인데, 퇴소는 방치로 이어질 가능성이 높고, 방치는 애초에 그들을 시설에 유입되도록 만든 요인인 '불건전한 이성관계' 등으로 몰아 성폭력이나 윤락은 물론 그로 인한 임신과 출산의 위험까지 안게 될 것이었다. 따라서 성적으로 문란하고 사회에 방치되면 우생학적 위협이 된다고 여겨진 정신적 결함을 가진 여성 중 일부는 부녀보호소에 장기 격리 수용되기 시작했던 것으로 보인다."

이러한 다양한 사례는 과거의 유물이라 여겼던 우생학이 우리 역사 곳곳에 퍼져 지금에 이르렀음을 보여줍니다. 그러나 우생학이 제시하는 개량되고 우수한 몸들로만 이루어진 가족, 사회, 국가를 만드는 것은 불가능합니다. 몸과 집단의 다양성을 인정하지 않고 특정한 몸과 집단을 우월하다거나 미래를 위해 더 바람직한 몸으로 상정하는 과정은 자연스럽게 그 기준에 미치지 못하는 몸을 바람직하지 못하며 열등하다고 낙인찍는 것으로 귀결됩니다. 중요한 것은 우생학이 민족주의, 사회주의, 자유주의, 여성주의와 쉽고 유연하게 결합할 수 있다는 사실입니다. 가령 어떤 시대에는 보수의 입장을 대변했지만, 어떤 시대에는 진보에 힘을 실어주기도 하는 등 다양한 이념의 '뒷배'로 활용되었다는 것입니다.

그러나 '우생학=나치즘=거대악'이라는 도식 때문에, 우리는 나치즘이라는 거대악이 아니라고 생각하며 우리 안의 우생학을 외면, 회피해 왔습니다. 따라서 이 책은 우리가 사는 곳을 우생사회라고 인정하고, 왜 우리가 우생사회에 살게 되었는지 진단함으로써 탈우생사회로 나아갈 방향을 제시합니다. 현실을 제대로 인식하는데서 해결의 실마리를 풀자는 것입니다. 100% 동감하며 보수와 진보를 가리지 않고 이념의 '뒷배' 노릇을 한 우생학의 본질을 꿰뚫어 봅니다.

토론해 봅시다

① "유전적 결함의 예방을 위해 유전자 개입은 허용되어야 한다."

찬: 질병 예방과 사회적 비용 절감이라는 실용적 가치가 있다.

반: 생명 선택은 인간 존엄을 침해하는 위험한 판단이다.

② "현대의 유전자 편집 기술은 새로운 형태의 우생학이다."

찬: '우수한 형질'을 선택하려는 시도는 우생학의 연장이다.

반: 치료 목적의 편집은 전혀 다른 윤리적 영역이다.

되기

들뢰즈/가타리의 '되기(생성, becoming)'는 다른 삶, 즉 바깥으로의 이행입니다. 한 다양체(Multiplicity)가 다른 다양체에 의해 탈영토화될 때 다양체가 겪는 '주체나 목적이 없는 하나의 욕망의 과정'입니다. 이것이 들뢰즈/가타리의 실천철학, 곧 '내재성의 윤리학'의 핵심입니다.

잘 아시다시피, 들뢰즈/가타리가 말하는 다양체는 다양성이라는 의미를 포함하지만, 이것은 '주어진 것들의 다양성'이 아니라, '만들어 가는 차이의 다양성'입니다. 또한 내재성(immanence)은 들뢰즈/가타리의 실재에 대한 이해로, 기존 전통 철학에서 말하는 바, 뚜렷하고 초월적인 실체로 구성되지 않고(가령 플라톤의 이데아, 칸트의 물 자체, 헤겔의 세계정신 등), 지속적이고 상호 연결된 생성의 흐름을 특징으로 하는 것입니다. 따라서 내재성의 윤리학이란 주체나 목적이 없는 욕망의 윤리를 긍정하는 것입니다. 여기에 되기가 그 시작입니다.

들뢰즈/가타리에 의하면, 모든 존재하는 것은 하나의 '탈주'의 선을 만들어 되기(생성)를 향합니다. 따라서 되기는 끊임없는 관계 속에서 다른 삶으로 이행합니다. 분자-되기, 동물-되기, 소수자-되기, 여성-되기, 아이-되기 등. 『천개의 고원』에서 동물-되기를 '윌라드의 쥐-되기', '한스의 말-되기', '에이허브 선장의 고래-되기', '카프카의 쥐-되기', '로렌스의 거북이-되기', '한 문인 화가의 물고기-되기' 등을 소개합니다.

사실 동물-되기는 동물의 신체적 감응을 만들어 낼 수 있는 속도와 힘을 나의 신체에 부여할 수 있을 때 가능합니다. 이것은 특정한 동물이 되는 방식으로, 자신의 신체적 힘과 에너지 분포를 새롭게 바꿔 그 동물과의 감응을 생산하는 것입니다. 쉽게 말해 학춤을 통해 학을 상상하며 '학-되기'를 꿈꾸는 것입니다. 이렇게 우리는 동물-되기를 통해 인간중심주의를 넘어 기계적 트랜스휴먼(인간 향상)이 아니라, 유기체적 포스트휴먼(인간 초월)이 되어야 합니다.

타자성의 철학자인 임마누엘 레비나스(Emmanuel Levinas)의 윤리학은 얼굴이 없는 동물을 타자의 범주에서 배제합니다. 그는 이렇게 말했습니다. "(동물은) 지나가는 차와 같이 인지적 불가능의 존재이다", "(나는) 뱀이 얼굴을 가지는지 알지 못한다."

이에 반해 해체주의 철학자 자크 데리다(Jacques Derrida)의 후기 철학은 '동물 타자'라는 주제를 통해 하이데거, 라캉, 레비나스 등 그가 영향을 받았던 철학자들과 구별됩니다. 인간/동물의 구분으로 구성된 전통 철학의 역사를 동물 타자에 대한 억압의 역사로 해석하며 이러한 인간중심의 역사를 해체하는 것입니다.

이제, 성서를 '인본주의(人本主義)'로부터 해방시켜, '피조물주의'

로 제대로 재해석해야 합니다. 왜냐하면, 하나님께서 태초에 천지를 창조하셨기 때문입니다. 또한, 태초에 계신 말씀으로 말미암아 만물이 지은 바 되었기 때문입니다. 폭염이 장난이 아닌, 기후위기의 시대에 다시금 창세기와 요한복음의 말씀을 회상하며 '끊임없이 내재적으로 생성하는 인드라망'으로써 '대화엄(大華嚴)의 놀라운 세상'을 꿈꿉니다. 동물-되기, 피조물-되기, 마침내 신-되기를 욕망하며!

토론해봅시다

① "동물은 인간과 동등한 도덕적 타자로 인정되어야 한다."

찬: 고통을 느끼고 관계를 맺는 존재로서 타자이다.

반: 도덕적 주체는 자기인식과 책임 능력을 지녀야 한다.

② "동물권은 인간의 기본권과 동일한 수준에서 보호받아야 한다."

찬: 생명권의 평등한 확장은 윤리 진보이다.

반: 인간 중심의 사회 계약과 법 제도는 불가피하다.

동물타자

알몸이 된 자신을 바라보는 고양이의 시선에서 당혹스러움을 느꼈던 철학자가 있습니다. 바로 해체주의 철학자 자크 데리다입니다. 데리다는 발가벗은 자신의 모습을 미동도 하지 않은 채 빤히 바라보던 고양이의 시선에 부끄러움을 느낍니다. 선악과 범죄 이후, 아담과 하와가 하나님을 대면할 때 느꼈던 감정일까요?

이때 데리다는 큰 깨달음을 얻습니다. 인간 주체를 구성하는 '결정적 타자'로 동물을 내세우게 된 것입니다. 이것이 데리다의 후기 철학입니다. 사실 우리는 타인의 시선을 받으면 감정의 동요가 생깁니다. 따라서 타인의 시선은 지옥(사르트르)이 되기도 하고 우월감의 근원이 되기도 합니다. 여기에 동물의 시선은 없습니다.

데리다의 동물 타자로 박사학위를 받은 임은제 선생의 『데리다의 동물 타자』(그린비, 2022)는 근대 철학이 어떻게 동물 타자를 억압해 왔는지를 데리다의 사상을 통해서 밝히고 있습니다. 철학사와 현대 예술에 자리하는 뿌리 깊은 인간중심주의를 비판하며, 현대 산업 사회에서 체계화된 동물 착취의 근거가 데카르트로 거슬러 올라가는 근대 철학의 정신에 있다고 비판합니다. 임은제 선생은 다음과 같이 말했습니다.

"철학에서 동물 타자의 목소리에 최초로 응답한 사유자는 데리다이다. 이 책은 배제된 채 끝없이 유령 또는 괴물처럼 출몰해 온 동물 타자의 자리를 데리다의 논변과 함께 추적해 돌아본다. 살아 있는 것도 죽어 있는 것도 아니지만 철학의 은폐 아래 철학의 기원이 되는, 인간 주체의 정체성을 구성해 온 동물 타자의 온당한 자리를 데리다의 설명을 통해 철학사 전체를 다시 사유하며 구성해 본다. 데리다는 단지 동물뿐만 아니라 동물의 자리에 있는 존재들에 대해 말한다. 사회와 정치에서 가장 취약한 희생의 자리를 맡는 자들이다. 그들은 여성, 아이, 노인, 난민, 대량 학살의 대상자들이다."

사실 로고스중심주의의 형이상학을 해체하며 데리다가 주장하는 것은 '이성'과 '합리성'으로 이루어진 철학이 아닌 타자의 '고통'에 준거한 철학이었습니다. 이것은 데리다의 철학이 이성, 합리성, 언어로 완전히 설명될 수 없는 생명과 자연에 대한 서사를 따라가고 있다는 의미입니다. 따라서 동물의 고통에 준거한 동물 타자의 지위를 회복하기 위해서 데리다는 '자전적 동물'이라는 말을 사용합니다. 임은제 선생의 해설입니다.

"자전적 동물이란 데리다가 인간 이외의 비인간 유기체에 자아의 의미를 허용하기 위해 조합한 단어다. 그는 비인간 타자에게 나의 의미를 구성할 수 있고 자아가 존재한다는 것을 강조하기 위해 자전적 동물이라는 단어를 사용한다. 칸트는 자전성, 자기성을 오직 인간에게만 허용한다. 그러나 데리다는 이 자전적이라는 단어 뒤에 동물을 놓음으로써 동물뿐만 아니라 유기체 일반이 자신의 내적 생명 안에 자전적 기록과 생태학적 자아를 가지고 있음을 강조한다. 이처럼 데리다의 자서전에 대한 의미는 생물학적이며 생태학적인 관점에서 정의된다."

놀라운 세상은 지금까지 인문학에서 소외되었던 동물의 존재론에 관한 학술적, 철학적, 예술적 연구에서 시작됩니다. 데리다가 문을 열었고, 들뢰즈가 실행방법을 소개했고, 도나 해러웨이가 구체적으로 살았던 세상입니다.

아직 우리 말로 번역되지 않은 데리다의 후기 저작인 『동물 그러므로 나인 동물(*L'Animal que donc je suis*)』(2006)과 『짐승과 주권자(*Séminaire La bête et le souverain*)』 1(2008), 2권(2010)은 철학의 주요 역사를 구성해 온 데카르트의 계보를 동물 타자에 대한 착취의 논리이자 인간중심주의 사고의 결과로 간주합니다.

데카르트의 계보는 인간/동물의 이분법에 의존하며 동물을 인간에 대비되는 '결핍'으로 이해합니다. 왜냐하면 애초에 데카르트는 동물을 주체가 아닌 기계적 자동장치로 정의했기 때문입니다. 따라서 이 책에서 데리다가 공개하는 데카르트의 계보에는 칸트, 라캉, 레비나스, 하이데거와 같은 철학의 대가들이 포함됩니다.

가령 칸트철학에서 동물은 목적이 아닌 수단이었고, 하이데거 철학에서는 동물은 언어가 없기에 세계와 관계를 맺을 수 없는 존재였습니다. 라캉도 마찬가지입니다. 언어체계인 상징계를 갖지 못하기에 동물은 인간과 다른 존재입니다. 레비나스 역시 동물은 얼굴이 없기에 타자의 범주에서 배제합니다.

그러나 데리다는 철학의 역사에서 '동물 타자'의 다른 전통을 발견합니다. 가령 피타고라스(Pythagoras)의 개를 떠올리게 합니다. 내용은 이렇습니다. 어느 날 길에서 매 맞고 있는 강아지를 보았을 때, 피타고라스는 불쌍한 마음에 사로잡혀 이렇게 말합니다. "그만하시오! 그 강아지는 내 친구의 영혼이오. 개가 울부짖을 때 나는 친구의 혼을 알아보았소." 비록 윤회의 관점이기는 하나, 피타고라스에게 있어서 강아지인 동물과 인간은 같은 존재라는 뜻이 아닌가요! 대화의 철학자 마르틴 부버(Martin Buber) 역시, 『나와 너』에서 동물에 대해 이렇게 이야기합니다.

"동물의 눈은 하나의 위대한 언어를 말할 수 있는 능력을 가지고 있다. … 이 고양이는 내 눈초리를 눈치채고 빛을 내뿜기 시작한 눈초리로 틀림없이 나에게 묻기 시작했다. '당신이 나를 생각해 준다는 것이 있을 수 있나요? 사실은 당신은 나를 한갓 당신의 심심풀이로 삼으려는 것이 아닌가요? 내가 당신과 상관이 있나요? 나는 당신을 위해 있는 것인가요?'"

부버에게 있어서 동물은 물리적 세계의 사물이 아니라, 나와 대면한 '타인처럼' 고유한 개체로서 말을 건네고 있는 존재입니다. 그것은 잡담 같은 말이 아니라, 인간을 '윤리적 시험대에 세우는 말'입니다. '나는 한낱 당신의 심심풀이인가요? 나는 그저 당신을 위해 있는 것인가요?'라는 동물의 말에, 귀 있는 자는 들어야 할 것입니다.

소설 가운데서도 동물 타자를 찾아볼 수 있습니다. 밀란 쿤데라의 소설『참을 수 없는 존재의 가벼움』에 나오는 한 구절입니다. "이 마을의 모든 소에게는 이름이 있었다. 이름이란 영혼의 표지이기 때문에 그것들은 하나의 영혼을 지녔다고 나는 말할 수 있다. 이것은 데카르트에 대한 반론이다."

동물은 수량으로 계산되는 자원이나 물건, 혹은 식품이 아닙니다. 쿤데라가 말한 그 마을의 짐승이 이름이란 고유명사로 불린다는 것은 그들이 무엇으로도 대체할 수 없는 고유성을 가졌다는 뜻입니다. 영혼의 표지인 것입니다. 놀라운 세상은 지금 우리가 먹고 대량 사육하고 있는 동물들이 바로 하나하나의 고유한 영혼이라는 것, 그리고 이들과 영적인 교류에서 시작된다는 것을 깨달아야 할 것입니다.

토론해 봅시다

① "현대 복지국가는 가난한 자를 범죄자처럼 다룬다."

찬: 서류, 검사, 조건부 지원은 사회적 처벌이다.

반: 공공 자원 배분을 위한 합리적 필터다.

② "가난은 개인의 책임이 아닌 구조적 문제다."

찬: 계층 이동의 사다리가 사라졌다.

반: 노력으로 극복 가능하며 책임은 개인에게 있다.

II

환경의 얽힘

1

생태 환경의 얽힘

큰 꽝(빅뱅) 직후 초기 우주

큰 꽝(빅뱅) 직후 초기 우주로 가봅시다. 이때 원시 우주는 거대한 수소 구름이 떠다니는 공간입니다. 수소(H)는 양성자 하나로 이루어진 원자핵 하나와 그 주위를 도는 전자 하나로 이루어져 있죠? 이러한 수소 구름들이 모여 원시별이 생성됩니다. 중력이 작용하죠? 따라서 별은 중력의 힘으로 수축해 집니다. 이후 수축과 더불어 가열되기 시작합니다. 이내 별 안쪽의 수소들이 타올라 헬륨으로 변합니다(수소 핵융합에 의해 헬륨이 만들어짐).

수소가 타면서 내뿜는 거대한 열은 팽창력을 만들고 이 팽창력은 별의 수축을 막습니다. 이 균형 상태 때문에 별이 별로 존재합니다. 그리고 그 수명은 수소가 다 탈 때까지입니다. 대략 수십억 년 동안 지속됩니다. 그러나 수소가 소진되면 별은 자체 중력을 견디지 못해 안으로 붕괴합니다. 이 붕괴의 결과가 블랙홀이죠?(블랙홀은 중력이 너무나 커 모든 것을 빨아들입니다. 빛마저도 빠져나올 수 없어 블랙홀은 '검은 구멍'으로 보입니다)

이탈리아의 이론 물리학자이자 작가인 카를로 로벨리(Carlo Rovelli)는 『화이트홀』(쌤앤파커스, 2024)에서 블랙홀을 넘어 화이트홀의 존재를 언급합니다. “블랙홀은 사라지지 않고 화이트홀로 변한다.”라는 것입니다. 내용은 이렇습니다. 별이 붕괴해 블랙홀이 되면 별의 잔해는 자체 중력으로 쪼그라들면서 블랙홀 속으로 끝없이 떨어집니다. 이때 블랙홀은 거대한 깔때기 모양으로 길쭉해집니다. 그리고 그 맨 밑바닥에 별의 잔해가 뭉쳐져 있습니다. 죽은 별의 물질이 ‘플랑크 규모’까지 압착이 되는 것이죠? 이제 더 이상 작아질 수 없게 됩니다. 우주과학에서는 이 최종 물질을 ‘플랑크 별’이라고 부릅니다. 블랙홀의 특이점이죠?

아무튼, 이 극한 지점, 다시 말해 극미의 양자 세계에서 ‘터널 효과’가 나타납니다. 터널 효과란 벽을 향해 던진 구슬이 벽을 통과하는 것을 말합니다. 사실, 거시 세계에서 구슬은 벽을 통과할 수 없지만, 양자 현상이 지배하는 미시 세계에서는 가능합니다. 이렇게 양자 터널을 통해 플랑크 규모로 압착된 물질, 곧 ‘플랑크 별’이 ‘양자 도약’을 하는 것입니다. 바닥에 떨어진 농구공이 위로 다시 튕겨 올라오듯이 플랑크 별에 바운스가 일어나고 시공간이 다시 팽창합니다. 이것이 화이트홀입니다. 모든 것이 거꾸로 진행이 되는 것입니다. 물론, 화이트홀도 블랙홀처럼 모든 것을 끌어당깁니다. 전하가 없기에 빛과 상호작용을 하지 않아 우리 눈에 보이지도 않습니다.

로벨리는 이렇게 말합니다. “빅뱅은 우주가 양자가 허용하는 최대 밀도에 도달할 때까지 수축한 후, 다시 튕겨 나와 팽창하기 시작하는 거대한 우주적 반등(빅 바운스)일 수도 있다." 그의 말이 맞다면, 우주는 빅뱅으로 태어난 뒤, 다시 수축했다가(블랙홀) 팽창하는(화이트홀) 과정을 영원히 반복할 것입니다. 원시반본(原始返本), 영원 회귀(永遠回歸), 윤회(輪廻)입니다. 기막힌 우주!

토론해 봅시다

① "우주의 기원을 이해하는 것은 인간 존재에 대한 철학적 성찰에 필수적이다."

찬: 우주는 인간 인식의 한계와 가능성을 가늠하는 거울이다.

반: 과학적 우주론은 존재론과 윤리와 무관하다.

② "빅뱅 이론은 신의 존재를 대체할 수 있는 우주 창조 설명이다."

찬: 자연적 기원을 밝힌 과학은 신학적 설명을 불필요하게 한다.

반: 과학은 '왜'에 답하지 못하며 신의 자리를 대신할 수 없다.

인류세를 넘어 자본세

스웨덴의 정치생태학자이자 기후 활동가인 안드레아스 말름(Andreas Malm)은 최근 각광을 받는 '인류세(Anthropocene, 인류가 지구 지질이나 생태계에 미친 영향에 주목하여 제안된 지질 시대의 구분 중 하나)' 논의를 비판하면서 과학적으로 더 정확한 용어로 '자본세(Capitalocene)'를 제시합니다. 왜냐하면, 인류세 논의는 모두에게 책임이 있다고 주장하면서 결국 이 문제의 책임을 제대로 묻지 못하게 하고 제대로 된 해결책을 제시하지도 못하기 때문입니다.

그렇습니다. 오늘날 기후 위기의 근원인 '화석 경제'가 어떻게 시작되었는지를 보면 알 수 있습니다. 화석 경제는 인간이란 종 전체에서 시작된 것이 아니라 그 종 내부의 모순에서 시작되었습니다. 결국 우리에게 모습을 드러낸 이 새로운 지질시대는 인류 전체가 아니라 화석 경제를 선택한 특정 주체의 이름으로, 곧 인류세가 아닌 자본세라 부르는 것이 마땅합니다.

따라서 말름의 첫 책인 『화석 자본: 증기력의 발흥과 지구온난화의 기원』(두번째테제, 2023)은 이 모든 사태의 원인을 제공한 '자본'에 정확하게 책임을 지게 하고, 파국이 얼마 남지 않은 비상사태 속에서 해결책을 모색하기 위한 '전시 공산주의(戰時共産主義)'라는 해결책을 제시합니다. 이를 위해 '세계적인 위원회'를 꾸려 이 위기에서 벗어날 강력한 생산수단의 통제와 에너지 흐름을 이용하는 전환으로 이행해야 한다고 소개합니다.

여기서 전시 공산주의는 소비에트 연방이 전쟁과 내전에 대항하기 위해 정치 · 경제 · 문화에 걸쳐 1918년부터 1921년까지 실시한 비상 정책으로 연방은 군대에 필요한 무기와 식량 공급을 시행하기 위해 '전 기업의 당 소유화', '곡물의 당 독점'과 '식량 징발', '외국 무역 독점'을 실시한 것을 말합니다. 물론 말름은 민주적인 세계적인 위원회가 연방을 대신하되 강력한 통제와 에너지 정책을 실시해야 한다는 것입니다.

좀 더 구체적인 내용으로 들어가 볼까요? 말름은 인간이 활용할 수 있는 에너지를 세 가지 범주로 나눕니다. '태양력', '동물력', '화석연료' 등입니다. 먼저 태양에서 기원한 일부 에너지원은 생물권을 통과하여 흘러가는데, 인간은 특정한 조건 아래에서 이 '에너지의 흐름'을 낚아채 쓸 수 있습니다. 가령 바람, 강의 흐름 등입니다. 두 번째는 인간이나 동물이 가진 근육이 지닌 힘의 형태로 생명체에 깃드는데, 이것이 동물력입니다. 세 번째는 아주 오래전 과거에 주어진 태양에너지를 품고 있는 에너지의 재고로 석탄과 같은 화석연료가 여기에 해당합니다.

말름이 지적하는 것은 자본과 자본가가 화석연료를 사용하면서 노동자를 공장 속 기계 부품처럼 다루었다는 것입니다. 19세기

초 영국은 수력을 활용해 공장을 돌렸습니다. 자연의 흐름을 이용했기에 자연력이 끊이지 않았고, CO_2 배출도 일어나지 않았습니다. 그러나 주로 산골에 위치한 수력 작업장은 노동자들을 고용하고 성실하게 일하게 하는 데 어려움을 겪게 됩니다. 또한 노동자들 역시 기계의 리듬에 자신을 맞추기 어려워했고, 자신의 노동력을 제약하는 것 또한 극도로 싫어했기에 일이 엉망진창이 되었습니다.

이런 상황에서 저렴하지도, 또 엄청난 생산력을 자랑하는 것도 아니었던 증기력이 등장합니다. 제임스 와트가 고안하여 유명해진 증기기관은 석탄을 이용하는 것으로 이동성을 큰 특징으로 합니다. 비용적인 측면에서도 증기기관은 저렴하지는 않았지만, 수력에 비하면 노동을 통제하고, 자본이 노동에 비해 더 유리한 위치를 점할 수 있는 이동성을 제공해 주었습니다.

가령, 수력을 쓰려면 공장을 벽지인 하천 근처에 세워야 했고, 이것은 노동자를 조달하기 어렵습니다. 결국 자본가들은 노동자들의 생활을 위해 정착촌도 건설해주고 가까이 함께 있으니 '인간관계'에 묶여야 했습니다. 그러나 증기력을 이용한 공장은 도시 등 인구 밀집지에 지어져 손쉽게 노동력을 조달할 수 있었고 노동자를 공장 속에서 기계 부품처럼 다루는 것을 가능하게 했습니다.

시간의 측면도 중요해졌습니다. 노동시간을 하천의 유량과 유속에 맞춰야 하는 수력과 다르게 증기력은 언제든 자본가가 원하는 대로 공장을 돌릴 수 있게 해주었습니다. 이렇게 증기력은 제조업자인 자본가들에게 도저히 통제할 수 없는 노동자로부터 해방시켜 주었습니다. 이제 노동자는 자본가의 손안에서 놀게/일하게 되었습니다. 이것을 말름은 '권력-동력'이라고 소개합니다. 자본은 동력을 통해 권력을 얻었습니다. 그러나 노동은 권력 없는 동력으로 전락하였습니다. 결국 말름에 의하면 '화석 경제'는 결핍을 이겨내기 위한 생산력 고도화 등 에너지원 그 자체에 의한 것이 아니라 자본이 노동을 무릎 꿇린 자본주의적 생산관계로부터 시작되었다는 것입니다.

이렇게 동력원의 변화(수력에서 화력)를 통해서 자본은 노동자들이 많이 있는 도시로 작업장을 이동시킬 수 있었으며, 이에 저항하는 노동자들을 그저 '도우미' 수준으로 떨어뜨릴 수 있는 힘을 갖게 되었습니다. 이렇게 통제되지 않던 노동자들이 공간상으로, 시간상으로 통제받게 되면서 제임스 와트의 발명은 자본가들에게는 축복이 되었고 노동자들에게는 저주가 되었습니다. 결국 노동자들의 처절한 싸움이 이어집니다. 이것이 기후위기까지 연결됩니다. 말름은 이렇게 지적합니다.

"우리는 여기에 또 하나의 정리를 덧붙일 수 있다. 자본이 가는 곳에는 어디나 배출이 즉시 그 뒤를 따른다. 이게 바로 탄소 누출의 계급적 내용이다. 그러나 노동이 항상 새로운 확장 지역에서 이전 지역에서 만큼의 강도와 열정으로 부활한다는 보장은 없다. 도리어 세계화를 겪은 최근 수십 년 동안 노동은 구조적으로 약화되었다. 그리고 이러한 측면에서 볼 때, 분쟁과 배출의 역사적 궤적은 서로 갈라지고 있다. 자본이 끝없는 공간적 조정을 거치면서 지속적으로 자리를 이탈하고, 세계의 노동계급을 약화시키며, 쇠

약해진 노동운동의 주변을 돌며 춤추고 있는 동안, CO_2 배출량은 바로 그 똑같은 동역학에 의해 기하급수적으로 증가하게 된다. 또는 세계화된 자본이 더 강력해짐에 따라 CO_2 배출량의 증가 역시 더 급격해진다."

결국 기후 위기의 시작도 또 그 위기에서 살아갈 수 있는 힘도 자본이라는 것입니다. 말름의 경고는 그래서 이 자본의 카오스에서 살아가기 위한 노동자들의 합리적인 코스모스 판단력을 가져다줍니다.

"(인류세 시대의 인간의 조건을 묻는) 차크라바르티의 관념적 세계로부터 나와서 한번 현실 세계를 살펴보라. 허리케인 카트리나가 뉴올리언스의 흑인과 백인 거주지에서 각각 어떤 영향을 주었는지, 해수면 상승이 방글라데시와 네덜란드에서 각각 어떤 영향을 주었는지, 직접, 간접을 불문하고, 기후변화의 모든 충격에 대해 차별화된 취약성을 드러내는 이 모든 사실을 보라. 예측이 가능한 미래의 어느 시점에도-실은, 지구상에 계급사회가 존재하는 한-언제나 부유층과 특권층을 위한 구명정은 있을 것이며, 공통의 재앙 경험은 없을 것이다. 그 어느 시대보다 더 계급 격차는 삶과 죽음을 가르는 문제로 드러나게 될 것이다. 누가 허리케인이 접근할 때 도시 밖으로 차를 몰고 탈출할 수 있는지, 누가 몰려오는 홍수를 버틸 수 있을 만큼 튼튼한 방벽이나 집의 비용을 지불할 수 있는지."

자본주의에서 주기적으로 찾아오는 위기에서 보여지는 것과 마찬가지로, 결국 이 기후 위기에서 벗어날 구명정은 소수 특권층에게만 주어져 있을 것입니다. 중요한 것은 이들 특권층은 이러한 위기조차도 이윤을 위한 출구로 이용합니다. 이 불평등한 세계에서는! 말름의 탄식이 허투루 들리지 않습니다. 지금!

토론해 봅시다

① "인간은 이제 자연의 일부가 아니라 자연을 좌우하는 지질학적 존재이다."

찬: 인류세는 인간의 영향력을 과학적으로 보여주는 증거이다.

반: 인간도 여전히 자연의 일부이며 자연을 통제할 수 없다.

② "인류세 개념은 인간 책임의식보다 오만함을 부추긴다."

찬: 인간 중심적 사고의 연장선이다.

반: 책임 윤리의 촉구라는 경고 개념이다.

당신이 우주다

상대성이론과 양자역학의 등장으로 적어도 우주는 물리법칙에 해당되는 네 가지 힘(중력, 전자기력, 강한 핵력, 약한 핵력)과 물리 상수들(자연상수e, 황금비율, 원주율π, 플랑크 상수h, 허수단위i)로 코딩되어 있다고 결론을 내릴 수 있습니다. 물론 현재까지의 과학적 지식으로 말입니다.

그러나 그 이전에는 우주를 설명하는 패러다임은 크게 세 가지 단계로 살펴볼 수 있습니다. 가장 오래된 것이 성경에 나오는 '창조론'입니다. 초월적인 신이 우주를 무에서 창조했다는 것입니다. 이후 이러한 전통적 창조론은 18세기 유럽 계몽주의 시대에 '이신론'으로 바뀌었습니다. 두 번째 단계입니다. 여기서 이신론(理神論)이란 창조주로서 신을 상정하되, 이 신이 우주라는 자동기계를 작동시키고 떠났다는 이론입니다. 다시 말하면 신은 정밀한 시계를 만들어놓고 잊어버린 시계공과 같다는 것입니다.

세 번째 단계는 현대 물리학의 성과입니다. 우주가 빅뱅으로 태어나 우연의 연쇄를 거쳐 진화했다는 무작위적 패러다임입니다. 이 우주론에 따르면, 우주에는 아무런 의미도 목적도 없고, 생명의 탄생이나 인간의 출현도 우연이 일으킨 사건일 뿐입니다. 그리고 그 우연의 법칙이 네 가지 힘과 물리 상수입니다. 그러나 가장 과학적인 이 표준 모델 패러다임으로도 설명되지 않는 현상이 너무도 많습니다. 그러므로 우주를 제대로 이해하려면 표준 모델을 뛰어넘는 새 패러다임이 필요합니다.

아유르베다(Ayurveda, 기원전 6세기 수슈루타가 그전에 말로 전해져 오던 인도의 전통 의학과 고대 힌두교의 전통 의학을 집대성해서 쓴 의학서)와 현대 의학을 접목하여 '심신상관의학(mind-body medicine)'이라는 분야를 창안한 대체의학의 선두 주자인 디팩 초프라(Deepak Chopra)와 양자물리학자이자 우주학자인 미나스 카파토스(Menas Kafatos)가 함께 쓴『당신이 우주다: 나는 무엇인가, 그리고 왜 이것이 중요한가』(김영사, 2023)는 바로 우주의 새 패러다임을 제시한 책입니다. 바로 '우주 의식' 패러다임입니다. 곧 "우주는 스스로 진화하는 살아 있는 의식체"라는 것입니다. 이것은 물리학(physics)과 형이상학(metaphysics) 사이에 이해의 다리를 놓는 작업으로 철학사에 있어서 스피노자-셸링-헤겔-베르그송-하이데거로 이어지는 근대 형이상학 우주론의 연장선에 있습니다. 일단 저자의 말을 들어볼까요?

"이 우주는 존망 그 자체가 인간 존재에 달려있는 '참여 우주(participating universe)'임을 입증하는 것이 이 책의 목적이다. 요즘 우주론자(우주의 기원과 특성을 연구하는 사람)들은 '살아 있으면서, 의식하며, 스스로 진화하는' 우주에 대해 완전히 새로운 이론을 개발하고 있다. 이런 우주는 지금까지 존재하는 어떤 표준 모델에도 맞지 않는다. 창세기에서 전능하신 하느님의 작품으로 묘사된 우주는 물론, 양자물리학의 우주도 아니다. '의식이 있는 우주(conscious universe)'란, 우리가 생각하고 느끼는 방식에 반응하는 우주다. 이 우주는 자신의 모양, 색깔, 소리, 감촉을 우리에게서 얻는다. '인간적 우주(human universe)', 이것이 진짜 우주이며, 우리의 유일한 우주이다(7~8)."

초프라&카파토스는 먼저 우주 자체의 '객관적 존재'를 문제 삼습니다. 가령 '소박한 실재론'의 측면에서 객관적인 세상과 우주는 우리 인간과 무관하게 그 자체로 존재합니다. 그러나 우주 안의 모든 것은 우리 인간과 관계를 맺은 상태에서 우리에게 그런 모습으로 드러날 뿐이라고 생각합니다. 우리의 '보기'가 대상을, 나아가 우주를 그렇게 바라 본다는 것입니다. 가령 장미꽃의 아름다움은 따지고 보면, 우리의 눈에 '아름답게' 보일 뿐이지 그 자체로 아름다운 것은 아닙니다. 이것은 색깔 · 질감 · 시간 · 크기 같은, 우리가 오감으로 느끼는 모든 것에 적용이 됩니다. 빛에 관해 이야기해 볼까요? 우리는 빛이 밝음을 준다고 생각하지만, 그것은 광자가 우리 망막을 통과해 밝음의 작용을 일으킨 결과일 뿐이지 빛 자체가 밝은 것은 아닙니다. 초프라&카파토스는 이렇게 말합니다.

"'본다'라는 기적은 뇌가 햇빛을 처리하는 방식과 관련이 있다. 그런데 빛을 이미지로 변환시키는 가장 중요한 과정은 완전히 미스터리다. '보기'가 왜 완전히 미스터리인지는 아래에 열거한 부인할 수 없는 사실들로 알 수 있다.

- 광자는 눈에 보이지 않는다. 햇빛은 밝지만, 햇빛의 구성요소인 광자는 전혀 밝지 않다.
- 뇌 내부에는 빛이 존재하지 않는다. 우리의 뇌는 바닷물과 비슷한 액체로 둘러싸인, 오트밀과 질감이 비슷한 장기(臟器)일 뿐이다.
- 뇌에는 빛이 없으므로 사진이나 그림도 존재할 수 없다. 사랑하는 사람의 얼굴을 떠올릴 때, 뇌 속 어디에도 그의 얼굴이 사진처럼 존재하는 곳은 없다.

눈에 보이지 않는 광자가 어떻게 화학반응으로 변환되고, 뇌에서 일어나는 미약한 전기 자극이 어떻게 3차원 현실을 창조하는지 설명할 수 있는 사람은 아직 없다. (중략) 이처럼 시각의 작동 원리는 완전히 미스터리다. 하지만 한 가지는 알 수 있다. 즉 '보기'를 만들어내는 건 바로 '우리'라는 것이다. 우리가 없으면 이 세상 전체도 존재할 수 없다."

이렇게 '분리된 관찰자'가 없다는 사실을 알아야 진도가 나갑니다. 따라서 초프라&카파토스는 이것을 광자의 파동과 입자설을 소개합니다. 곧 양자의 일종인 광자는 파동과 입자의 두 특성을 지니고 있어서 관측자가 무엇을 관측하려 하느냐에 따라 파동으로도 나타나고 입자로도 나타납니다. 여기서 상상력을 발휘해 볼까요? 소립자에 마음이 있다는 상상력을 말입니다. 이것은 물리학자 프리먼 다이슨도 상상했습니다. "실험실의 원자는 이상한 것들이다. 무생물이 아니라 스스로 움직이는 활성체처럼 행동한다. 이들은 양자역학의 법칙에 따라, 예측할 수 없는 방식으로 둘 중 하나의 가능성을 선택한다."

여기서 초프라&카파토스는 의식의 중요성을 언급합니다.

"진실을 마주할 시간이다. 공기 진동을 음악으로 변환하는 물질적 프로세스란 존재하지 않는다. 뇌 안에는 소리가 없다. 완전히 고요하다. 달콤함, 종교적 느낌, 즐거움, 그리고 나머지 모든 특징을 지닌 비틀즈의 곡 〈렛잇비〉는 뇌 회로의 산물이 아니다. 이 곡은 무한한 잠재력을 지닌 마음에서 만들어지며, 우리 신경계에 의해 처리된다. 음악은 라디오 · 피아노 · 바이올린 또는 화학적 그리고 서로 전기적 신호를 보내는 신경세포 집합 속에서 발견되지 않는다. 우리가 이 사실들을 진지하게 받아들이면, 마음은 어떤 기계도 복제할 수 없는 상태를 갖게 된다. 이 상태가 바로 우리가 '의식(consciousness)'이라 부르는 것이다. 의식은 만들어질 수 없지만, 우주의 재창조를 가능하게 해준다. 여기서 '우주'란 의식이 어찌어찌해서 은하수라고 부르는 은하의 중심에서 3분의 2쯤 떨어진 운 좋은 지구 행성에 대충 끼워 맞춰진 곳이 아니라, 의식이 모든 곳에 존재하는 그런 곳이다."

자, 그럼 여기서 다시 우주론으로 돌아가 볼까요? 표준 물리학은 우주가 빅뱅으로 태어난 뒤 수많은 무작위적 우연의 중첩을 거쳐 별과 은하를 만들고 생명을 탄생시키고 인간을 낳았다고 설명합니다. 물론 네 가지 힘과 물리 상수들의 도움이 있었겠지요! 그러나 우주의 진화를 보면 도무지 있을 것 같지 않은 사건들이 진화의 단계마다 무수히 개입되어 있습니다.

가령 빅뱅 직후의 혼돈 상태를 살펴볼까요? 이 상태에서 입자는 나타나는 즉시 반입자를 통해 소멸했습니다. 이 둘의 수가 일치했다면 우주는 존재할 수 없었을 것입니다. 다행히도 입자가 반입자보다 10억 개 중 한 개 꼴로 더 많았습니다. 그 극소의 차이가 지금의 우주를 만들어낸 것입니다. 이런 우연은 우주의 초기 팽창, 초신성의 폭발, 생명의 탄생, 디엔에이 형성에서도 어김없이 되풀이됐습니다.

이런 우연의 연쇄를 통해 우주의 탄생이 인간의 출현에까지 이를 가능성은 얼마나 될까요? 초끈이론의 추정을 빌리면 원숭이 100마리가 멋대로 타자를 쳐, 셰익스피어 전집을 똑같이 써낼 가능성이 우주의 탄생과 인간의 출현보다 100만 배나 높습니다. 무작위 우연의 중첩이라는 표준 이론의 설명력은 여기서 힘을 잃어버립니다.

그렇다면 다른 가능성은 무엇인가요? 초프라&카파토스는 '미세조정(fine-tuned)'이라는 물리학 이론을 소개합니다. 이것은 우주가 진화의 단계마다 스스로 미세한 조정을 거쳤기에 기적과 같은 일들이 벌어질 수 있었다는 이론입니다. 쉽게 말해 우주가 단계마다 상황에 맞게 자기를 스스로 조절함으로써 진화의 고비들을 넘겼다는 것입니다. 종교인은 신의 개입으로 이야기할 수 있겠고, 과학적으로는 우주가 제임스 러브록의 가설 '가이아 이론(Gaia theory)'처럼 자기 조직화를 수행하는 시스템이라는 것을 뜻합니다.

이것은 수많은 세포로 이루어진 인체를 보면 알 수 있습니다.

인체는 자기 조직화의 전형적인 사례입니다. 결국, 우주가 인체처럼 자기 조직화를 수행한다는 것은 우주가 생명 활동을 하는 실체임을 뜻합니다. 그리고 이렇게 생명 활동을 한다는 것은 우주에 어떤 형태의 '의식(consciousness)'이 있다는 것이겠죠? 초프라&카파토스의 결론은 "우주는 자기를 스스로 조직해 가는 의식을 갖추고 생명 활동을 하는 단일체"라고 할 수 있겠습니다. 그들의 말을 들어볼까요?

"우리가 '살아 있는 우주' 속에 존재한다는 생각은 매혹적이다. 우주에 마음이 있다면, 당연히 우주는 살아 있어야 한다. 당신이 이를 '의식 있는 우주'라고 부르든, '살아 있는 우주', 아니면 '인간적 우주'라고 부르든, 의식하는 우주에서 식료품을 사고, 생일 파티에 가고, 냉장고 주변에서 잡담하는 게 달라지는가? 대답은 '그렇다'이다. 의식하는 우주는 지금 우리가 점유하고 있는 불확실한 우주에서 완전히 탈바꿈되었고, 이 탈바꿈은 너무나 깊어 모든 행위에 의문을 품게 한다. 가장 예리하고 재능 있는 퀄리아 이론가인 피터 윌버그(Peter Wilberg)가 설명한 대로, 우리는 눈이 있어서 보는 것이 아니다. 눈은 무언가를 보려는 마음의 욕망을 충족시키기 위해 진화한 인체 기관이다. 마음이 먼저 온다. 마음은 감각, 이미지, 느낌, 마음속 생각과 함께, 오감을 포용하는 퀄리아를 통해 현실을 경험하려 한다. 모든 성인, 현자, 그리고 신비주자들이 약속했던 영적 재탄생은 새로운 우주를 의미하는 새로운 현실에 달려 있다. 아니 오히려, 이미 거기 있는 우주를 새로운 방식으로 바라보는 것일 수 있다."

불교의 연기론(緣起論)이나 “나는 브라흐만이다.”라는 힌두교의 선언, ‘만물이 모두 연결되어 있다’라는 『화엄경』의 인드라망, ‘모든 것이 마음(의식)’이라는 불교의 유식론(唯識論), 장자의 호접지몽 등 비현실적 개념으로 여겨졌던 지혜 전통의 메시지들이 과학의 발견을 통해 현실적인 의미로 재해석됩니다.

여기서 인간이란 무엇인가를 마지막으로 묻고 갈까요? 초프라&카파토스는 인간은 ‘우주의 의식 활동이 낳은 가장 고등한 의식체’, ‘우주 의식이 가장 높이 발현된 생명체’로 소개합니다. 결국 인간은 ‘우주 진화의 모든 역사를 응축한 존재’입니다. 그렇다면 인간은 자기 안에 우주를 품은 작은 우주라고 부를 수 있을 것입니다. 이렇게 생각하면 결국 작은 우주가 큰 우주를 알아가는 것은 우주의 자기 인식, 다시 말해 우주가 자기 자신을 인식해가는 과정이라고 할 수 있을 것입니다.

일찍이 스토아 학파는 우주적 이성인 로고스와 그 로고스가 인간의 머리에 들어온 이성인 로고스로 설명한 바 있습니다. 물론 성경은 ‘우주적 이성(말씀)’이 육을 입고 이 땅에 왔다고 합니다. 바로 성육신, 크리스마스입니다. 이렇게 우주의 미래는 오래된 과거, 2,000년 전에 숨겨져 있었습니다. 카오스모스!

토론해 봅시다

① "인간은 우주의 한 점이 아니라, 우주의 '관찰자'로서 중심적 존재이다."

찬: 양자역학의 관측자 이론은 인간의 인식 작용을 중심에 둔다.

반: 이는 인본주의적 착각이며, 자연은 인간 없이도 존재한다.

② "생태 위기의 근본 원인은 인간이 우주의 중심이라는 착각이다."

찬: 인간중심주의는 지구와 타 존재를 대상화한 결과이다.

반: 인간의 주체성은 윤리적 책임을 가능하게 한다.

육질은 부드러워

아르헨티나 소설가 아구스티나 바스테리카(Agustina Bazterrica)의 소설 『육질은 부드러워』(해냄, 2024)는 직설적이고 간결한 언어로 체계화된 디스토피아 사회를 정교하게 담아냈다는 평가를 받으며 출간 즉시 아르헨티나 클라린상 수상, 파이낸셜 타임스 올해의 책으로 선정되며 화제를 모은 책입니다.

바스테리카가 2017년에 발표한 이 소설은 인간이 인간을 잡아먹는 사회를 그립니다. 줄거리는 이렇습니다. 몇 년 전, 전 세계에 퍼진 신종 바이러스가 모든 가축과 동물들의 씨를 말려버렸습니다. 사람들의 식탁에서 고기가 사라졌고, 정부는 생존을 위한 결정이라며 제한적인 인육 소비를 허가했습니다. 동물성 단백질이 필요하다는 명분 아래, 인육 섭취가 제도화된 것입니다.

놀라운 것은 고기로 소비될 인간이 별도의 시설에서 사육되고 도축장에서 도살되어서 정육점에서 판매가 된다는 것입니다. 인간의 가죽은 가죽대로 따로 팔립니다. 소, 돼지, 닭 같은 가축이 고기가 되어 식탁에 오르는 과정에 인간을 대입시키면 소설 속 상황을 쉽게 이해할 수 있습니다. 소설의 한 장면입니다.

그녀는 카메라를 보며 말한다. "가족을 위해 특별한 음식을 준비했어요. 늘 먹던 같은 고기지만 더 맛있답니다." 가족 모두가 웃으며 저녁을 먹는다. 그가 사는 나라의 정부는 제품의 재정의를 결정했다. 그들은 인육을 '특별육'이라고 부르기로 했다. 그냥 '고기'가 아니라 이제 '특별 안심', '특별 저민 고기', '특별 콩팥'이라고 불러야 했다.

주인공 마르코스 테호는 육가공 공장에서 일하는 중년 남성입니다. 얼마 전 어린 자녀를 갑작스럽게 잃었고 아내 세실리아는 슬픔을 이기지 못해 잠시 친정에 머물고 있었습니다. 바이러스가 발흥하기 전, 육류 가공 공장을 운영했던 아버지는 노화에 치매가 겹쳐 요양원에 가 있고, 마르코스는 요양원 비용을 벌기 위해 내키지 않는 일을 해야 했습니다.

이러한 마르코스에게 삶은 매일 슬프고 고된 나날의 연속이었습니다. 그러나 그의 개인적인 비극은 그가 살아가고 있는 세상의 끔찍함과 비교하면 아무것도 아니었습니다. 마르코스가 일하는 공장은 사실 인육을 가공하는 곳이었습니다. 마르코스가 근무하는 육류 가공 공장의 방혈실 작업(피를 빼는 작업)을 소설은 이렇게 묘사합니다.

"개체들은 천장의 자동 레일에 매달려 안으로 들어온다. 세 개의 몸통이 머리를 아래로 한 채 매달려 있다. 첫 번째는 목을 칼로 가른 상태이고 나머지 둘은 순서를 기다리고 있다. 작업자는 재빠른 움직임으로 개체의 목을 칼로 가른다. 몸이 살짝 꿈틀거린다. 홈통으로 피가 쏟아진다."

방혈실에 오기 전에 이들은 타격실 담당 직원이 휘두른 방망이에 이마를 맞아 기절한 상태입니다. 방혈실에서 순수한 고기로 바뀐 개체들은 탈모기와 절단실, 내장 처리실을 거치며 가죽이 벗겨지고 부위별로 나뉘어 상자와 서랍에 저장됩니다. 방혈실에서 모은 피는 비료를 만드는 데 쓰이기도 합니다.

사육장과 수렵장, 정육점, 연구소, 가죽 공장 같은 거래처로 출장을 나간 마르코스를 통해 우리는 식용 인간들이 놓인 끔찍한 상황을 엿보게 됩니다. '인간'이라고는 했지만, 소설 속 세상에서는 "그 누구도 그것들을 인간이라고 말하면 안 된다." 인간으로 부르는 순간, 그 고기들에는 없던 '인격'이 부여된다는 생각 때문에 사람들은 그것들을 그저 '제품'이나 '고기', '식품'이라고 부를 뿐입니다.

사육장에서는 '개체(식용인간)'들을 통제하고자 성대를 제거하고, 부유층에서는 개체를 집에 두고 기르면서 산 채로 조금씩 살을 잘라 먹습니다. 수렵장에서는 식용 인간들을 풀어놓고 사냥을 즐기고, 연구소에서는 나치 수용소나 관동군 731부대 빰치는 생체 실험을 자행합니다. 공공 요양원에서 사망한 노인들의 주검은 암시장으로 팔려나가고, 교회 광신도들은 자신을 희생해 지구를 구하겠노라며 도살장 안으로 자진해 들어오며, 육가공 공장의 전기 철조망 너머에는 저질 부산물과 병들어 죽은 고기를 얻어먹는 무등록 하층민들이 우글거립니다.

직장에서 능력을 인정받은 마르코스는 사장의 오른팔 역할을 하며 거래처에 출장을 다니거나 신입 직원들을 관리하고 교육하는 일을 맡고 있습니다. 이렇게 마르코스는 생계를 위해 어쩔 수 없이 인육 가공 일을 하고는 있지만, 이 모든 상황이 탐탁지 않았습니다. 그는 거대한 세력이 인구과잉을 막기 위해서, 일부러 치명적인 바이러스를 퍼뜨린 것이라는 강한 의구심까지 갖고 있었던 것입니다.

그러던 어느 날, 마르코스는 공장 매출에 기여했다는 이유로 고기용 암컷 인간 한 마리를 선물로 받습니다. 그 선물을 전혀 원하지 않았던 마르코스는 한사코 거절했지만, 암컷 인간은 강제로 그에게 배달됩니다. 마르코스는 어쩔 수 없이 인간을 헛간에 두고 보살핍니다. 요양원에 있는 아버지를 종종 찾아가고, 돌아오지 않는 아내에게 끊임없이 영상 통화를 시도하며 공허한 시간을 보내고 있던 그는 고기용 인간에게 점차 미묘한 감정을 느끼게 됩니다. 소설을 읽어 볼까요?

"암컷은 그를 지켜보고 있다. 그도 서 있는 암컷이 보인다. 암컷은 불빛에 사로잡힌 것처럼 보인다. 그는 헛간으로 들어가고 암컷은 두려움에 몸을 웅크린다. 그는 흔들리는 몸으로 그 자리에 서 있다. 암컷은 몸을 떤다. 암컷도 파괴한다면 어떨까? 암컷은 그의 소유물이므로 그는 원하는 그 어떤 짓도 할 수 있다. 죽일 수도 있고 도살할 수도 있고 고통을 줄 수도 있다. 그는 도끼를 집는다. 아무 말 없이 암컷을 바라본다. 이 암컷은 문젯거리다. 도끼를 들어 올린다. 그리고 한 걸음 가까이 다가가 밧줄을 끊는다."

사실, 인간이 이 세상 모든 악의 근원입니다. 우리가 우리를 공격하는 바이러스인 것입니다. 마르코스는 결국 사람 고기 요리를 먹지 않으려고 합니다. 그러자 수렵장 주인인 우를레트는 마르코스에게 이렇게 말합니다.

“어쨌든 세상이 생겨난 뒤로 우리는 서로를 먹어왔어요. 인육을 먹는 ‘변이’라는 행위가 우리를 덜 위선적으로 만든 겁니다. 나온 음식에 경의를 표해야 합니다. 모든 요리는 죽음을 담고 있어요.”

저자인 아구스티나 바스테리카는 『육질은 부드러워』의 리얼리티를 위해 식인 풍습과 육류 산업 운영 및 동물 권리에 관한 만만찮은 양의 매뉴얼과 지침서, 소설, 에세이 등을 탐독했습니다. 그로 인해 작품에는 육류 산업에 대한 명확한 비판이 담겨 있지만, 작가는 그보다 현대의 자본주의 사회를 극명하게 그려내려고 했습니다.

전쟁, 인신매매, 현대판 노예제도, 빈부 격차, 성차별 등등. 인간들은 서로를 먹어 치우며 살고 있는 것이나 마찬가지이기 때문입니다. 자신의 몸을 바쳐 인육이 되는 신흥종교부터 집에서 ‘상품’을 길러 잡아먹는 유행, 인체를 대상으로 실험을 자행하는 연구소와 인간 수렵장에 대한 묘사 등등. 이것은 이미 우리 주변에서 벌어지고 있는 것입니다. 다른 이들의 고통에 외면하는 인간들의 모습이 다름 아닌 바로 우리의 모습이기 때문입니다. 채식주의자인 작가는 이렇게 말합니다.

“이 소설은 잔인함을 자연스럽게 여기게 만드는 자본주의에 대한 문제의식을 담은 작품이다. 자본주의 사회에서 우리는 상징적인 방식으로 서로를 잡아먹고 있고, 그런 점에서 자본주의와 육식 문화는 사실상 동일한 것이다.”

지금, 혼돈입니다!

토론해 봅시다

① "동물 고기를 먹는 행위는 정당화될 수 없는 폭력이다."

찬: 도축과 육식은 생명의 존엄성을 침해한다.

반: 생태계의 먹이사슬 속에서 육식은 자연스러운 것이다.

② "공장식 축산은 기후위기보다 윤리 위기다."

찬: 동물 고통과 생명 경시가 구조화된 사회 문제이다.

반: 환경 문제 해결을 위한 기술적 접근이 우선이다.

시차

시차(視差, parallax)란 천문학에서 쓰이는 용어로 관찰자의 위치가 바뀜에 따라 별자리가 달라지는 것을 말합니다. 따라서 다양한 시차는 별이 정확하게 어디에 위치하고 있는지를 알 수 있는 진리 접근법입니다. 곧 다양한 관점이 진리의 기본 전제라는 뜻입니다. 그러나 다양한 관점을 인정하지 않고 자신이 있는 위치와 시각을 고집하면, 대상에 대한 인식은 하나로 고정됩니다. 그리고 이것은 폭력입니다.

사실 지젝은 헤겔 우파와 좌파적 관점을 이러한 시차적 관점의 차이라고 주장합니다. 그리고 라캉(J. Lacan)의 사유를 동원하여 분리되기 이전의 헤겔적 사유로 돌아가려고 합니다. 그렇다면 지젝이 말하는 '시차적 시각'이란 무엇인가요? "동일한 공간 속에 공존하는 것이 불가능한 대극들이 하나의 공간, 같은 윤곽 속에 공존하고 있음을 인식하는 관점"이라고 합니다. 이러한 관점에서 헤겔 우파와 좌파는 만날 수 있습니다. 자유와 평등도 마찬가지, 더불어민주당과 국민의힘도 마찬가지입니다.

그러나 공존에 대한 인식이 없는 시차적 관점은 전혀 다른 차원으로 진행할 수 있습니다. 가령 지젝도 언급했듯이, 현대 미술이 실용적으로 사용된 것은 고문기구였습니다. 가령, 브뉴엘, 달리와 함께 칸딘스키, 클레의 작품은 1938년에 바르셀로나에 지어진 일련의 비밀감방과 고문센터에 큰 영감을 주었습니다.

특히, '색깔 있는 감옥'을 예로 들 수 있습니다. 이 감옥은 죄수들에게 고통을 주고자 기하학적 모양의 블록을 바닥에 깔고 벽에는 정신의 혼란과 피로를 야기하는 색채, 원근법 및 축척을 이용한 착시를 일으키는 입방체, 정사각형, 직선 및 나선들로 배치하고 있습니다. 전위 예술가의 위치가 전위적 위치에서 예술을 창작하는 시각을 가진 반면, 고문 기술자 역시 전위적 위치에서 고문의 도구를 제작한 것입니다. 이것이 시차적 관점이기도 합니다. 지젝은 이렇게 말합니다.

"현대미술과 고문기술의 관계는 순수의 탈순수화가 아니라 예술가와 고문자의 시차적 관점의 차이에 기인한다. 즉 그들이 있는 위치가 시각을 결정하고, 그 시각에 의해 대상의 인식이 달라질 수 있다."

놀라운 통찰입니다. 이것은 성경 해석에도 적용할 수 있습니다. 같은 성경을 보지만 성경을 보는 이들의 위치가 어디인가에 따라 성경이 다르게 읽힌다는 것입니다. 불교의 '일체유심조(一切唯心造)'입니다.

그러나 지젝은 이러한 시차적 관점을 "안정된 기반이자 그 기반을 전복시키는 파괴"라고도 말합니다. 외부로부터 가해지는 혁명이 아니라, 내부로부터 드러나는 전복, 파열, 파괴, 붕괴라는 것입니다. 따라서 나의 위치와 시각만 고집하지 말고 다양한 시차적 관점을 인정하는 것이 바로 깨달음이자 진리로 다가가는 길입니다. 이것은 전복과 붕괴에 놀라지 말라는 뜻이기도 합니다. 왜냐하면, 그것이야말로 새로운 세상으로 가는 지름길이기 때문입니다.

토론해 봅시다

① "모든 존재는 '동시적'으로 존재하지 않는다."

찬: 인간은 시차 속 타자의 존재를 인식해야 한다.

반: 존재의 의미는 보편적 시간 개념을 전제로 한다.

② "시차 개념은 생태 윤리에서 인간중심주의를 해체하는 중요한 관점이다."

찬: 인간의 현재성은 타존재의 시차성과 충돌한다.

반: 윤리는 공존의 동시성에 기초해야 한다.

수

신학자이자 역사학자인 시카고대학교 신학대학원 데이비드 니런버그(David Nirenberg) 학장이 그의 부친인 수학자 리카도 니런버그(Ricardo L. Nirenberg)와 쓴 책 『지식의 기초: 수와 인류의 3000년 과학철학사』(아르테, 2023)가 있습니다.

자연과학, 사회과학, 인문과학뿐만 아니라 문학과 예술 분야 등에서 지성계 전체를 아우르는 화두이자 인류가 지식을 논하는 방법론인 '차이'와 '동일성'의 개념에 대해 다루고 있습니다. 고대 그리스에서부터 근대 물리학과 경제학, 현대 양자 세계의 발견에 이르기까지 3,000년이라는 장대한 기간을 아우르며 광범위한 사상 체계들을 정교하게 탐구하고, 훌륭하게 통합합니다. 니런버그 부자의 책 소개입니다.

"이 책은 종말을 예고하는 계시록이 아니다. 21세기의 분열을 더 잘 이해하고 이 분열 속에서 더 잘 살아가기 위한 시도다. 인류의 다양한 사상은 어떻게 서로 맹렬하게 싸웠을까? 그리고 왜 이런 갈등 속에서 수와 수식 관계의 진리 주장이 그렇게 강력하게 떠올랐을까? 이 문제를 이해하는 것은 역사학의 과제이며, 이 책

전반부(1~5장)에서 그 역사를 제시한다. 1~5장에서는 고대 그리스 철학 및 유일신교의 부상부터 근대 물리학과 경제학의 출현까지 다루면서 어떻게 수천 년 동안 사고의 이상, 실천, 습관 들이 수를 지식과 확실성을 향한 인간적 요구의 초석으로 바꾸었는지 추적한다(고대의 역사, 철학, 종교에 큰 관심이 없는 사람은 2~4장을 건너뛰어도 된다). 이런 분열 속에서 인간적으로 살아가는 법을 배우는 것이 이 책 후반부의 목표다(6~10장)."

인류의 갈등이 수와 수식 관계의 진리에 있다는 것입니다. 다시 말하면 동일성과 차이라는 개념이 인류 갈등의 원인이라는 것입니다. 그렇다면 동일성은 어떻게 탄생했을까요? 먼저 니런버그 부자의 말을 들어볼까요?

"영원히 변하고 구분할 수 없으며 셀 수 없는 '푸른 조약돌들'이 비이성, 혼돈, 광기를 불러온다. 다른 한편에서는 변하지 않기 때문에 셀 수 있고 늘 그 자체로 한결같이 존재하는 안정된 조약돌들이 이성, 과학, 온전한 정신을 불러온다. 보르헤스의 결론은 우리가 각자의 방식으로 인간을 위협하는 두 가지 관심 유형, 두 가지 삶의 형태, 두 종류의 지식 가운데 하나를 선택해야 함을 암시하는 듯하다. 앞으로 보겠지만 이런 양자택일은 인류 역사와 철학 전반에 걸쳐 나타나는 공통된 가르침이다. 그러나 이 책의 목표는 이런 양자택일 해법이 잘못됐고, 동시에 위험하다는 것을 해명하는 데 있다."

잘 아시겠지만, 서양 사유의 특성은 수학적 사유에 기초합니다. 수학의 엄격한 논리적 사유가 서양의 전통 철학을 낳았고 이 철학에 기초해 근대 물리학이 탄생했으며 물리학의 수리적 사유가 모델이 돼 다른 분과 학문들의 과학적 사유를 이끌었습니다. 쉽게 말해 수학과 논리학의 사유 형식이 근대 유럽의 세계지배를 떠받친 정신적 힘이라는 것입니다. 그런데 이 수리논리적 사유가 바로 '동일성'에 대한 사유입니다.

니런버그 부자는 동일성 사유가 가져온 파괴적 결과를 주목합니다. 그 완고한 틀을 깨뜨리려는 것입니다. 서양 사유의 바탕에 깔린 '동일성의 사유 문법'을 해부함으로써 그 무의식을 의식화하고, 동일성의 사유 문법에 함몰됐을 때 빚어지는 사태를 보여주는 것입니다.

사실, 수리논리적 동일성 사유는 기원전 6세기 그리스의 피타고라스학파에서 확립됐으며, 파르메니데스를 거쳐 플라톤(천상의 영원한 동일자 세계)-아리스토텔레스(부동의 원동자)의 사유로 이어졌습니다. 이러한 서양의 종교와 철학적 사유를 지배했고 그 사유에서 근대 과학이 탄생한 것입니다. 니런버그 부자는 다음과 같이 말했습니다.

"근대 수학은 이성과 '존재' 사이에 분열을 만든 후, 더는 인류에게 '생활세계'에 접근하는 법을 주지 못한 채 '과학 세계'에 접근하는 법만 제공했다. 이 '과학 세계'는 자신의 예측력 덕분에 인간에 대한 표면적 진리만을 제공할 수 있었다. 그래서 '유럽의 인간성'은 위기에 빠졌는데, 이 위기는 과학의 실용적 성공을 축소한 게 아니라 '진실의 전체 의미를 그 기초부터' 흔들었다. 그 충격으로 세계에 의미를 부여하는 '절대' 이성에 대한 믿음, 역사의 의미에 대한 믿음, 인간성에 대한 믿음, 인간의 자유에 대한 믿음이 흔들렸다."

책에서 소개하고 있는 『서구의 몰락』을 쓴 독일 문화철학자 오스발트 슈펭글러(Oswald Spengler, 1880~1936)의 말대로 이성의 독재=수학의 독재가 서구의 몰락을 가져온 것입니다. 수학의 엄격한 논리적 사유가 서구의 정신을 지배하고 그 정신이 유럽 문명을 일으켜 끝내 세계대전이라는 참화를 낳았다는 것입니다.

슈펭글러는 근대 유럽 문명의 정신을 '파우스트적 영혼'에 빗대기도 했습니다. 파우스트가 악마에게 영혼을 팔아 지식을 얻었듯이, 유럽 문명도 영혼을 내주고 수학을 얻었으며, 그 수학이 유럽에 영광을 안겨줌과 동시에 유럽을 파멸로 이끌고 간다는 것입니다. 사실 수학은 수의 동일성에서 시작해 모든 것을 동일성의 관계로 풀어냄으로써 우주의 비밀을 해명합니다. 니런버그의 예입니다.

"수는 관념이다. 지금까지 어느 정도 설명했듯이, 관념이야말로 공리적으로 아패틱한 것을 만들 수 있다. 공리화의 힘은 거대하고, 공리를 부정하면 우리는 아무것도 얻지 못하고 정말로 엄청나게 큰 것을 잃게 된다. 2+2=4를 절대적 진리로 여기는 것도 오류지만, 이 진리의 힘을 과소평가하는 것도 같은 크기의 오류다."

'2+2=4'라는 정식을 볼까요? 2라는 수가 동일성을 잃고 1이나 3이 되면 이 정식은 무너집니다. 또한 이 정식 자체가 '2+2'와 '4'가 동일하다는 것을 뜻합니다. 이렇게 수학은 불변하는 동일자들의 관계를 통해서 세계의 영원한 질서를 찾아낸 것입니다. 그러나 이러한 공리를 절대적 진리로 여기는 것도 오류지만, 이러한 공리의 힘을 과소평가하고 차이를 주장하는 것도 같은 크기의 오류라는 것입니다. 니런버그 부자는 다음과 같이 말했습니다.

"우리 자신 안에 동일성과 차이라는 '동시적 신비'를 키우려고 노력하기, 그것이 우리가 제시하는 가르침이다. 우리는 앞선 장들에서 다음의 내용을 보여 주려고 노력했다. 종사하는 지적 분야에 상관없이, 즉 수학자, 시인, 신비가 혹은 철학자, 물리학자, 생물학자, 경제학자, 심리학자 혹은 역사가가 모두 이 동시적 신비를 배양하면, 자기 분야에 기초한 새로운 질문들이 떠오를 것이다. 여기 결론에서 우리는 학자, 전문가, 지식인으로서뿐만 아니라 정신, 주체, 인간으로서 누구나 이 동시적 신비를 키워 가기를 원할 수 있다고 제안할 것이다."

동일성과 차이라는 동시적 신비가 바로 이 책의 핵심입니다. 니런버그 부자는 프랑스 시인 폴 발레리(Paul Valéry, 1871~1945)의 시를 빌려 이것을 소개합니다. "모든 다른 것은 같다. 모든 같은 것은 다르다. 너의 정신 안에서 이 두 가지 원리 사이를 오가라. 그러면 너는 이 두 원리가 모순되지 않음을 알게 될 것이다." 저자들의 말대로, 동일성과 차이 사이의 선택에서 경탄스러운 비독단적 가능성을 보여준 시입니다. 특히 니런버그 부자는 이러한 비독단적 태도를 음악연주에 견주어 설명하기도 합니다.

"감동적인 연주는 연주자들 사이에, 연주자들과 청중 사이에 일어나는 침투다. 우리는 이렇게 말할 수 있을 것이다. 음악을 만들 때는 입자처럼, 그리고 동시에 파동이나 장(fields)처럼 행동해야 한다. 우리는 평범한 조약돌뿐만 아니라 파란 조약돌이 될 필요도 있다."

협주곡이 성공하려면 악기마다 고유한 소리를 내야 합니다. 동일성을 지켜야 하는 것입니다. 그러나 동시에 악기들은 다른 악기들의 소리에 민감하게 감응하고 거기에 맞춰야 합니다. 연주자 사이에 침투가 일어나야 한다는 말입니다(나아가 연주자와 청중 사이에도 침투가 일어나야 합니다). 이것은 자기를 열고 차이를, 다름을 받아들이는 것입니다. 이렇게 동일성과 차이가 함께할 때 음악은 온전해집니다. 따라서 동일성과 차이의 이 동시성을 아는 것이야말로 앎의 기초이며 지혜에 이르는 길입니다. 니런버그 부자는 다음과 같이 말했습니다.

"주체가 동일성과 차이를 동시에 경험하는 능력을 키우고 동일성과 차이 사이의 변환에 열린 존재가 되는 일이 어려운 훈련이라는 주장은 이상해 보일 수도 있다. 모든 인간 존재가 이미 주체이지 않은가? '어떤 사람이 되는 것은 당연한 일이다. 누가 이런 일에 시간을 낭비하겠는가?' 키르케고르가 던진 질문이다. 그는 이어서 대답도 제시한다. '바로 그렇다. 그러나 어떤 사람이 되는 일은 대단히 어렵고, 정말로 모든 일 가운데 가장 어렵다. 그 이유는 모든 인간 존재는 다른 무언가가 되고 싶고 그 이상이 되고 싶은 강한 본능적 욕구와 충동이 있기 때문이다.'"

"동일성에도 차이에도 머무르지 마라!" 이 책의 결론입니다. 그리고 '금강경'이나 '도덕경'이 그리 말합니다. 일찍이 '대위(對位)의 윤리'에서 제가 내린 실천 윤리의 결론이자, 신학에서 정립한 "떠

남과 남아있음, 그리고 둘 다!"의 신앙적 완성(십자가의 의미)입니다. 제가 음악으로, 또한 신학으로 접근한 것을 수학과 논리학으로 그 정당성을 보증해 줍니다. 두 부자에게 감사를 드립니다. 마지막으로 니런버그 부자의 말을 들어봅니다.

"당신의 대답이 무엇이든, 당신이 동일성과 차이의 끝없는 신비에 더 많은 주의를 기울일수록 당신의 개별적 추구 능력도 더 커질 것이다. 여기서 능력은 당연히 확신과 의심을 키우는 능력, 새로운 기초와 그 기초 아래에 입을 벌리고 있는 심연을 발견하는 능력을 의미한다. 어떤 시인이 잘 묘사했듯이, 당신의 인성이 심각한 위험에 빠지는 순간을 피하려면 두 가지 능력이 모두 필요하다."

또한, 조언도 들어봅니다.

"그리고 자기만족에 빠진 눈은 속임을 당할 것이다, 문제가 풀렸다고 생각하면서, 마침내 저 앞을 볼 수 있고 세계를 이해했다고 추측할 것이다. 바로 이때가 당신이 정말로 조심해야 할 때다."

놀라운 세상, 놀라운 수학과 논리학입니다.

토론해 봅시다

① "수학은 자연을 기술하는 언어를 넘어 세계의 본질이다."

찬: 수는 물질과 정신을 연결하는 형이상학적 구조이다.

반: 수는 인간의 추상 도구일 뿐, 본질은 아니다.

② "숫자 중심의 사고는 생태 감수성을 억압한다."

찬: 수량화는 생명의 질적 감각을 무시한다.

반: 수는 정밀한 윤리적 판단을 위한 필수 도구이다.

카르다쇼프 척도

1964년에 소련의 천문학자 니콜라이 카르다쇼프(Nikolai S. Kardashev, 1932~2019)는 어느 정도 발전된 외계 종족이라면 고유한 형태의 복사 에너지를 방출하고 있다는 전제에서 에너지 이용 정도에 따라 1, 2, 3단계로 나누어진 척도를 제안했습니다. 곧, 고도로 발전한 문명들의 수준을 총 에너지 사용량에 따라 구분한 우주 문명의 척도로, 외계에서 날아온 전파 신호를 분석하면서 처음으로 제안한 것입니다.

먼저 1단계 이전 문명부터 살펴볼까요? 현재 우리 문명이 여기에 속해있기 때문입니다. 이 문명은 '행성의 표면에 도달하는 항성 에너지보다 적은 에너지를 생산하는 문명'입니다. 가령 목재 20kg으로 피워낸 모닥불이 8시간에 걸쳐 연소하면, 대략 10kW 정도의 비율로 열을 생산합니다. 이 모닥불 하나를 발견한 원시인들의 문명 척도는 −0.2이 됩니다. 원자력 발전소의 원전 1기의 발전량은 가장 작은 원전이 500MW, 가장 큰 원전이 4GW 정도인데, 이 원전 하나에 해당하는 에너지를 생산하는 문명은 0.27~0.36 단계에 해당합니다. 2021년 에너지 소모량 출처 기준

지구 위 전 세계 에너지 소비량은 약 0.7304의 척도를 가지고 있기에 아직 1단계에 들어가지 못합니다. 핵분열로는 1단계에 도달할 수 없고 핵융합이 필요합니다.

따라서 제1 단계는 행성급으로 에너지를 이용하는 문명으로 '행성급 문명'이라고 부릅니다. 행성(planet)은 태양 주위를 돌고 있는 지구와 수성, 금성, 화성, 목성, 토성, 천왕성, 해왕성처럼 스스로 빛을 낼 수 없으며 별 주위를 공전하는 천체를 말합니다. 이 단계에서는 현재 우리 인류가 사용하고 있는 원자력의 핵분열이 아니라, 핵융합이 가능한 문명입니다. 더 나아가 반물질 원료를 신 에너지원으로 사용합니다. 생산 가능한 에너지량도 엄청나고 고갈될 위협이 없습니다.

현재 0.72 정도인 지구의 문명이 1단계에 도달하려면 22세기 정도가 되어야 할 것입니다. 그때가 되면 지금보다 1,000배 이상의 에너지를 운용 가능해집니다. 이때는 날씨와 기후를 거의 마음대로 제어하고 지진과 화산활동 등 지각 활동까지 통제할 수 있습니다. 가까운 위성, 소행성, 행성 등지에 광산과 식민지를 개척하며 거기에서 자원을 캐냅니다. 바다 위와 밑에도 도시를 건설하고, 지상에서 우주까지 이어지는 궤도 엘리베이터를 건설할 수 있습니다. 대체에너지 발전을 광범위하게 보유하고 있고 또한 지구 궤도에 거대한 태양전지를 건설해서 에너지를 원격으로 지상으로 이송합니다.

특히, 의료기술의 발전으로 암 등 거의 모든 질병을 정복하고 평균수명이 100세 이상으로 늘어납니다. 또한 인공지능이 인류의 지능을 뛰어넘는 기술적 특이점을 넘고, 기술발전을 가속화하는 데 도와줄 것입니다. 지구촌은 하나의 공통문화권을 형성할 것이며 기존에 존재하던 여러 분열과 갈등, 반목이 해소될 것입니다.

제 2단계는 항성급으로 에너지를 이용하는 문명으로 '항성급 문명'이라고 합니다. 항성(star)은 스스로 빛을 내는 별로 '붙박이별'이라는 말로도 쓰입니다. 우리 인류가 이 단계에 도달하려면 적어도 1000년 이상은 걸릴 것으로 보고 있습니다. 우주 정복이 가능한 시대로, 태양계 이외의 다른 항성계들을 여러 개 개척할 수 있는 시대입니다. 초광속 이동이 가능한 워프나 초공간 도약 등의 이동기술이 개발될 것입니다. 자가복제가 가능한 로봇 등을 이용해 행성 규모 이상의 건축물들을 건설할 수 있습니다.

더 나아가 다이슨 스피어(Dyson Sphere)를 만들어 운용할 수도 있습니다. 다이슨 스피어는 별을 감싸면서 별 자체의 에너지를 운용하는 것으로 항성을 한 겹으로 감싸는 초거대 구형 구조물입니다. 그 궤도가 행성 궤도를 감쌀 정도이며, 태양이 발산하는 어마어마한 양의 에너지를 100% 이용할 수 있는 구조물입니다. 따라서 이때가 되면 태양이 죽어도 다른 항성계로 피하거나, 태양이 죽는 것 자체를 방지하거나 인공태양으로 대체할 수 있습니다.

테라포밍을 통해 특정 행성을 인간이 살 수 있는 환경으로 손쉽게 조성할 수도 있습니다. 날씨를 마음대로 제어하여 빙하기를 피해갈 수 있으며, 지구로 다가오는 소행성이나 혜성의 방향도 손쉽게 바꿀 수도 있습니다. 이때 인간은 불로장생에 가까운 생명을 누릴 수 있습니다.

제 3단계는 은하급으로 에너지를 이용하는 문명으로 '은하 문명'이라고 합니다. 이 문명은 은하 전체에 퍼져 적어도 수백만 개에서 수천억 개의 행성계를 개척할 수 있습니다. 우리 인류가 이 문명에 도달하려면 10만 년 정도 걸릴 것입니다. 이때는 자가복제가 가능한 로봇으로 은하계를 개척하는 기간을 줄일 수 있습니다. 가령 어느 행성계에 다다르면 거기서 스스로를 복제해서 다른 별로 또 퍼지고 이런 식으로 은하계를 정복하는 것입니다.

특히 이 단계는 웜홀을 통해 은하 전체에 정보와 에너지를 공유하는 일종의 네트워크를 구축할 수 있습니다. 웜홀 중심부의 초거대질량 블랙홀이나 나선팔의 회전, 시공간의 균열 등에서 에너지를 얻는 것이 가능합니다. 감마선 대폭발이나 퀘이사를 이용할 수도 있습니다. 수도 없이 많은 별들을 고작 건축자재처럼 다루면서 마음대로 파괴하고 생성할 수 있고, 위치를 옮길수도 있습니다. 따라서 소규모의 우주를 창조할 수도 있는 문명입니다.

인간은 육체에서 의식을 분리할 수 있는 단계에 이르며 은하계 한쪽에서 다른 한쪽까지 빠른 시간 내에 움직일 수 있습니다. 또한 다른 은하계에도 진출할 수 있을 것입니다. 만약 인류가 이때에도 존재한다면 기계 인간 등 현재와는 다른 모습일 것이며, 지역마다 환경에 알맞게 진화한 여러 종류의 인간이 존재할 것입니다. 또한 이때의 인류는 원한다면 은하 곳곳에 생명을 창조하거나 곳곳에 살고 있는 생명체들의 진화와 발전을 유유히 지켜보며 인도할 수 있을 것입니다.

제 4단계 우주급으로 에너지를 이용하는 문명으로 '오메가 문명'이라고 합니다. 사실 카르다쇼프 척도에는 3단계까지만 있는데, 4단계부터는 후대에 추가한 것입니다. 아무튼 4단계에서 우리 인류는 생명체에서 의식을 축출하여 불멸이 가능합니다. 가령 제0단계 문명을 창조할 수 있는 것입니다.

사실 이 단계는 인류의 이해력을 초월한 추상적인 수준이며 이 단계 기술은 우주의 섭리와 구분 짓는 것 자체가 불가능해서 관측 자체가 힘들 것입니다. 만약 인류가 여기까지 도달하려면 적어도 수억 년은 걸릴 것으로 예상됩니다. 이 단계에서 인류는 우주의 모든 물질은 물론이고, 우주의 90%를 차지하는 암흑 에너지와 암흑 물질을 완벽하게 다룰 수 있게 되었으며, 우주의 물리법칙 자체에 간섭이 가능합니다.

이때의 인류에게는 우주를 구성하는 모든 물질이나 물리법칙 따위는 아이들이 가지고 노는 한낱 장난감에 지나지 않으며, 시간선 자체에도 개입하여 역사를 바꿀 수 있습니다. 수도 없이 많은 은하계를 고작 건축자재처럼 다루면서 마음대로 파괴하고 생성할 수 있고, 위치도 옮길 수 있습니다. 우주 전체에 정보와 에너지를 공유하는 일종의 네트워크를 구축합니다. 시공간 자체를 이용해 수천만 광년이 넘는 건축물을 지을 수 있으며 통상적인 방법으로는 파괴가 불가능합니다. 우주 한쪽에서 저쪽까지 순식간에 움직일 수 있으며, 다른 차원이나 평행우주까지 진출할 수 있습니다. 이때가 되면 물리적인 육체는 큰 의미가 없으며 일종의 신에 가까운 정신체로써 존재합니다. 물리적인 형태든 물리적이지 않은 형태든 마음대로의 형태를 취할 수 있기 때문입니다.

제 5단계 다중우주급으로 에너지를 다루는 문명으로 '다중우주급 문명'이라고 합니다. 화이트홀을 에너지로 사용할 수 있습니다. 다른 우주로 이동이 가능하고 3차원 세계를 정복하게 됩니다.

제 6단계는 무한우주 전체를 다루는 문명으로 '다차원 문명'이라고 합니다. 전지전능 그 자체로, 시공간 자체를 초월한, 신이라고 불리기에도 손색이 없는 문명입니다. 4차원으로 존재하고 육체 없이 의식으로 존재합니다. 엔트로피의 극한 상승으로 생기는 빅 프리즈, 즉 우주 종말에서 살아남았거나 살아남을 수 있습니다. 혹은 엔트로피 자체를 역전 가능한 문명입니다. 무수하게 많은 평행우주들을 파괴하고 재창조할 수 있습니다. 모든 시간선과 평행우주에 동시에 존재할 수있으며 시공간을 초월해 과거 현재 미래에 일어나거나 일어나는 모든 일과 가능성을 양자 단위 이하까지 알 수 있습니다. 따라서 4~6단계를 신과 창조주의 모습으로 봅니다.

마지막 제 7단계는 창조주 문명으로 6단계가 도달 불가능한, '존재 그 자체'의 문명입니다. 모든 물질과 에너지, 공간과 시간, 자연법칙과 차원을 창조하는 문명으로 '신들의 신' 문명입니다. 놀라운 세상입니다. 지구에서 눈을 들어 우주를 보니, 한 여름밤의 순간이 영원 전과 영원 후의 시간으로 이어집니다.

토론해 봅시다

① “문명의 발전은 에너지 통제 능력으로 측정될 수 있다.”

찬: 과학기술은 문명의 핵심 척도이다.

반: 윤리와 가치 없이 기술은 파괴적일 수 있다.

② “기술 문명의 발전은 더 나은 미래를 보장하지 않는다.”

찬: 진보는 곧 파괴를 동반하며 지속가능하지 않다.

반: 기술은 생태문제 해결의 열쇠이다.

2

사회문화 환경의 얽힘

한국인의 탄생

홍대선의 『한국인의 탄생: 한국사를 넘어선 한국인의 역사』(메디치미디어, 2023)는 한국인이라는 원형(原形)을 만든 세 사람을 단군, 고려 현종, 정도전으로 지목합니다. 단군은 '척박한 보금자리 택한 실책'으로, 곧 부동산 투자 실패로, 고려 현종은 고려-거란 전쟁을 통한 '한민족을 실체화' 시킨 인물로, 마지막으로 정도전은 '유교 통치체제를 통해 민족 정체성을 빚은' 인물로 소개합니다. 먼저 단군에 관해, 이렇게 소개합니다.

"단군은 두 가지 차원에서 실패했다. 첫째는 자연환경이다. 한국의 뚜렷한 사계절은 눈으로 보기엔 아름답지만, 몸으로 견디기엔 매우 고통스럽다. 한국보다 더운 곳도 있고, 추운 곳도 있다. 하지만 1년이라는 시간 안에 한국처럼 극단적인 사계절의 차이가 강요되는 곳은 없다. 한국인은 차이에 고통 받지 절대적인 온도에 고통 받는 게 아니다. 여름에 덥기로는 대만이나 그 남쪽의 아시아가 더 덥다. 겨울에 춥기로는 중국이나 러시아의 일부 지역이 더 춥다. 가까운 일본만 해도 우리처럼 사계절이 뚜렷하고 1년 시간 안에 더위와 추위가 함께 있지만, 그 차이는 한반도에 비해 훨씬 온화하다. 한국은 한반도의 거의 대부분이 비슷한 조건에 노출돼 있다. 여름엔 정말 덥고 겨울엔 정말 춥다. 한국인은 고대부터 현재까지 기후의 극단적인 변화에 매년, 반드시 정기적으로 노출돼왔다. 한반도는 생산력도 절망적이다. 70% 이상이 거칠고 변화무쌍한 산악지형이다. 그렇다고 평지가 풍요로운 것도 아니다. 좁디좁은 평지는 산악지형보다 조금 더 풍요로울 뿐이다. 한반도의 겨울은 추운 사막이라고 해야 할 정도로 척박하다."

단군은 건국신화의 주인공이지만 너무 척박한 땅을 한국인의 보금자리로 선택한 실책이 있다는 것입니다. 물론 사계절이 뚜렷해 강산이 아름답지만, 여름엔 덥고 겨울엔 춥습니다. 게다가 70퍼센트가 산악지형입니다. 따라서 단위면적당 인구부양력이 가장 높은 작물인 쌀이 중요합니다.

두 번째 실패는 위치 선정입니다. 물론 이웃은 내가 고를 수 없지만, 힘이 센 나라, 중국 옆에 자리한 것도 단군의 실책입니다. 따라서 한국인은 역사 이래 중국의 숱한 간섭과 침략을 받을 수밖에 없었습니다. 그럼에도 한국인이 여타 민족이나 국가들처럼 중국에 흡수되지 않았다는 사실이 중요합니다. 중국은 수시로 침범해 한반도 병탄(倂呑)을 노렸지만, 결과적으로 얻은 것이 없기 때문입니다. 결국 중국은 한국인이 고개를 숙여 주기만 하면 건드리지 않기로 결론을 내렸습니다.

이렇게 한국은 왜 오래전에 망하지 않았는가?, 어떻게 중국의 팽창으로부터 살아남았는가?를 증명해 줄 인물이 바로 두 번째 인물인 고려 8대 군주 현종입니다. 현종은 한민족 탄생의 일등 공신입니다. 즉위 당시 허수아비 군주였지만, 강감찬의 귀주대첩으로 유명한 거란과의 전쟁이 끝난 후에는 '하늘이 내린 성군'이라는 이야기를 들었습니다. 당대 최강국인 거란과의 싸움은 무려 26년이나 이어졌는데, 이 싸움에는 고려에 흡수되었으나 겉돌던 고구려계, 백제계, 신라계, 발해계 사람들이 한 무리를 이루어 그들 서로보다 훨씬 이질적인 적에 맞섰습니다. 귀주에 모여든 20만 명은 함께 고통받았으나 결국 승리한 기억을 안고 고향에 돌아가 온갖 이야기로 풀어냈습니다. 실존하는 허구였던 한민족은 이렇게 탄생했습니다. 홍대선은 이렇게 소개합니다.

"공동의 적에 맞서 살아남은 이들은 공동체가 된다. 고구려계, 백제계, 신라계, 발해계 사람들이 한 무리를 이루어 그들 서로보다 훨씬 이질적인 적에 맞선 이야기는 생명력을 가진다. 한반도 주민들은 함께 고통받았고 승리의 기억 역시 함께했다. 귀주에 모여든 20만 명은 각자의 고향으로 돌아가 이제는 하나가 된 승리와 극복의 서사를 이야기했으리라. 양규의 영웅적 죽음과 하공진의 절개는 전설이 되었으리라. 같은 이야기를 듣고 고개를 끄덕이며 같은 집단이 되었으리라. 현종이 겪은 끔찍한 굴욕과 공포는 모든 고려인들이 겪은 고난과 함께하는 것이었다. 말을 탄 귀족들이 평민 보병을 구원하기 위해 돌진한 결과 세계가 구원받았을 때, 그 세계는 '우리'가 된다. 이제 과거로 돌아가는 일은 도무지 불가능해졌다. 한민족이 탄생했다."

여기서 양규 장군의 이야기가 중요합니다. 홍대선은 양규 장군을 이렇게 소개합니다.

“양규의 대단함은 단순히 나라를 구했다거나, 누구보다 육중한 활을 다뤘다는 사실, 그가 쏘는 화살이 사거리와 위력에 있어 동아시아 최고 수준이었으리라는 점 따위에 있지 않다. 양규는 국가정신이 무엇인지를 제시했다. 양규와 그의 군사들은 고려의 평민들을 한 명이라도 더 구출하기 위해 전원 죽음을 받아들였다. 그는 국가의 두 가지 측면 모두에 충성했다. 하나는 왕조, 하나는 백성이다. 이것은 하나의 철학이다. 현대에는 당연한 상식이지만, 11세기의 중세 전사에게는 비범한 정신세계인 것이다. 고려왕조 역사에 영웅은 많지만, 그처럼 도덕적으로 완성된 영웅은 없다. 그러하기에 현종은 양규가 죽음으로 던진 질문에 정답을 제출해야 하는 숙명에 내던져졌다. ‘국가의 자격조건은 무엇인가?’”

마지막 인물은 정도전입니다. 현종이 한민족의 탄생을 이끌었다면, 정체성을 부여한 것은 정도전입니다. 그는 유교를 기반으로 ‘임금의, 사대부에 의한, 백성을 위한’ 통치 체제를 구축했습니다. 그리고 이것은 지금까지도 유효한 한국인의 윤리관, 국가관입니다. 홍대선은 정도전을 이렇게 소개합니다.

“한국인이라면 태조 이성계의 다섯째 아들인 태종 이방원이 정도전과 그의 일파를 암살하고 왕위에 올라 독재자가 되었다는 사실을 모두가 안다. 그런데 어디까지나 현대 한국의 기준에서 독재라는 사실은 자주 간과된다. 태종은 동시대 외국의 군주들은 물론 현대의 독재자들보다도 훨씬 불편한 생활과 많은 의무를 감당해야 했다. 그는 왕이 되는 데 성공하고 왕권(王權)이 신권(臣權)과 경쟁할 수 있는 토대를 마련했다. 하지만 결국 정도전이 세운 나라의 왕이라는 틀 밖을 벗어날 수는 없었다. 태종은 정도전의 조선 설계도면 거의 전부를 물려받았다. 정도전은 공식적으로만 역적이었을 뿐 조선왕조 내내 조선 사대부의 시조로 추앙받았다. 무력은 철학자를 죽일 수 있지만, 철학을 이기지는 못한다. '왕의 나라' 조선의 군주는 결국 '사대부에 의한 나라'에 갇힌 존귀한 포로였다. 동시에 사대부 역시도 그들 자신에게 부과한 도덕률의 포로가 될 운명이었다."

특히 정도전의 유교는 효(孝)라는 덕목을 조선의 질서 토대로 굳건히 하여 조선이라는 하나의 '거대한 가정'을 500년 동안 이어지게 했습니다. 그러나 신진사대부들의 유교가 역사발전의 마지막 단계는 아닙니다. 헤겔의 역사철학을 소개하며 홍대선은 이렇게 꼬집습니다.

"조선의 건국자들에게는 가장 완벽에 가까운 나라를 세웠다는 나르시시즘의 흔적이 보인다. 조선 사대부는 나라가 망하는 순간까지 자신이 세계 최고의 문명국에 사는 문명인이라는 관념을 가지고 살았다. 조선 초기의 임금인 세종대왕은 훈민정음 해례본과 언해본에서 음양의 이치를 거론하며 가장 완전한 문자를 만들었다는 자부심을 숨기지 않고 드러냈다. 신진사대부들은 조선 건국을 단순히 왕가의 성이 바뀌는 역성혁명이 아니라 시대의 전환으로 인식했다. 그들에게 고려가 조선으로 바뀐 일은 역사발전이었다. 그들은 타락한 고려를 부정했으면서도, 조선도 언젠가 고려처럼 중환자가 될 수 있다는 상상력은 발휘하지 못했다. 헤겔 식으로 말하자면 스스로가 '역사의 종말' 즉 더는 발전할 여지가 없는 역사발전의 마지막 단계를 완성한 주역이라고 믿었다. 참으로 장대한 포부지만 결과는 오답이었다. 그들의 사명감은 존중하지만 틀린 건 틀린 거다.”

결국, 홍대선은 마지막 결어 ‘한국인의 탄생’에서 1945년 이후 빠르게 변하는 한국 사회를 살펴봅니다. 이것은 중앙집권에서 케이팝(K-pop), 민주주의까지 다양합니다. 그리고 그 이면에는 반도의 열등감이 생존전략이자 결국 사회정의가 되는 모순이라고 소개합니다.

“현재는 미국에서, 과거에는 중국에서 성공한 실험이 한반도에서 완성되는 이 구도는 역사가 깊다. 한국 네티즌은 농담 삼아 미국을 ‘천조국(天祖國)’이라고 부른다. 천조란 중국 황제인 천자의 왕조를 뜻한다. 한국에서 미국 45대 대통령인 도널드 트럼프의 별명은 ‘트황상(皇上, 황제폐하)’이다. 조선 사대부들은 조선을 ‘소중화(小中華)’라고 불렀다. 비록 원조보다 규모는 작지만, 대신 더 순수하고 철저한 중화라는 뜻이다. 한국인은 오랫동안 ‘중화’ 즉 세계중심을 모방하고 출품작을 내밀고, 나중에는 실력자가 되는 일을 역사적으로 훈련해 왔다. 대한민국은 1945년 일제로부터 해방되었을 때부터 세계에서 인정받는 선진국을 목표로 했다. 한국인은 남들보다 못난 상태를 견딜 수 없어 한다. 세상에서 가장 좋은 결과를 차지하는 것, 그것은 생존전략이자 사회정의다.”

결국, 한국인은 지정학적인 위치로, 혼돈과 질서 사이에 늘 긴장하며 고민한다는 것입니다. 카오스모스, 대한민국!

토론해 봅시다

① "단군 · 현종 · 정도전이 만든 민족정체성은 오늘날에도 유효한가?"

찬: 전통적 민족 정체성은 국가 정체성 유지의 토대이다.

반: 오늘날 다문화 · 글로벌 사회에선 새로운 정체성 구성이 필요하다.

② "한국인은 역사적으로 자율적 주체라기보다 타자에 대한 모방자였는가?"

찬: 소중화 · 트황상 담론처럼, '모방의 역사'가 한국인의 특징이다.

반: 창조적 계승과 전유는 '모방'이 아니라 자율적 문화 생산이다.

필터 버블과 반향실 효과

인터넷과 디지털 기술의 발전은 '필터 버블(filter bubble)'과 '반향실 효과(echo chamber)'를 초래하며, '확증편향(confirmation bias)'을 강화하는 결과를 낳습니다. 그리고 확증편향(특히 정보의 편향)으로 인해, 우리 사회의 갈등과 분열은 더욱 악화되고 있습니다.

여기서 '필터 버블'은 비유적으로 '비눗방울에 갇힌 상황'을 뜻합니다. 시야가 제한당한다는 뜻입니다. 가령, 알고리즘은 사용자의 데이터에 기반해 선별된 정보만을 보여줌으로써, 개인은 자신만의 문화적 · 이념적 거품에 갇히게 됩니다. 이렇게 개인화된 알고리즘은 사용자의 관심사에 맞는 정보만을 제공하여 반대의견에 노출되지 않게 만듭니다. 결과적으로 개인은 자신만의 신념을 강화하면서 자기만의 세계에 고립되는 것입니다. 중요한 것은 이러한 현상이 자연스럽게 '반향실 효과'를 심화시킵니다.

'반향실 효과'는 사용자가 기존 신념과 맞는 정보만을 반복적으로 받아들이며 그 신념이 강화되는 현상을 말합니다. 따라서 사람들은 비슷한 견해를 가진 사람들과 교류하게 되고, 다른 사람의 정보와 견해를 불신하고 자신의 이야기만 진실이라 느끼게 됩니다. 지금 대한민국이 그렇죠? 문제는 이로 인해 집단 내 의견이 극단화된다는 점입니다.

사실, 전통적인 인쇄물, 텔레비전, 라디오에서도 반향실 효과가 있지만, 이러한 매체들은 편집과정을 통해 일정 수준 통제됩니다. 반면, 소셜 미디어는 이러한 편집 통제가 부족하여 양극화와 혐오 표현이 그대로 노출되는 환경을 제공합니다. 가령, 예를 들어, 페이스북에서는 사용자가 주로 자신의 견해 혹은 신념과 유사한 정치적 내용을 소비하며, 반대의견이 배제되는 경우가 많습니다. 이 과정에서 사회적 약자에 대한 혐오 표현이 그대로 노출되는 사례가 빈번합니다.

결국, 이러한 과정은 궁극적으로 '확증편향'으로 이어집니다. 확증편향은 자신의 견해가 옳다는 것을 확인 시켜주는 증거는 적극적으로 찾는 반면, 자신의 견해를 반박하거나 불리한 증거는 외면하거나 무시하는 경향을 말합니다. 지금 대한민국이 그렇습니다. 기막힌 세상입니다. 그렇다면 대안은 무엇인가요? 바로 인문학입니다. 대학에 철학과와 문학과가 다시, 부활해야 합니다. 그러나 사람들이 깨어 있으면 싫어하는 이들이 있죠? 그래서 더 기막힌 세상입니다!

토론해 봅시다

① "개인화된 정보는 민주주의를 위협하는가?"

찬: 알고리즘이 확증편향을 심화시켜 극단화와 혐오를 유도한다.

반: 정보의 선택권은 개인의 자유이며, 문제는 사용 방식에 있다.

② "인터넷 알고리즘 규제는 표현의 자유를 침해하는가?"

찬: 공공성과 책임이 없는 플랫폼은 민주사회를 해친다.

반: 알고리즘 통제는 검열로 이어질 수 있다.

"너 T야?", "너 페미야?"

"너 T야?", "너 페미야?" 목하, 대한민국은 공감 부족, 혹은 가치관이 다르다는 이유로 비난받는 세상이 되었습니다. 이것은 '동일한 감정 공동체'의 탄생을 알려주는 신호입니다. 일찍이 미셸 마페졸리(Michel Maffesoli)의 『부족의 시대』(문학동네, 2020)가 이러한 감정 공동체의 탄생을 예고했습니다.

『부족의 시대』 '1장 감정공동체'는 개인주의를 초과하는 사회적 형상인 부족주의를 분석하며 현대 사회에서 감정이 공동체 형성에 중요한 역할을 한다는 것을 분석합니다. 이제 전통적인 근대 사회의 이성 중심적이고 개인주의적인 사고방식이 약화되고, 대신 감정과 직관을 기반으로 한 공동체적 유대가 강화되는 경향을 분석한 것입니다.

결국, 마페졸리에 의하면, 오늘날 사회는 이성적 합리주의에 기반한 근대적 개인주의를 넘어서, 감성적 유대를 중심으로 하는 공동체적 삶으로 이동하고 있습니다. 여기서 감정은 단순한 개인적 차원을 넘어 사회적 유대를 형성하는 핵심 요소가 되며, 이러한 감정의 공유를 통해 새로운 형태의 집단 정체성이 형성된다는 것입니다. 문제는 이 감정공동체가 역사의식이 없고, 공감이 부족하고, 자기 이익에 집착하는 감정공동체라는 것입니다.

이러한 감정공동체를 제대로 이해하려면 사회학, 정치철학, 문화이론 등 다양한 접근을 통해 분석할 수 있습니다. 먼저, 철학자 위르겐 하버마스(Jürgen Habermas)의 '공론장의 쇠퇴와 감정정치'를 들 수 있습니다. 하버마스는 '공론장 이론'에서 합리적 의사소통과 논의를 민주주의의 핵심 요소로 보았습니다. 그러나 마페졸리의 감정공동체는 감성을 중심으로 한 즉각적이고 직접적인 유대에 초점을 맞추면서, 이성적 토론과 합리적 합의의 중요성을 약화시킬 위험이 있습니다. 결국 감정적 유대가 강한 집단은 내부적으로 결속이 강하지만, 외부 집단과는 극단적으로 단절될 가능성이 있으며, 이는 민주적 공론장의 약화를 초래할 수 있습니다. 지금 대한민국이 그렇죠?

또한, 사회학자 장 보드리야르(Jean Baudrillard)의 '시뮬라크르와 감정의 상품화'를 통해 분석할 수 있습니다. 보드리야르는 현대 사회에서 감정이 미디어와 소비문화에 의해 조작되고 시뮬라크르(허구적 이미지)로 변형된다고 보았습니다. 따라서 감정공동체는 자발적이고 자연스러운 유대처럼 보이지만, 실제로는 미디어, 대중문화, 브랜드 정체성 등에 의해 형성된 인공적인 감성의 소비일 가능성이 큽니다. 극우유튜버들에 의해 조작된 군중들(군사 친위 쿠데타를 일으킨 대통령도 있습니다만)이 그렇죠? 이렇게 SNS 기반의 감정공동체는 진정한 공동체라기보다는 '트렌드'와 '집단 정서'에 따라 빠르게 형성되고 해체되는 일시적 소비 현상일 수 있습니다. 정말 그렇게 되기를 바랍니다.

또 다른 사회학자 지그문트 바우만(Zygmunt Bauman)의 '유동적 근대성과 공동체의 취약성'의 측면에서도 분석할 수 있습니다. 바우만의 '유동적 근대(Liquid Modernity)' 이론은, 현대 사회의 관계와 공동체가 불안정하고 단기적인 특성을 가진다고 보았습니다. 따라서 마페졸리의 감정공동체는 즉각적인 감정 공유를 기반으로 하기 때문에, 지속적인 신뢰와 책임보다는 순간적인 열정과 소속감을 강조하는 경향이 있습니다. 이것은 장기적으로 시민적 연대보다는 단기적 소속감과 감정적 반응만을 중시하게 만들어, 사회적 책임과 민주적 결속을 약화시킬 수 있습니다.

마지막으로 에밀 뒤르켐(Émile Durkheim)의 '기계적 연대와 유기적 연대'의 측면에서 보면, 뒤르켐은 전통사회에서는 감정적 유대(기계적 연대)가 강했지만, 현대사회는 역할과 기능을 기반으로 한 유기적 연대로 발전해야 한다고 보았습니다. 그런데, 마페졸리의 감정공동체는 이러한 발전을 역행하여, 다시 감정 중심의 기계적 연대를 강조하는 방식으로 회귀할 위험이 있습니다. 결국, 감정공동체는 복잡한 사회 문제를 해결하기 위해 필요한 제도적 협력과 이성적 논의를 약화시킬 수 있습니다.

정리해 볼까요? 마페졸리의 감정공동체가 현대 사회에서 중요한 역할을 하는 것은 맞지만, 이성적 토론과 민주적 합의를 약화할 위험(하버마스)과 감정이 미디어와 자본에 의해 조작될 가능성(보드리야르)이 있다는 점, 그리고 공동체의 일시적이고 유동적인 특성(바우만)과 사회적 발전을 감정적 유대로만 환원하는 위험성

(뒤르켐)을 고려해야 할 것입니다. 따라서 감정공동체를 무조건 긍정적으로 평가하기보다는, 이성적 논의와 책임 있는 공동체 형성과 균형이 필요할 것입니다. 이제 이렇게도 물어야 합니다!

"너 F야?", "너 반페미야?"

토론해 봅시다

① "감정공동체는 민주주의를 위협하는가?"

찬: 이성적 토론을 약화시키고 분열을 심화시킨다.

반: 새로운 공동체적 유대는 현대 사회의 연대 방식이다.

② "감정은 집단정체성 형성의 긍정적 자산이 될 수 있는가?"

찬: 감정은 사회적 유대를 가능케 하는 핵심 요소이다.

반: 감정 중심은 포퓰리즘을 강화하고 편가르기를 낳는다.

지위 위협

펜실베이니아 대학교의 커뮤니케이션 및 정치학 분야의 저명한 학자인 다이애나 무츠 교수(Diana C. Mutz)의 '지위 위협(Status Threat)'이라는 개념이 있습니다. 2016년 미국 대통령 선거에서 경제적 어려움보다 '지위 위협'이 트럼프 지지의 주요 요인임을 분석한 연구인데(Status threat, not economic hardship, explains the 2016 presidential vote), 무츠 교수는 기존의 '경제적 불안(economic hardship)'보다는 사회적 정체성과 상대적 지위의 하락에 대한 두려움이 트럼프 지지의 핵심 동인이라고 주장했습니다.

곧, 많은 백인 유권자가 다문화주의의 확산, 이민자 증가, 글로벌화로 인해 자신들이 미국 사회에서 점점 밀려나고 있다는 집단적 인식을 가지게 되었으며, 이에 대한 반발로 트럼프를 지지했다는 것입니다. 이 개념은 사회 심리학과 정치학의 교차점에서 '집단 간 위협 이론(Intergroup Threat Theory)' 및 '상대적 박탈감(Relative Deprivation)' 개념과 연결됩니다. 그렇다면 지위 위협의 철학적 기반과 사상적 기초를 한번 알아볼까요?

먼저 토마스 홉스(T. Hobbes)의 '경쟁적 인간관'에서 찾아볼 수 있습니다. 홉스는 『리바이어던(*Leviathan*)』에서 인간이 본질적으로 자신의 생존과 권력을 지키기 위해 경쟁하는 존재라고 보았습니다(만인에 대한 만인의 투쟁, Bellum omnium contra omnes). 무츠의 '지위 위협' 개념도 이것과 연결됩니다. 곧, 집단 간의 경쟁이 필연적이고, 어떤 집단이 상승하면 다른 집단이 하락한다고 인식하는 제로섬 사고(zero-sum thinking)가 핵심적 역할을 하게 됩니다. 이것은 백인 유권자들이 소수자의 권리 증진과 경제적 부상이 자신들의 사회적 위치를 위협한다고 지각하는 것으로 드러납니다.

두 번째로는 철학자 프리드리히 니체(F. Nietzsche)의 '르상티망(ressentiment)'을 들 수 있습니다. 니체는 약자가 강자에 대한 분노와 질투를 도덕적 가치로 포장하는 심리적 기제를 '르상티망'이라고 불렀습니다. 무츠의 분석에서도 트럼프 지지층이 자신들의 사회적 우월성이 위협받고 있다는 피해 의식을 통해 반이민, 반다문화적 감정을 정당화하는 측면을 발견할 수 있습니다. 그런데 이것은 묘하게도 역설적입니다. 강자가 아닌, 더 약한 약자에 대한 분노와 질투이기 때문에 그렇습니다.

세 번째는 칼 마르크스(K. Marx)의 '계급의식 vs. 위계적 지위의식'을 찾을 수 있습니다. 마르크스는 노동자 계급이 자신의 경제적 착취를 인식하지 못하고 지배 이데올로기에 의해 순응하는 현상을 '허위의식(false consciousness)'이라고 설명합니다(물론, 프리드리히 엥겔스가 처음 사용했는데, 그는 '어떤 물적, 이념적, 제도적 과정들이 자본주의 사회의 계급행위자를 오도하여 계급간 착취관계를 은폐할 때를 말했습니다만). 무츠 역시 미국 백인 노동자 계급이 경제적 문제보다는 지위 위협을 주요 불만 요인으로 삼음으로써, 자신들의 불안의 원인을 글로벌 자본이 아니라 이민자와 다른 인종 집단에게 돌리고 있음을 지적합니다. 이것은 '경제적 계급투쟁' 대신, '문화적 정체성 투쟁'으로 투쟁의 개념이 변화되는 상황을 반영합니다.

마지막으로 정치사상가 칼 슈미트(Carl Schmitt)의 '적과 친구의 구분(the friend-enemy distinction)'을 들 수 있습니다. 슈미트는 정치의 본질을 적과 친구를 구분하는 행위로 보았죠? 무츠의 연구에 따르면, 트럼프 지지층은 이민자, 소수인종, 다문화주의적 엘리트 계층을 '적'으로 인식하고, 사회적 지위가 하락하는 상황에서 정치적 강한 지도자를 통해 위협에 맞서려는 경향을 보인다고 분석합니다. 그리고 이것은 권위주의적 성향(authoritarian predisposition)의 강화로 이어집니다. 트럼프가 재선되었다는 것은 권위주의적 성향이 더 강화되었다는 것입니다.

이러한 무츠의 연구는 결과적으로 경제적 불안이 아닌 사회적 지위 위협이 핵심 동인이라고 주장하지만, 사실 경제적 불안과 지위 위협은 상호 연결되어 있는 경우가 많습니다. 구조적 요인을 간과한 것이죠? 가령, 예를 들어, 게임 이론과 정치 예측 분야의 권위자인 디드라 매스키타(Bruce Bueno de Mesquita) 같은 정치학자들은 경제적 불안이 정치적 불안과 결합할 때 극우 포퓰리즘이 부상한다고 분석합니다. 따라서 트럼프를 지지한 유권자 모두가 '지위 위협'을 느꼈다고 볼 수는 없습니다.

그렇다면 또 무엇을 찾아야 하나요? 정치적 '보수주의 이념'과

'종교적 요인'을 무시할 수 없습니다. 이것은 지금 대한민국 상황과 똑같습니다. 현재 속단하기는 그렇지만, 일부 반페미니즘 정서를 가진 20~30대 남성들이 극우화하고 있습니다. 그러나 그들의 반페미니즘 정서와 반북 · 반중의 세대 감성이 잘못된 극우주의자들에 의해 왜곡될 가능성이 있습니다. 그런데 중요한 것은 이러한 젊은 남성들의 반페미니즘적 정서와 노년층의 반공주의(태극기 부대)가 만나게 되면 우리 사회의 현재와 미래는 암울합니다.

그런데 가만히 보면, 이들은 공히 삶에서 불안과 불만을 느끼고, 연대와 포용이 아닌, 혐오와 적대로 나아갑니다. 특히 잘못된 이념을 확대 재생산하는 소셜미디어 플랫폼의 인공지능 알고리즘과 유튜브 등의 선동에 쉽게 넘어갑니다. 그리고 거기에 극우 개신교가 지원하고 있습니다. 기막힌 세상입니다.

이제 무츠 교수의 연구를 정리해 볼까요? 그의 지위 위협 개념은 현대 정치에서 '문화 전쟁(culture war)'이 경제적 갈등보다 중요한 역할을 한다는 점을 강조하며, 민족주의와 포퓰리즘, 권위주의 정치의 심리적 동력을 설명하는 데 유용한 개념입니다. 그러나 이를 과도하게 일반화하면 다양한 정치적 요인을 간과하는 위험이 있습니다.

결국, 현대 민주주의는 "어떻게 서로 다른 정체성을 가진 집단 간의 위협을 완화하고 사회적 통합을 이룰 것인가?"라는 철학적 질문을 해결해야 할 것입니다. 이를 위해서는 다층적 분석이 필요합니다. 곧, 경제적, 심리적, 정치적 요인들을 분석하여 보다 입체적으로 유권자 심리를 이해할 필요가 있습니다. 우리 사회에서 선거는 계속됩니다. 어떠한 선거든, 선거전에는 유권자의 지위가 상승하겠지만, 선거가 끝나면 바로 민주시민에 대한 지위 위협은 여전할 것입니다! 기막힌 세상.

토론해 봅시다

① "지위 위협은 트럼프 지지 현상의 주요 원인이었는가?"

찬: 경제 불안보다 정체성 위협이 핵심 동인이다.

반: 경제적 불평등이 보다 근본 원인이다.

② "소수자 인권 신장은 다수자에게 위협일 뿐인가?"

찬: 상대적 박탈감은 사회적 반발을 유도할 수 있다.

반: 평등의 진전은 공동체 전체의 정의 구현이다.

개소리에 대하여

프린스턴대학교 철학과 해리 G. 프랭크퍼트(Harry G. Frankfurt) 명예 교수의 『개소리에 대하여(*On Bullshit*)』(필로소픽, 2023)는 자신의 전공인 분석철학 특유의 꼼꼼한 개념분석을 바탕으로 우리가 일상적으로 사용하는 '개소리(영어로 Bullshit)'라는 말에 담긴 숨은 의미와 그것의 사회적 파급력에 대해 낱낱이 뜯어보고 있습니다. 프랭크퍼트 교수의 말을 들어볼까요?

"우리 문화에서 가장 눈에 띄는 특징 가운데 하나는 개소리가 너무도 만연하다는 사실이다. 모든 이가 이것을 알고 있다. 우리 모두 어느 정도는 개소리를 하고 다니니까. 그런데 우리는 이런 상황을 당연하게 여기는 경향이 있다. 사람들은 대부분 자신들이 개소리를 알아차리고 거기에 현혹되지 않을 정도의 지각은 갖추고 있다고 꽤 자만하고 있다. 그 결과 우리는 개소리란 도대체 무엇인지, 왜 그토록 개소리가 많은지, 또는 개소리가 어떤 기능을 수행하는지 등에 대해 명확하게 이해하지 못하고 있다."

그렇습니다. 현재 대한민국에는 개소리가 정치, 사회, 경제, 문화 등 모든 분야에서 활발하게 생산되고 있지만, 그에 대한 인식틀의 부재로 많은 사람들이 개소리에 쉽게 현혹되고 있습니다. 프랭크퍼트 교수의 통찰입니다.

"부주의하게 만든 조잡한 물건이 어떤 면에서 개소리와 비슷하다고 이해하는 것은 타당해 보인다. 그런데 어떤 면에서 그럴까? 개소리 자체가 항상 부주의하게 혹은 제멋대로의 방식으로 생산된다는 점, 개소리는 결코 세심하게 만들어지지 않는다는 점, 개소리를 지어낼 때 롱펠로가 넌지시 말했던 저 꼼꼼한 주의를 기울이지 않는다는 점 등이 비슷한가? 개소리를 하는 사람은 천성이 별생각이 없는 멍청이인가? 그의 생산물은 언제나 너절하고 조야한가? '똥(shit)'이라는 말은 분명히 그렇다는 걸 암시한다. 대변은 설계되거나 수공예로 만드는 게 아니다. 그것은 그냥 싸거나 누는 것이다. 그것은 다소 엉겨 붙은 모양일 수도 있고 그렇지 않을 수도 있지만, 어떤 경우에도 공들여 만든 것은 아니다."

기실, 작금의 대한민국은 자신의 말이 거짓으로 판명 나도 아무런 책임을 지지 않습니다. 정치인과 언론의 문제만이 아니라, 개소리의 바다라 할 수 있는 SNS까지, 거의 모든 말이 개소리화 되는 현실입니다. 그런데 이러한 개소리는 '거짓말'과 다릅니다. 차이가 뭘까요? 프랭크퍼트 교수는 이 둘의 차이를 '진실'에 대한 태도에서 찾고 있습니다. 우선 거짓말쟁이는 적어도 진실이 무엇인지 알고 있지만, 개소리쟁이는 자신의 말이 진짜든 가짜든 상관하지 않는다는 것입니다. 거짓말쟁이는 그저 자신의 목적에 맞게 소재를 찾아 거짓말을 죄책감 없이 둘러댑니다. 대표적인 이가 바로 트럼프죠?

트럼프는 "수천 명의 무슬림 미국인들이 9·11 테러 장면을 보며 환호했다.", "살해된 백인들 중 81%가 흑인에게 당했다."라는 개소리로 미국 사회의 반이민 정서와 인종차별을 부추겼지만, 사람들은 그의 말에 환호했습니다.

여기서 중요한 것은 정말 "수천 명"이 환호했는지, 혹은 "81%"의 수치가 정확한지는 중요하지 않습니다. 그 말이 참이건 거짓이건 아무 상관이 없습니다. 단지 사람들이 불법 이민자와 흑인들에게 분노한다면 성공이기 때문입니다(사실, 트럼프의 전략은 매우 성공적이었습니다. 그의 말이 거짓으로 폭로됐음에도 불구하고, 트럼프의 지지율은 떨어지지 않았고 재선까지 했습니다. 미국의 수준이 참담합니다).

따라서 팩트를 제시하여 개소리의 허위성을 폭로하는 것으로는 개소리의 위력을 불식시킬 수 없습니다. 즉, 개소리쟁이를 거짓말쟁이 대하듯, 팩트를 가지고 맞서봐야 아무런 소득이 없다는 뜻입니다. 왜냐하면, 개소리는 참과 거짓이라는 진릿값이 문제가 되지 않는 논리적 공간에서 수행되는 언어게임이기 때문입니다. 미국을 보세요. 트럼프류의 뻔뻔한 개소리쟁이들이 활개치고 있지 않나요?

따라서 개소리쟁이들의 허튼 수작에 놀아나지 않으려면 개소리에 대한 개념적 틀을 갖출 필요가 있습니다. 이 책이 바로 그 개념적 틀을 가져다줍니다. 그것은 바로 자신의 한계를 아는 것입니다. 일찍이 소크라테스도 잘 이야기했죠? "너 자신을 알라!" 프랭크퍼트 교수도 이렇게 소개합니다.

“개소리를 피할 수 없는 상황이 있다. 자신이 말하는 것이 무엇인지 알지 못하는데도 말하기를 요구받는 경우가 그렇다. 따라서 어떤 주제에 대해 말할 기회나 의무들이 화자가 가진 그 주제와 관련된 사실에 대한 지식을 넘어설 때마다 개소리의 생산은 활발해진다. 이 불일치는 특히 공인의 삶에서 일반적이다. 모든 것에 대한 의견, 혹은 적어도 국가적인 사안과 관계된 모든 것에 대한 의견을 갖는 것이 민주주의에서 시민의 책임이라는 널리 퍼진 신념으로부터 이와 유사한 사례들이 발생한다. 양심적인 도덕적 행위자로서, 전 세계의 모든 분야에서 일어나는 사건과 상황을 평가하는 것이 자신의 책임이라고 믿는 이들이 있다. 이들에게는, 개인의 의견이 현실에 대한 이해와 의미 있게 연결되지 않는 현상이 말할 필요도 없이 훨씬 더 심각할 것이다.”

이제 역설적으로 “개가 짖어도 마차는 간다(the dogs bark, but the caravan goes on).”를 넘어 멍청한 개가 짖지 못하도록 만들어야 합니다. 멍청한 개소리에 설득당하는 더 멍청한 이들이 많기 때문입니다. 결국 문제는 인문학 교육입니다. 배우지 않고, 생각하지 않으니, 개소리에 설득당하여 함께 개소리 합창을 하는 것입니다. 기막힌 것은 경건한 예배당에서 개 합창이 들린다는 것입니다. 정말 개들의 합창은 아름답지만, 멍청한 인간들의 개소리 합창은 서글픕니다. 그렇게 기막힌 세상은 계속됩니다.

토론해 봅시다

① "비논리적 언설(개소리)은 공론장의 적인가?"

찬: 개소리는 민주적 토론을 파괴하는 언어적 테러다.

반: 표현의 자유 안에서 '허튼소리'도 보장되어야 한다.

② "인문학 교육은 '개소리 사회'를 극복할 수 있는가?"

찬: 비판적 사고는 언어의 질서를 회복시킨다.

반: 구조적 혐오나 권력 왜곡은 교육만으로 해결되지 않는다.

도덕의 계보학

니체의 『도덕의 계보학』(1887)은 서문과 3편의 논문으로 구성되어 있습니다. 1편은 '기독교 심리학'을, 2편은 '양심의 심리학'을, 마지막 3편은 '성직자의 심리학'을 다루고 있습니다. 이 책을 통해 니체는 지금까지 서구 세계를 지배했던 도덕과 가치를 뒤집어엎고자 계보학의 방식으로 도덕의 역사를 추적하였습니다. 따라서 서문에는 이러한 계보학적 추적 작업 전체를 집약해서 보여줍니다.

그 서문에는 이러한 유명한 문장이 있습니다. "우리는 자기 자신을 잘 알지 못한다. 우리 인식하는 자들조차 우리 자신을 알지 못한다. 여기에는 그럴 만한 충분한 이유가 있다. 우리는 한 번도 자신을 탐구해 본 적이 없다."

그렇습니다. 우리는 우리의 정신을 지배하는 도덕 가치의 근거를 알지 못합니다. 탐구해 본 적이 없기 때문입니다. 따라서 도덕적 가치가 어디에서 기원했는지, 왜 우리 위에 군림하는지 알지 못합니다. 그렇다면 니체는 도덕의 계보를 탐구하여 무엇을 찾아냈나요?

도덕 개념의 핵심인 '선(Gut)/악(Böse)' 개념의 발생사가 원래는 '나쁨(schlecht)/좋음(Gut)'에서 유래되었다는 것입니다. 곧 고대 그리스 사람들은 선/악 개념보다 좋음과 나쁨이라는 구별에 익숙하다는 말입니다. 1논문에서 니체는 이렇게 말합니다.

"어느 언어에서나 '좋음'은 '고귀한', '귀족적인'이라는 신분을 나타내는 의미가 기본이며, 여기에서 '정신적으로 고귀한', '귀족적인', '정신적으로 고귀한 기질의', '정신적으로 특권을 지닌'이라는 의미가 필연적으로 발전해 나오는 것이다."

그렇다면 '나쁨'이라는 말은 무엇인가요? 귀족의 대립적 위치에 있는 계급을 가리키는 말입니다. '비속한', '천민의', '저급한'을 의미합니다. 이것이 바로 도덕 계보학에 관한 본질적인 통찰입니다. 좋음은 귀족적인 것을 가리키고 나쁨은 평민적인 것, 천민적인 것을 가리킵니다. 니체는 여기서 한 가지 더 언급합니다. 이러한 좋고 나쁨의 판단 주체가 바로 귀족이라는 사실입니다. 곧 귀족은 자기 자신을 가리켜 '좋음'이라는 말을 사용하고, 평민적인 것을 가리켜 '나쁨'이라는 말을 사용하는 것입니다.

그렇다면 이러한 좋음/나쁨이 왜 악/선으로 바뀌었나요? 바로 유대교와 기독교 때문입니다. 강대국의 틈바구니에 바람 잘 날 없었던 유대인들의 원한 감정(르상티망)이 세상을 선과 악으로 나눈 것입니다. 따라서 유대교와 기독교는 자기 자신을 고통에 빠뜨리는 외부의 어떤 힘을 부정하여 그것을 악함이라고 규정한 뒤에 그 반대 모습에서 선함을 찾습니다. 바벨론과 로마는 악이고, 유대인은 선민이라고 규정한 것이 바로 그것입니다.

이러한 니체의 생각을 오늘날로 가져오면 어떨까요? 한동훈을 악으로 규정하고 자신을 악에 맞서는 선이라고 하는 어떤 정당이 그렇습니다. 수도 서울을 부정하는 지방 사람들, 혹은 강남을 욕하는 비강남 사람들도 비슷한 방식으로 유비가 될 듯합니다. 대형 교회를 비난하는 개척교회, 혹은 작은 교회도 마찬가지입니다.

물론 '어린양의 희생', 혹은 '십자가 고난'을 이야기하는 유대교와 기독교는 그 열등감과 원한의 최고조입니다. 기독교 심리학을 기가 막히게 분석했는데, 이러한 가치 평가 방식을 니체는 '노예의 평가 방식', 곧 '노예의 도덕'이라고 규정합니다. 더 나아가 니체는 이렇게 말합니다.

"어린양들이 커다란 맹금(猛禽)을 몹시도 싫어한다는 것은 이상한 일이 아니다. 그렇다고 해서 그런 사실이 커다란 맹금이 어린양을 채어가는 것을 비난할 이유가 되지는 않는다. 그리고 어린양들이 저희들끼리 '맹금은 사악하다. 따라서 맹금과는 될수록 먼 것, 오히려 그 반대, 즉 어린양이야말로 선한 것이 아닌가?'라고 이야기를 주고받는다 하더라도, 이 이상을 수립하는 데는 조금도 비난할 점이 없다. 더군다나 맹금들은 이것을 약간 비웃듯이 바라보며 '우리는 그들을, 이 선량한 양들을 조금도 싫어하지 않는다. 그렇기는커녕 우리는 그들을 사랑한다. 연한 어린양만큼 맛있는 것은 없다'라고 말할 것이다."

여기서 니체의 '귀족의 도덕'에 관한 다른 측면을 발견할 수 있습니다. '자기를 긍정하는 고귀한 존재로' 대지에 발을 디딘 '초인'으로 '영원회귀'의 삶과 '아모르 파티(Amor Fati, 운명애)'의 정신을 가진 '권력 의지'의 총아이지만, 그래서 니체가 보기에 '좋음'의 표상이었지만, 동시에 어린양을 잡아먹는 맹금과 같은 존재, 곧 약자를 지배하고 착취하고 상대의 뜻과는 무관하게 제멋대로 써먹는 자이기도 합니다.

지금 대한민국은 니체 귀족의 도덕에서 후자의 내용만이 판을 치고 있습니다. 정치가 그렇고, 강남이 그렇고, 수도권이 그렇습니다. 재벌이 그렇고 우리 사회 엘리트들이 그렇습니다. 따라서 니체는 이렇게 말합니다.

"강한 자들이 강한 자들과 맞붙어 더 강한 자를 산출할 때만 인간의 상승과 고양을 기대할 수 있다. 그런데 강자를 부정하고 약자들에 대한 연민이 가치의 중심을 이룬다면 인류에게 남는 것은 쇠락과 종말뿐이다. 허무만 남는 것이다. 유럽의 역사가 바로 이런 길을 밟아왔다."

지금 대한민국의 놀라운 세상은, 르상티망으로 강한 자를 부정하고 약자를 연민과 동정심으로 배려하고 관심을 가진다면 결코 이루어질 수 없을 것입니다. 힘을 가지고 힘으로 승부해야 합니다. 여성의 힘, 노동자의 힘, 국민주권의 힘, 깨어있는 이들의 힘이 권력의지를 제대로 창출할 때 새로운 세상이 다가올 것입니다.

토론해 봅시다

① "도덕은 권력의 산물인가?"

찬: 니체처럼, 도덕은 강자-약자의 가치투쟁의 결과이다.

반: 도덕은 보편성과 연대를 위한 인간적 합의이다.

② "현대사회의 도덕은 진화했는가, 퇴보했는가?"

찬: 도덕은 상황윤리로 전락하며 방향을 잃었다.

반: 다양성과 포용으로 진보했다고 평가할 수 있다.

메두사의 웃음

'프랑스 페미니즘'을 대표하는 세 학자가 있습니다. 물론 출신은 다릅니다. 벨기에 출신인 뤼스 이리가레(Luce Irigaray), 불가리아의 줄리아 크리스테바(Julia Kristeva), 그리고 알제리 출신의 엘렌 식수(Hélène Cixous)입니다. 글쓰기를 매우 중요하게 여긴 포스트 구조주의자들입니다. 특히 식수는 『메두사의 웃음』(1975)을 통해 여성적 글쓰기를 페미니즘 실천 전략으로 제시합니다. 그녀의 말을 들어볼까요? "메두사를 보기 위해서는 정면에서 그녀를 바라보는 것으로 충분하다. 메두사, 그녀는 치명적인 존재가 아니다. 그녀는 아름답다. 그리고 그녀는 웃고 있다."

사실 프로이트는 여성이 거세되었다는 자신의 이론을 설명하기 위해 페르세우스와 메두사의 신화를 선택합니다. 프로이트의 논문 「메두사의 머리」에서 그는 몸부림치는 뱀으로 이루어진 머리카락이 달린 메두사의 머리는 거세된 여성 성기의 상징이라고 주장합니다. 따라서 여성은 남근이 거세되었기 때문에 공포를 불러 일으킨다고 주장합니다. 그러나 사실은 남성이 여성에게 거세의 상상적 힘을 부여했기 때문에 여성을 공포스럽다고 주장하는 것 아닌가요?

이를 위해 식수는 해체철학자 자크 데리다의 '로고스중심주의' 논의를 받아들여 거꾸로 뒤집습니다. 로고스중심주의가 남근중심주의를 낳는 것이 아니라, 반대로 남근중심주의가 로고스중심주의를 낳는다는 것입니다. 식수가 보기에 남근중심주의는 '여성성'이라는 미지의 대륙에 대해 남성이 느끼는 두려움의 산물입니다. 따라서 『메두사의 웃음』에서 식수는 메두사의 얼굴을 보는 자를 모두 돌로 만드는 '메두사 신화'가 남성의 두려움을 보여준다고 주장합니다. 이러한 두려움이 남근중심주의를 낳고 이 남근중심주의가 로고스중심주의를 낳는 것입니다.

결국, 이 로고스중심주의적 이분법을 깨뜨려야만 여성이 남성의 식민지 상태에서 해방될 수 있습니다. 그리고 식수는 여기에 라캉에게서 얻은 '상징계'라는 통찰을 더합니다. 잘 아시다시피, 라캉의 상징계는 언어로 이루어진 상징적 질서, 곧 우리가 살고 있는 세계를 뜻합니다. 그리고 로고스중심주의는 상징계의 언어 구조 안에서 작동합니다. 결국 남근중심주의/로고스중심주의를 깨뜨리려면 상징질서, 언어 질서를 바꿔야 합니다. 이때 등장하는 것이 바로 '여성적 글쓰기'입니다. 이러한 여성적 글쓰기는 남성적 언어 구조를 바꾸는 실천 전략인 것입니다.

그렇다면 여성적 글쓰기의 구체적인 모습은 무엇인가요? 식수가 보기에 여성적 글쓰기에는 남성적 글쓰기가 지탱해 온 억압적인 질서를 해체하는 해방의 힘이 깃들어 있는 것입니다. 기존 전통과 다른 새로운 질서를 만들어내는 글쓰기입니다. 자기 안에 있는 타자성, 곧 여성성을 발견하는 글쓰기입니다. 성서에 나오는 예언자들의 예언이 여성적 글쓰기라고 할 수 있겠죠? 따라서 이때 식수가 말하는 여성성과 남성성은 생물학적으로 규정된 성에 한정되지 않습니다. 여성적 글쓰기를 감행한 남성 작가로 식수는 셰익스피어를 거명합니다. 그녀의 말을 들어볼까요?

"대가를 치르고서라도 전통과는 다른 것을 해낸 시인들이 있다. 사랑을 사랑할 수 있는 남성들, 그래서 타자들을 사랑하고 타자들을 원할 수 있었던 남성들이 바로 여성적 글쓰기를 실천한 남성들이다."

셰익스피어의 글쓰기는 관습에 저항한 주인공들을 보여줍니다(물론, 이것을 욕망으로 볼 수 있겠지만). 이 남성들은 자기 안에서 타자 곧 여성성을 발견해 회복한 사람들입니다. 이렇게 보면 식수의 여성적 글쓰기는 여성과 남성을 모두 인간으로 해방하는 실천이라고 할 수 있을 것입니다.

지금 우리 앞에 아름다운 메두사가 있습니다. 잃어버릴 것이 많은 이들은 메두사를 똑바로 보지 못합니다. 무수한 권력자, 남성들이 그렇습니다. 무언가가 너무 소중하면 그것을 잃을까 두려워 다른 것을 똑바로 '보지 않기/못하기' 때문입니다. 그러나 여성적 글쓰기를 감행하는 남성은 보기 싫은 것도 열심히 봅니다. 보기 거북하면 물러서서 보고 그리고 또 생각해야 합니다. 결국 그것은 고대 세계의 위대한 어머니-여신이자 지혜의 여신인 메티스의 딸 메두사를 제대로 보는 것입니다.

돌이 될까 두렵나요? 아닙니다. 마음을 비우고 남근중심의 상징계를 벗어버리면 돌이 아니라, 참 지혜를 얻을 것입니다. 똑바로 보고 편견 없이 보고 제대로 보세요. 새로운 세상이 열릴 것입니다.

토론해 봅시다

① "페미니즘은 여전히 저항적 운동으로 남아야 하는가?"

찬: 젠더불평등이 해소되지 않았기에 저항은 계속되어야 한다.

반: 일부 페미니즘은 오히려 배제와 혐오를 조장하고 있다.

② "'메두사의 웃음'은 남성중심주의에 대한 정당한 비판인가?"

찬: 여성 주체성 회복의 급진적 상징이다.

반: 감정적 급진화는 공감과 대화를 가로막는다.

철학적 탐구

논리철학자 비트겐슈타인(Ludwig J. J. Wittgenstein) 전문가인 연세대 철학과 이승종 교수는 비트겐슈타인의 『철학적 탐구』를 '사람의 얼굴을 한 자연주의'로 해석합니다. 이를 이해하기 위해 몇 가지 키워드를 먼저 숙지해야 합니다. 그것은 바로 ①'삶의 형식', ②'자연사적 사실', ③'원초적 공통성' 그리고 종교인으로서 중요한 ④'종교와 신앙', ⑤'삶의 방향 전환', 마지막으로 ⑥'기적'입니다.

먼저, '삶의 형식(Lebensform)'은 의미와 무의미를 원초적으로 결정하는 가장 기본적인 차원을 뜻합니다. 잘 아시다시피, 『논리철학 논고』(1921)를 통해 나타난 전기 비트겐슈타인의 사상에서 언어로 이루어진 명제와 세계의 개별 사태는 일대일로 대응을 이룹니다('그림이론'입니다).

그러나 '게임이론'으로 알려진 『철학적 탐구』(1953)의 후기 비트겐슈타인은 언어와 세계가 일대일로 대응하지 않는다는 것, 다시 말해 언어의 사용이 인간의 삶의 맥락 속에서 무수히 다양하게 이루어진다는 것에 주목했습니다. 게임의 룰이 다르면 경기 방식과 선수들의 행동이 다르기에 게임이론이라고 합니다. 여기서 게임의 룰, 혹은 언어의 의미가 인간 '삶의 문맥' 혹은 '삶의 흐름'과 연관돼 있음을 밝히려 한 것이 비트겐슈타인의 후기 작업인 것입니다.

'삶의 문맥'은 언어를 사용하는 사람들 사이의 관계에서 형성됩니다. 여기서 중요한 것은 '참과 거짓'의 문제가 아니라, '의미와 무의미'의 문제입니다. 비트겐슈타인은 이것을 '빛'과 '사랑'이라는 현상을 사례로 들어 설명합니다.

"'빛이 입자인가 파동인가' 하는 물음은 사람들 사이에 의견의 일치 또는 불일치를 낳을 수 있다. 그렇다면 '사랑이 입자인가 파동인가' 하는 물음은 어떨까? 이런 물음은 애초에 의견의 일치나 불일치가 생겨날 수 없는 물음이다. 왜냐하면 그런 물음은 애초에 '무의미한' 물음이기 때문이다. 빛과 달리 사랑은 입자냐 파동이냐를 물을 수 있는 대상이 아니다. 이것이 '참/거짓'을 판단하기에 앞서 인간의 언어생활에 전제되어 있는 '의미/무의미'의 문제다. 무의미한 문제는 판단의 대상이 될 수 없다. 우리가 언어로써 의사소통을 하고 '참이냐 거짓이냐'를 두고 논쟁할 수 있으려면 먼저 '의미/무의미'를 가르는 차원이 공유돼야 한다. 이렇게 의미와 무의미를 원초적으로 결정하는 가장 기본적인 차원이 바로 '삶의 형식'이다."

그리고 이러한 삶의 형식을 채우는 것이 '자연사적 사실'입니다. 물론 여기서 '자연사'란 자연세계의 모든 것을 포함하는 자연사가 아니라, '사람과 관련된 자연사'입니다. 언어를 사용하는 원초적인 인간의 자연스러운 삶의 모습이 바로 자연사적 사실입니다. 따라서 비트겐슈타인이 말하는 '자연'은 객관적으로 존재하는 자연세계가 아니라, 사람과 사람 사이에 펼쳐지는 자연, 어떤 본성적인 삶의 상태를 뜻하는 것입니다.

여기서 '원초적 공통성'이 등장합니다. 이 말은 자연이 '나'와 '너'의 무수한 관계로 이루어진 사람들 사이의 삶의 사태로 원초적으로 전제하는 공통성이기 때문입니다. 그리고 이 원초적 공통성은 인간의 모든 언어게임을 토대로 이루어집니다. 언어의 탄생에 대한 비트겐슈타인의 철학적 설명입니다. 이러한 원초적 공통성에서 가장 의미 있는 것이 무엇일까요? 바로 종교입니다. 신앙입니다. 이것은 자연사적 사실에 풍성한 의미를 던져주기 때문입니다.

그렇다면 비트겐슈타인에게 있어서 '종교와 신앙'은 어떤 의미일까요? 물론 비트겐슈타인은 종교와 신앙의 문제에 관해 극도로 말을 아꼈습니다. 하지만 이런 침묵이 무관심은 아닙니다. 일찍이 비트겐슈타인은『철학적 탐구』머리말에서 과학이 종교를 대체하는 시대 상황에 절망한 나머지 자신의 시대를 암흑기라고 명명한 바 있습니다. 그렇다면 종교와 신앙의 문제는 비트겐슈타인에게 핵심적인 문제였다는 것을 알 수 있습니다. 그 핵심 서술은 이렇습니다. "신은 (…) 세계다"

신과 세계를 동일시한 비트겐슈타인의 종교와 신앙에 대한 생각은 무엇일까요? 이승종 교수는『비트겐슈타인 새로 읽기』(아카넷, 2022)에서 비트겐슈타인이 사용한 적 있는 '토끼-오리 그림'을 가지고 설명해줍니다. 잘 아시다시피, 이렇게 보면 토끼인 그림이

다르게 보면 오리로 보이듯이 비종교인에게는 그저 자연적 세계일 뿐인 이 세계, 곧 나를 포함한 우주 전체가 종교인에게는 신의 절대성 안에 있는 세계로 나타납니다.

따라서 비트겐슈타인에게 있어서 신은 세계를 초월해 있는 또 하나의 특수한 존재자가 아니라, 이 세계와 함께 이 세계에 의미를 주는 어떤 절대성을 가리키는 이름이 됩니다. 이렇게 토끼로 보이던 그림이 오리로 보이는 그림으로 바뀌듯이 우리 시각의 전환, 곧 '삶의 방향 전환'과 함께 우리가 살고 있는 이 세계가 전혀 다른 의미를 띤 세계로 나타나는 것입니다.

마지막으로 '기적'도 '삶의 방향 전환'의 측면에서 해석할 수 있습니다. 사실 기적이란 데이비드 흄이 말한 대로 '인과적 자연법칙에 어긋나는 사건'을 뜻하는 것이 아니라, "이 세계의 현상을 종교적 태도로 본다."라는 것입니다. 상식과 세속적인 눈으로 보면 그냥 자연적인 법칙에 지나지 않는 것이 종교인의 눈으로 보면 상식을 넘어선 기적이 되는 것입니다. 사실 그렇지 않나요? 지구가 우주에 붕 떠 있다는 사실이, 또한 이 세계가 존재한다는 사실 자체가 놀라운 기적 아닌가요? 아니 오늘 내가 숨 쉬고 살아 있는 것 자체 또한 기적인 것입니다.

비트겐슈타인을 통해 사람의 얼굴을 한 자연, 그리고 자연(언어를 통한 인간관계)이 곧 신이라는 통찰이 오늘 아침 모든 일상을 새롭게 바라보게 하는 기적이 됩니다.

토론해 봅시다

① "철학은 오늘날 여전히 삶의 나침반이 될 수 있는가?"

찬: 철학은 시대를 비추는 반성의 거울이다.

반: 과학기술의 시대에 철학은 실용성을 상실했다.

② "모든 인간은 철학하는 존재인가?"

찬: 질문하고 성찰하는 존재가 인간의 본질이다.

반: 실존의 문제는 철학보다 생존과 실용의 문제이다.

철학을 위한 선언

아, 얼마나 그리스도교적인 철학자인가요! 그의 '사건', '주체', '진리', '이념화(idéation)' 등의 개념은 '사건', '신 앞에 선 단독자', '진리', '성령 충만'으로 바꾸어도 아무런 거리낌이 없습니다!

무슨 말이냐고요? 모로코 출신 프랑스 철학자 알랭 바디우(Alain Badiou) 이야기입니다. 1937년 생으로, 현재 생존하는 가장 위대한 철학자 가운데 한 사람입니다. 바디우는 존재 · 진리 · 주체 같은 고전적 개념을 거점으로 삼아 플라톤주의 철학을 오늘의 철학으로 되살려낸 '사유의 고전주의자'입니다. 동시에 이미 사멸한 것으로 알려진 공산주의를 무덤에서 불러내 새 생명을 불어넣은 '정치적 급진주의자'이기도 합니다. 이렇게 가장 고전적인 언어로 가장 급진적인 사유를 감행하는 철학자가 바디우입니다. 여기서 고전적인 언어는 다른 말로 '그리스도교 이론'과 연결되고, 급진적인 사유는 '그리스도교 실천'과 일치됩니다. 그러니 감탄사가 나올 수 밖에요!

바디우의 철학은, 철학에 관해서만 '철학을 위한 선언'을 중심으로 전기, 후기로 나눌 수 있습니다(제 생각입니다). 전기는 『철학을 위한 선언』(1989)을 중심으로 하고, 후기는 『철학을 위한 두 번째 선언』(2009)을 중심으로 합니다. 사실 『철학을 위한 선언』은 『존재와 사건』(1988)을 해설하고 보충합니다.

그리고 『철학을 위한 두 번째 선언』은 『세계의 논리』(2006)를 보충하고 해설합니다. 이렇게 철학 선언으로 전기 '순수 존재론', 후기 '실천론: 사건을 통한 진리의 출현론'을 설명하는 것입니다. 그리스도교 신학의 도식과 같습니다. '구원론-성화론', '출애굽기(구원론)-레위기(실천론)', 이것은 로마서의 핵심이죠? 인간 존재론에서 시작하여 사건을 통한 진리의 습득, 그리고 성화된 인간의 실천을 말하는 것이 그리스도교 신학의 핵심이니까요!

그렇다면 존재론으로 규명되는 바디우의 전기 사상을 이루는 '『존재와 사건』과 『철학을 위한 선언』'의 핵심은 무엇일까요? 고명섭 한겨레 선임기자는 이렇게 정리합니다.

"현실 사회주의가 몰락하던 시점(1989)에 프랑스를 휩쓸던 탈근대주의(포스트모더니즘)에 맞서 철학의 임무를 환기 시키려는 저작이다. 탈근대 철학이 '철학의 죽음'과 '진리의 죽음'을 유포하던 그 시기에 바디우는 철학이 죽지 않았으며 진리도 살아 있다고 단언한다. 그렇다고 해서 옛 진리를 무조건 옹호하는 것은 아니다. 바디우는 진리가 플라톤이 생각했던 대로 '하나(일자)의 진리'인 것이 아니라 '여럿(다수)의 진리'로 존재하며, 그 진리들이 하늘에서 강림하는 것이 아니라 세계 내부의 존재 영역에서 창출된다고 말한다. 이때 진리가 창출되는 영역으로 바디우가 제시하는 것이 정치 · 과학 · 예술 · 사랑이라는 영역이다. 이 영역마다 각각의 진리가 사건을 통해 출현한다는 것이다."

그러나 세상이 바뀌었습니다. 20년 정도 시간이 흘렀습니다. 따라서 '『철학을 위한 두 번째 선언』과 『세계의 논리』(2006)'를 중심으로 '사건을 통한 진리의 출현론'을 이야기하는 후기의 사상은 변화된 시대 상황을 반영합니다. 바디우가 보기에, 철학은 여전히 '실존의 위기'를 겪고 있지만, 그 위기의 양상은 아주 달라졌다는 것입니다. 20년 전 철학의 위기는 '철학은 죽었다'라는 주장이었지만, 오늘의 경우, 철학은 도처에서 넘쳐나는 방식으로 위기를 겪고 있습니다.

그렇습니다. 철학은 카페와 클럽과 미디어를 비롯한 온갖 곳에서 성행합니다. 그러나 결국 이런 과잉이 철학의 위기를 방증하는 것입니다. 왜 그럴까요? 카페와 클럽과 SNS 등 미디어에서 오고 가는 철학은 철학의 본질을 배반한 철학이기 때문이라는 것입니다. 이들이 말하는 철학은 바디우의 말대로 '지극히 안온한 도덕주의를 설교하는 철학'이기 때문입니다. 『철학을 위한 두 번째 선언』에서 바디우는 이렇게 말합니다.

"20년 전 철학을 위한 나의 첫 번째 선언은 도처에 퍼진 철학의 '종말'이라는 언표에 반대했다. 나는 이 '종말'이라는 문제틀을 '한 걸음 더'라는 모토로 교체할 것을 제안했다. 상황은 상당히 바뀌었다. 당시 철학이 그 실존을 위협받는 시대에 있었다면, 오늘날에는 정반대의 이유로 위협받고 있다. 이를테면, 철학에 작위적으로 과도한 실존이 부여되고 있는 것이다. '철학'은 어디에나 있다.

철학은 다양한 미디어의 협객들에게 사회적인 근거로 쓰인다. 철학은 카페와 헬스클럽에 활기를 불어넣는다. 철학을 가르치는 잡지들과 스승들이 있다. 전적으로 문제는, 우리가 지금 '철학'이라는 말로 철학의 가장 오래된 적을 의미한다는 점이다. 바로 보수적인 도덕 말이다."

특히 바디우가 비판하는 것은 '인권의 철학'이라는 이름으로 '신자유주의적 자본주의'를 방어하고 '부르주아 의회 민주주의'를 변호하는 철학입니다. 이 철학은 인권과 민주주의를 명분으로 삼아, 서구에 동조하지 않는 지역을 부정하고 침탈하는 제국주의 행태에 도덕적 정당성의 성수를 뿌려줍니다. 바디우는 미국의 이라크 침공을 지지한 철학자들이 그런 사람들이라고 지적합니다. 따라서 바디우는 철학의 과제를 이렇게 소개합니다.

"오늘날 철학은 보수적인 도덕에 얽매여 공허한 과잉실존에 의해 더럽혀지고 있다. 그러므로 중요한 것은 철학을 그 도덕적 모조품과 구별하기 위해 철학이 출현의 세계 내에 제 모습을 드러내는 그 본질을 정돈하는 것이다."

"오늘날 중요한 것은 철학을 탈도덕화(dé-moraliser)하는 일이다. 철학을 도처에 편재하는 만큼이나 예속적인 '철학들'의 공허함에 빠뜨리는 평결을 뒤집어야 한다. 철학은 보편적인 진리들의 활동을 조명하는 무언가의 최대 실존을 획득할 때 출현한다. 이러한 조명은 철학을 인간의 형상과 '인권들' 너머로, 모든 도덕주의 너머로 이끈다."

그러나 도덕화조차 되어 있지 않은 우리나라에서는 탈도덕화

이전에 '탈-의견/탈-여론'이 중요합니다. 여기서 '의견(opinion)'은 『철학을 위한 두 번째 선언』의 8가지 개념의 사슬(의견-출현-구별-실존(철학의 실존)-변동-합체-주체화-이념화) 가운데 첫 번째 개념입니다. 바디우는 말하는 의견은 오늘날 정치 영역에서 지배권을 휘두르는 '여론(opinion publique)'과 같은 말입니다.

사실 민주주의자들은 의견, 곧 여론을 모든 정치 행위의 근거로 내세웁니다(물론, 우리나라 정치 지도자는 여론도 의식하지 않죠? 여론을 지배하려고 합니다). 그러나 의견은 진리에 대립하는 것입니다. 플라톤주의자다운 바디우는 생각입니다. 왜냐하면 여론이 지배하는 곳에는 '다수의 주장' 말고는 어떤 '근본적 원칙'도 들어설 여지가 없습니다. 0.73%(24만 7077표) 차이이지만 100% 권력을 행사합니다. '근본적 원칙', '진리에 대한 겸손'이 없는 것입니다. 따라서 바디우는, 진리는 이런 여론의 지배를 깨뜨리는 사건과 함께 출현한다고 말합니다. 고명섭 선임기자의 요약입니다.

"어떤 사태가 바디우가 말하는 사건이 되려면 '실존의 최댓값'을 얻어야 한다. 요컨대 사건이란 기존의 지배적 질서를 돌연히 뚫고 나와 새로운 보편성을 창출하는 사태를 뜻한다. 바디우는 이런 사건의 정치적 사례로 프랑스혁명, 러시아혁명, 68혁명, (촛불혁명, 빛의 혁명-필자 첨가) 같은 시대를 바꾸는 격변을 든다. 진리란 이런 사건을 통해 출현하는 보편성의 빛이다. 그 진리는 언제나 세계 내부의 몸체에 깃드는데, 이를테면 혁명집단이나 혁명정당이 그런 몸체에 해당한다. 이 진리의 몸체에 다른 몸체가 연결될 때 '주체화'가 이루어진다. 쉽게 말해서 개인들이 혁명집단이라는 진리의 몸체에 합류해 들어갈 때 개인의 차원을 넘어 진리의 주체가 된다."

또한, 이렇게 개인이 진리의 몸체에 참여해 진리의 주체로 일어서려면 그 개인 내부에 이념이 들어서야 한다고 바디우는 주장합니다. 곧 플라톤이 말한 이데아, 곧 가장 완전하고 가장 아름다운 이상을 마음에 품어야 하는 것입니다. 플라톤 이데아의 아름다운 부활입니다. 이러한 이상을 품고 진리의 주체로 나아가는 것입니다. 그리고 이것을 바디우는 '이념화'라고 부릅니다. 8개의 개념 사슬 가운데 마지막 개념입니다. 따라서 바디우는 진정한 삶은 이념을 따르는 삶이라고 말합니다. 그의 말을 들어볼까요?

"삶이라는 이름에 걸맞은 삶이란 어떤 것인가? 이 선언문은 현재의 조건들 속에서 철학이 이 질문에 하나의 답변을 혹은 최소한 답변의 형식을 제공할 수 있음을 다시 단언한다. 세계의 명령은, 짧은 주이상스의 명령과 마찬가지로, 단지 이렇게 말할 뿐이다. '오로지 너의 만족을 위해서만 살라, 따라서 이념 없이 살라.' 이러한 삶의 사유(pensée-vie)의 폐지에 맞서, 철학은 산다는 것이란 더 이상 삶과 이념 사이의 구분이 없도록 행동하는 것이라 선언한다. 삶과 이념의 이러한 비식별성의 이름이 이념화(Idéation)이다."

"모든 밤은 마침내 새벽의 기약을 간직하고야 만다. 우리의 상황이 더 나빠지기는 어려울 것이다. 그렇지만 우리가 아무리 낮은 곳으로 떨어졌다 하더라도, 다시 말하지만 거기에는 오늘날의 중요한 미덕을 북돋우는 징후들이 있다. 용기와 그것의 가장 보편적인 버팀목인 확신이, 곧 이념의 긍정적인 힘이 복귀할 것이고, 이미 복귀했다는 확신이 있다는 말이다. 이 책은 그러한 복귀를 향한 헌사이며, 다음과 같은 질문에 따라 구성된다. 이념이란 무엇인가."

이렇게 자신을 주체로 일으켜 이념의 빛을 따라 나아가는 삶이 참된 삶입니다. 그리스도의 진리의 빛을 따라 사는 것, 성령의 인도로 사는 것, 너무나 그리스도교 철학적이지 않나요? 바디우는 이 영원한 진리의 이념 속에 머묾으로써 인간은 '불멸자'가 된다고 말합니다. 이러한 이념을 따르는 삶이 우리를 불멸로 이끌어가는 것입니다. 성령 안에 거하는 삶의 영원성과 다를 바 없습니다.

새로운 세상은 이념(그리스도교적인, 혹은 바디우적인)에 따라 사는 사람들이 이렇게 적폐 여론에 맞서 지배적인 의견을 불안정하게 만드는 것에서 시작됩니다. 젊은 세대가 바디우를 읽고 이념화되기를 소망합니다. 이렇게 철학의 과잉 시대에 진정한 철학자의 음성을 들어야 합니다. 다음은 바디우의 말입니다.

"본래 철학은 그것이 진정으로 출현할 때 무모하거나 아무것도 아니다. 지배적인 의견을 불안정하게 만드는 힘, 그것이 젊은이들을 새로운 진리의 지속적인 창조가 결정되는 몇몇 지점으로 소환한다. 철학은 이 험난한 과정에 전적으로 연루된다."

토론해 봅시다

① "철학은 실천이 아닌 선언으로 충분한가?"

찬: 선언은 철학적 성찰의 시작점이다.

반: 삶에 개입하지 않는 철학은 무의미하다.

② "철학은 누구나 할 수 있는 것인가, 아니면 전문가의 영역인가?"

찬: 철학은 보편적 삶의 질문에서 출발하기에 누구나 할 수 있다.

반: 철학은 체계적 훈련과 비판적 사유가 필요한 학문이기에 전문가의 영역이다.

3

정치 환경의 얽힘

어떻게 민주주의는 무너지는가?

트럼프 당선 직후, 전통을 자랑하는 민주주의조차 쉽게 무너질 수 있음을 깨달은 하버드대 정치학과 교수 스티븐 레비츠키(Steven R. Levitsky)와 대니얼 지블랫(Daniel Ziblatt)은 "트럼프는 민주주의에 위협이 되는가?"라는 제목으로 민주주의의 위기를 경고하는 칼럼을 썼고, 그 칼럼의 인기에 힘입어 『어떻게 민주주의는 무너지는가』(어크로스, 2024)를 집필했습니다. 이 책은 독재자가 될 가능성이 다분한 극단주의 포퓰리스트들이 어떤 조건에서 선출되는지, 또 선출된 독재자들이 어떻게 합법적으로 민주주의를 파괴하는지를 세계 여러 나라의 사례를 통해 생생하게 보여줍니다.

먼저 극단주의 포퓰리스트들은 민주적인 방식이라 할 수 있는 프라이머리(primary)의 문제점을 파고들며 동시에 정당의 문지기를 약화시키며 등장합니다. 잘 아시는 바와 같이, 프라이머리는 당원뿐만 아니라, 해당지역의 일반 주민들까지 전당대회 대의원 선출과정에 참여할 수 있는 제도를 의미합니다. 레비츠키&지블랫은 이렇게 말합니다.

"프라이머리는 분명하게도 더욱 민주적인 방식이었다. 그런데 혹시 '지나치게' 민주적인 방식은 아닐까? 대선 후보 지명을 오로지 투표자의 손에 맡겨둠으로써 구속력 있는 프라이머리는 정당의 문지기 역할을 약화했고, 동료에 대한 평가 절차를 생략함으로써 아웃사이더에 문을 열어놓았다."

윤석열 전 대통령의 등장이 그렇죠? 이렇게 극단주의자를 선거 전에 걸러내는 정당의 문지기(gatekeeper) 기능은 중요합니다. 사실, 미국의 경우, 각 정당이 대선 후보를 선택할 때 동료 정치인들의 입김이 크게 작용했습니다. 물론, 이것은 분명 비민주적인 방식입니다. 그러나 동료 정치인들만큼 대선에 나서고자 하는 후보 정치인들의 능력과 인격과 이념을 잘 아는 사람은 없을 것입니다. 이렇게 동료 검증을 통해 민주주의를 파괴할 가능성이 높은, 정치 경험 없는 대중선동가와 극단주의자를 철저히 가려내야 합니다. 그러나 그 기능이 무너졌죠? 국힘당의 '집단적 포기' 때문입니다. 레비츠키&지블랫은 이렇게 지적합니다.

"'집단적 포기(collective abdication)', 다시 말해 민주주의를 위협하는 인물에게 권력을 넘기는 행동은 일반적으로 두 가지 이유 때문이다. 첫째, 잠재적 독재자를 통제하거나 길들일 수 있다는 착각이다. 둘째, 사회학자 이반 에르마코프(Ivan Ermakoff)가 '이념적 공모(ideological collusion)'라고 부른 개념으로, 이는 집단적 포기를 택한 주류 정치인들의 이해관계가 잠재적 독재자의 이해관계와 맞아떨어지는 경우에 해당된다."

이렇게 선출된 독재자들은 합법적으로 민주주의를 파괴합니다. 명예훼손이나 모욕죄 혐의로 소송을 걸죠? 레비츠키&지블랫은 에콰도르 대통령 라파엘 코레아의 예를 듭니다. 아마 개정판이 나오게 되면, "바이든, 날리면" 사건을 첨부할 것 같습니다.

"독재 정권은 종종 명예훼손이나 모욕죄 혐의로 소송을 함으로써 반정부 성향이 강한 언론을 '합법적으로' 경기에 뛰지 못하게 막는다. 에콰도르 대통령 라파엘 코레아는 이러한 기술에 특히 능했다. 2011년 코레아는 주요 일간지 〈엘 우니베르소(*El Universo*)〉가 자신을 '독재자'라고 칭한 사설을 게재한 것에 대해 4천만 달러의 명예훼손 소송을 걸었고, 승소했다."

게다가 독재정권은 국민을 편 가르기 합니다. 트럼프와 공화당 정치인들이 시도했죠?

"뉴트 깅리치 전 미국 하원의장부터 도널드 트럼프에 이르는 공화당 정치인들은 양극화된 사회에서 경쟁자를 적으로 바라보는 관점이 쓸모가 있으며, 정치를 전쟁으로 인식하는 입장이 많은 걸 잃어버릴지 모른다고 두려워하는 유권자의 마음을 비집고 들어갈 수 있게 해준다는 사실을 깨달았다. 상호 관용과 자제의 규범을 향해 더욱 거세지는 공격은 세계의 많은 지역에서 민주주의를 죽음으로 내몰았던 정쟁으로부터 미국 사회를 오랫동안 지켜주었던 연성 가드레일을 흔들고 있다."

목하, 정치의 저질화가 미국에서는 트럼프, 한국에서는 윤석열 전 대통령의 등장으로 시작된 것입니다. 레비츠키&지블랫은 이렇게 꼬집습니다.

"트럼프 대통령이 민주주의 제도를 직접적으로 허물어뜨리지는 않았다고 해도, 그의 규범 파괴는 분명히 그러한 일을 했다. 취임 후 이어지는 트럼프의 규범 파괴는 미국 사회가 용인할 수 있는 대통령의 행동 범위를 넓히고 있다. 거짓말과 속임수, 탄압 등 예전에는 절대 받아들일 수 없다고 여겨졌던 행동들이 점차 정치인의 전술적 공구함 속으로 들어가고 있다."

이 책에서 재미있는 것은 "잠재적 독재자를 감별하는 네 가지 신호"입니다. 그것은 바로, "말과 행동으로 민주주의 규범을 거부하는가?", "경쟁자의 존재를 부인하는가?", "폭력을 용인하거나 조장하는가?", "언론의 자유를 포함하여 반대자의 기본권을 억압하려 드는가?"입니다. 윤석열 전 대통령은 이 네 가지 모두 해당이 되죠? 그렇다면 이러한 독재자로부터, 그리고 독재자를 만드는 정당으로부터 민주주의를 구하기 위해서는 어떻게 해야 할까요? 레비츠키&지블랫은 기본적인 규범의 확장에 집중합니다. 그들의 말을 들어볼까요?

"미국 민주주의를 구하기 위해 이제 미국 국민은 지금껏 그들의 민주주의를 지켜주었던 기본 규범을 되살려야 한다. 그리고 더 나아가 그 규범을 사회 전반으로 확산해야 한다. 규범이 포괄하는 범주를 넓혀가야 한다. 미국 민주주의 규범의 핵심은 지금까지 면면히 이어져 내려왔다. 그러나 역사의 많은 시간 동안 인종차별과 함께했고, 또한 그것 때문에 유지될 수 있었다. 이제 그 규범이 인종 평등과 전례 없는 민족 다양성 시대에서도 제대로 기능하도록 만들어야 한다."

이렇게 레비츠키&지블랫은 이 책에서 전 세계 많은 나라에서 민주주의가 매우 유사한 패턴으로 무너졌음을 발견하고 민주주의를 지키는 것은 헌법 같은 '제도'가 아니라, 상호관용이나 제도적 자제와 같은 '규범'임을 이야기합니다. 바로 윤리와 도덕이죠? 이것은 기본적인 인문학적 상식에 기반합니다.

토론해 봅시다

① "민주주의의 가장 큰 적은 외부보다 내부에 있는가?"

찬: 권위주의적 리더를 선택하는 시민의 선택이 민주주의를 스스로 파괴한다.

반: 외부적 선전과 경제적 요인이 더 큰 붕괴 원인이다.

② "민주주의는 권리보다 책임을 우선할 때 강화되는가?"

찬: 책임 없는 권리의 남용은 전체주의로 이끈다.

반: 시민 권리의 보장이 전제되지 않으면 책임도 무의미하다.

트럼피즘 2기

2025년 1월 20일 트럼피즘 2기가 출발했습니다. 트럼프가 집권 1기 동안 보여준 언행과 국내외 정책을 통해 트럼피즘 1기의 실체는 이미 밝혀졌습니다. "극우 포퓰리즘, 반지성주의, 미국 우선주의와 군사·외교적 고립주의, 다자주의 질서를 무시하는 보호무역주의, 극단적인 반이민 정서, 정치적 반대자들에 대한 경멸과 혐오, '가짜뉴스'와 '대안적 사실'을 내세운 망상과 거짓 선동" 등입니다.

이제 트럼피즘 2기는 이것의 강화가 될 것입니다. 특히 1기 때, 가급적 국제분쟁에 개입하지 않는 군사·외교적 고립주의는 버리고, 국익을 극대화하기 위해 군사력 사용도 배제하지 않는 약탈적 팽창주의 속내를 공공연히 내비치고 있습니다. 기막힌 세상입니다. 조일준 한겨레 신문 선임기자는 이러한 트럼피즘 유령이 등장한 동력 배경을 세 가지로 봅니다.

"첫째, 트럼프의 성장 과정에서 형성된 기질과 성정. 둘째, 20세기 양차 세계대전 이후 달러 패권이 뒷받침된 경제력과 압도적 군사력으로 국제 질서의 최정점에 있던 미국의 독보적 지위가 흔들리는 위기감. 셋째, 민주당과 공화당 중심의 양당 정치가 굳어지고 엘리트와 부자들이 정치를 장악한 현실에서 취약계층과 사회적 소수자를 대변할 거란 기대를 받았던 민주당 정부의 무기력함에 대한 실망."

결국, 미국은 "엘리트 기득권 집단과 싸우는 투사, '정치적 올바름'을 강조하는 민주당의 정체성 정치에 피로감을 느끼지만 내놓고 말하지 못하는 답답함을 시원하게 풀어주는 대변인, 자신들의 이익과 자존심을 확실히 지켜주겠다고 호언하는 인물을 선택했을 뿐"이라고 말합니다. 물론, 여기에는 유일 초강대국 시절에 대한 향수, 중국의 급부상과 국제사회의 다극화에 따른 지정학적 변화, 보수적 백인 기득권 집단의 정체성 위기가 맞물려 있기도 합니다.

『초예측 트럼프 2.0 새로운 시대: 세계의 지성 8인이 내다본 트럼프 2.0 시대의 미래』(한스미디어, 2024)에서 유발 하라리는 세계 질서의 종말을 예견하며 이렇게 지적합니다.

"지금 확실하게 말할 수 있는 사실은 AI와 기술이 발달하면 할수록 전제국가가 나타날 가능성이 커진다는 점입니다. 판옵티콘(일망 감시시설)과 같은 방식으로 국민을 감시할 수 있기 때문이지요. 트럼프가 대통령이 된다고 곧바로 미국이 선진적인 기술을 구사하는 전제국가가 되리라고 생각지는 않지만, 적어도 지금보다는 훨씬 독재적인 나라가 될 것임에는 틀림없습니다. 제가 가장 우려하는 부분은 결혼제도를 비롯한 각종 제도를 파괴하고 악용하는 것입니다. 그중 가장 심각한 문제는 사법 제도의 악용입니다. 트럼프는 대통령의 권한을 악용하여 자신의 어젠다에 반대하는 이들을 아주 사소한 이유를 들며 고소할지도 모릅니다."

트럼프발 경제 전쟁을 예고하며 세계는 다시 19세기로 돌아갈 수는 없다고 전망하는 노벨경제학상 수상자인 경제학자 폴 크루그먼도 이렇게 경고합니다.

"트럼프가 옛날부터 보호무역주의자였던 사실은 유명합니다. 북미자유무역협정(NAFTA)과 같은 포괄적 협정을 폐기해 버리고, 협정이 노동자에게 피해를 주고 있다고 주장했지요. 또 전부터 대통령으로 돌아오면 모든 수입품에 10% 이상의 관세를 부과하겠다고 밝혔습니다. 그리고 6월에는 소득세를 관세로 대체하겠다는 생각을 내비쳤지요. 만일 이 제안이 현실화될 경우 소득세를 대체하기 위해 필요한 평균 관세는 133%가 됩니다. 미국 GDP를 차지하는 재화 · 서비스의 수입 비율은 약 14%이고, 연방 소득세 세수(급여세를 제외한)는 약 8%입니다. 따라서 단순하게 생각하면 소득세를 관세로 대체하려면 57%의 관세율이 필요하다는 계산이 나옵니다. 하지만 관세를 올리면 소비자들의 부담도 커질 수밖에 없어서 결국 수입 자체가 줄어듭니다. 이렇게 수입이 감소한 부분을 충당하려면 관세율을 더욱 올려야 하지요. 결국, 수입은 계속 줄고, 관세율은 계속 올려야 하는 악순환에 빠지게 됩니다."

세계 3대 투자가로 불리는 투자의 현인 짐 로저스는 "미국은 충격적인 금융위기를 맞이할 것"이라고 생각하며 이렇게 말합니다.

"어찌 됐든 월가의 투자가와 대기업 CEO 등의 부유층은 트럼프에게 투표할 것입니다. 트럼프는 감세를 포함해 투자가와 부유층에게 유리한 정책을 실행하겠다고 약속했기 때문입니다. 앞에서도 말했지만, 그는 실행력이 매우 뛰어난 인물이지요. 반면 바이든은 올해 3월 7일 연례 국정 연설에서 기업과 자산가를 우대하는 대형 감세를 실현했던 트럼프와, 자신의 경제 정책은 분명히 다르다며 선을 그었습니다. 부유층과 대기업이 내는 세금을 늘리고 근로자를 지원하겠다는 뜻을 명확하게 밝혔지요. 투자가나 부유층은 자신들이 내는 세금이 크게 늘어날 것이므로 바이든의 정책에 반대하고 있습니다."

"미국의 적은 미국"이라고 말하는 국제정치학자인 뉴욕대 이안 브레머 교수도 이렇게 경고합니다.

"미국의 군사력과 경제력은 여전히 매우 강력하지만, 정치 시스템의 기능 부재는 선진적인 민주주의 국가 중에서도 가장 심각한 상황이며 올해는 더욱 악화할 것으로 보입니다. 이번 대통령 선거는 정치적 분열을 심화시키고 과거 150년간 한 번도 경험한 적 없을 정도로 심각하게 민주주의를 위협하여, 미국은 국제 사회의 믿음을 잃게 되리라고 저는 보고 있습니다. 이번 선거에서 강대국 미국은 자유롭고 공정한 선거와 평화적인 권력 이양, 삼권분립에 의한 견제와 균형 등. 정치 제도와 관련된 중대한 도전에 직면해 있습니다."

'미국 주도의 세계'는 더 이상 유효하지 않다라고 생각하는 제프리 삭스도 이렇게 말합니다.

"트럼프가 재선에 성공하면 미국은 NATO에서 탈퇴하지 않겠냐고 보는 사람이 많습니다. 또한 트럼프가 대통령이 되는 편이 세계가 안정을 찾으리라고 보는 사람도 꽤 있습니다. 저는 그렇게 생각하지 않지만, 지금 세계에는 새로운 지정학적 질서가 필요하다는 사실만큼은 분명해 보입니다. '미국이 주도하는 세계'라는 생각은 이제 완전히 시대에 뒤떨어진, 매우 위험한 발상입니다. 미국이 세계를 좌지우지하고 있다는 생각은 언제나 오만했으며, 중국이 대두하고 러시아는 여전히 강력하며 나아가 브라질, 사우디아라비아, 이란 등의 많은 나라가 힘을 키우고 있는 현재로서는 더욱 맞지 않는 판단이지요. 세계는 외교를 필요로 하고 있습니다."

새로운 전쟁의 발발 가능성을 예측하는 글로벌 사상가이자 경제학자인 자크 아탈리도 이렇게 경고합니다.

"예전부터 저는 3차 세계대전이 일어나는 네 가지 계기에 대해 언급해 왔습니다. 우선 그중 두 가지는 이미 일어나고 있습니다. 러시아와 우크라이나의 전쟁, 그리고 가자 지구에서 일어나고 있는 이스라엘과 팔레스타인 간의 전쟁이지요. 세 번째가 중국과 대만의 충돌입니다. 중국이 대만을 공격하면 일본은 전쟁에 직접적으로 연루될 것입니다. 그리고 네 번째가 한국과 북한 사이에서 일어나는 전쟁입니다. 전쟁은 일단 시작되면 중단시키기가 매우 어려워서 3차 세계대전은 일어나지 않도록 막는 것이 무엇보다 중요합니다. 이를 위해서는 분쟁이 가능하면 해당 지역 안에서 해결되도록 하여 강대국이 개입하지 않는 것이 최선입니다."

지금, 대한민국도 비슷합니다. 그러나 미국보다는 대한민국 국민의 수준을 믿습니다.

토론해 봅시다

① "트럼피즘은 포퓰리즘의 미국식 표현일 뿐인가?"

찬: 반엘리트, 반이민, 반글로벌리즘이라는 전형적 포퓰리즘이다.

반: 미국 특유의 자유주의 · 개신교 문화와 결합된 독자적 정치 현상이다.

② "SNS는 포퓰리즘 정치인의 가장 강력한 무기인가?"

찬: 여론의 즉각적 조작과 감정 정치가 가능해진다.

반: 오히려 반대 여론의 확산과 감시도 동시에 발생한다.

자유로부터의 도피

마르크스와 프로이트를 비판적으로 계승하며 사회심리학이라는 새로운 장을 열었던 에리히 프롬(Erich Fromm)의 책 『자유로부터의 도피』(휴머니스트, 2020)는 "인류가 자유에 내재해 있는 책임을 질 수 없다면 권위주의에 의지하게 될 것"이라는 핵심 사상을 담고 있습니다. 2020년대 초중반 대한민국에 적확한 말입니다.

인간의 자유와 자각의 발전을 역사적으로 살펴보고, 정신분석학적 방법을 이용하여 현대인의 전체주의로의 회귀 경향을 다룬 이 책은 제6장 '나치즘의 심리(The Psychology of Nazism)'에서 나치즘이 독일 사회에서 어떻게 형성되고 확산 되었는지를 심리학적, 사회학적 관점에서 분석합니다. 결론을 미리 말씀드리면, "선동에 취약한 흥분한 대중"과 "이를 정치적으로 이용하는 기득권 세력"의 존재가 히틀러의 나치즘을 낳았다는 것입니다. 지금 극우 개신교인들과 기득권 국힘당 세력이 윤석열의 나치즘을 '만드는 것/이용당하는 것'과 동일합니다.

프롬의 분석은 이렇습니다. 나치즘의 대중적 원동력은 제1차 세계대전 패전에 따른 막대한 배상금과 세계 대공황으로 인한 사회경제적 불만이 극에 달했던 하류 중산층, 노동자, 농민이었지만, 대자본과 융커(Junker, 프로이센의 지배계급을 형성한 보수적인 지주 호족)의 지지와 후원이 없었다면 나치즘의 정치적 확립은 어려웠을 것이라고 봅니다.

사실, 19세기 말과 20세기 초 독일 사회에서 전통적인 사회 구조(봉건적 권위와 공동체적 결속)가 붕괴되면서, 개인들은 극도의 고립감과 불안을 경험하게 되었습니다. 이러한 심리적 불안이 강력한 권위를 추종하는 태도로 이어졌다는 것입니다. 사회적 혼란 속에서 사람들은 자유와 안정 사이에 갈등을 겪게 되고, 자유가 주는 불안감을 견딜 수 없어서 안정과 질서를 제공하는 권위주의적 체제에 호감을 갖게 된다는 것입니다. 지금 레드 콤플렉스에 찌든 과반수 이상의 60~70대와 반페미니즘으로 의식화된 일부 2030 남성들이 바로 이러한 권위주의 체제의 먹잇감이 됩니다.

프롬은 나치즘을 지지하는 사람들에게서 사디즘적(가학적) 성향과 마조히즘적(피학적) 성향이 공존한다고 봅니다. 마조히즘 성향은 강한 권력(히틀러, 나치 정권)에 복종함으로써 자신의 무력감을 해소하고자 하는 것이고, 사디즘적 성향은 권력의 일부를 행사하며 타인(유대인, 사회적 약자)을 억압하거나 지배하는 데서 만족을 느끼는 것입니다. 전자는 지금 대한민국의 비상식적인 극우 개신교인들이고, 후자는 윤석열 전 대통령을 위시한 전광훈, 손현보, 이찬수 같은 사디스트들입니다. 둘 다 나치즘에 활용되기 쉽습니다.

이러한 나치 이데올로기는 독일 국민의 불안과 고립감을 이용해 국가주의적이고 배타적인 이데올로기를 제공합니다. 개인은 더 이상 혼자가 아니라, 국가와 민족의 일부로서 의미를 찾을 수 있다는 것이죠? 여기에는 지도자(히틀러)에 대한 절대적 충성이 요구됩니다.

동시에 나치 이데올로기는 외부의 적(유대인, 공산주의자 등)을 설정함으로 국민이 분노를 표출할 대상을 만들어 냅니다. 성소수자, 장애인, 여성 등. 이들은 합리적 논리보다는 감정과 신비주의, 군중심리를 이용합니다. 그 결과 복잡한 현실을 단순화하여 이해하려는 사람들의 경향과 맞물려 증폭작용을 이끌어 내는데 성공합니다.

이렇게 프롬은 나치즘의 심리를 철저히 분석함으로써, 사람들이 어떻게 권위주의적 체제에 끌리게 되는지 설명해 주고 있습니다. 정리하면 이렇습니다. 경제적 · 사회적 불안정, 심리적 불안, 권위주의적 성향, 사디 · 메조히즘적 경향의 비합리성과 신비주의, 그리고 집단과 동일시 등이 복합적으로 작용하여 나치즘이 부상했다고 결론을 짓습니다.

책 제목이 『자유로부터의 도피』죠? 프롬은 사람들이 민주주의적 자유를 원한다고 생각하지만, 실제로는 자유에 대한 두려움 때문에, 자유로부터 도피하여 스스로 강한 권력에 복종한다고 주장합니다. 따라서 나치즘은 이러한 두려움을 이용해, 개인이 자유와 책임을 포기하고 전체주의 체제에 편입되도록 유도하는 것입니다.

중요한 것은 프롬이, 나치즘은 독일에서만 발생한 특수한 현상이 아니라, 사회적 · 경제적 불안이 고조될 때 언제, 어디서든 반복될 수 있는 현상이라고 경고합니다. 특히 권위주의적 성격이 강한 사회에서는 언제든지 비슷한 형태의 전체주의적 권력이 등장할 가능성이 있다고 경고합니다. 사실 돌아보면, 윤석열의 권위주의가 쿠데타를 통해 전체주의적 권력을 만들려고 했죠? 비록 실패했지만, 이렇게 20세기 독일의 나치즘이 21세기 대한민국에서 다시 부활했습니다. 기막힌 세상입니다.

토론해 봅시다

① "현대인은 자유를 원하면서도 두려워하는가?"

찬: 선택의 고통과 책임 회피로 인해 권위에 의존한다.

반: 개인주의 사회는 자유에 익숙해지고 있다.

② "전체주의는 자유의 부재가 아니라, 자유에 대한 공포에서 비롯되는가?"

찬: 에리히 프롬처럼, 자유의 공포가 전체주의를 부른다.

반: 정치 · 경제적 억압이 자유의 상실을 먼저 초래한다.

단독성들의 사회

베를린대학 사회과학연구소 교수인 독일의 사회학자 안드레아스 레크비츠(Andreas Reckwitz)는 『제3의 길』로 유명한 영국 케임브리지대학 앤서니 기든스(Anthony Giddens)의 제자입니다. 이번에 국내에 처음 번역된 레크비츠의 책 『단독성들의 사회: 과잉히스테리 사회』(새물결, 2023)에서 그는 책의 핵심을 이렇게 요약합니다.

"후기 근대에 들어와 보편성의 사회논리가 특수성의 사회논리에 지배권을 내주는 사회적 구조 변경이 일어나고 있다. 그리고 이 특수성의 사회논리는 '단독성(Singularität, 특이성)'이라는 개념으로 포착된다."

'단독성'이라는 개념은 사회학 계보에 부르디외(Pierre Bourdieu)의 『구별짓기』의 '아비투스', 울리히 벡(Ulrich Beck)의 『위험사회』의 '위험사회', 기든스의 『제3의 길』의 '제3의 길', 바우만(Zygmunt Bauman)의 『유동적 근대』의 '유동성'을 종합하고 새롭게 넘어선 21세기 사유의 새로운 패러다임으로 조명되고 있습니다. 책 제목이기도 한 단독성이란 개념은 보편성에 대립하는, 개별적이고 특수한 것들의 독특성을 뜻합니다. 이 단독성이 21세기 서구 사회에서 보편적 현상이 되었고 이러한 단독성이 주류가 된 사회를 레크비츠는 '단독성들의 사회'라고 부릅니다.

이제 개인의 취향은 물론, 소비에서부터 정치와 경제의 영역에 이르기까지 단독성이 주류가 되었습니다. 따라서 '개인'과 '나라'와 '사회'라는 범주로 사유하는 사람은 더 이상 미래와 시대를 읽을 수 없게 되었습니다. 목하 '단독성들의 예측불가능한 미래'가 도래한 것입니다.

이러한 '단독성들의 사회'에서 사람들은 일반 대중의 주목과 인정을 얻기 위해 '인정 투쟁'을 벌입니다. 더 많이 주목받고 더 많이 보여주기 위한 투쟁 속에서 승리하기 위해서는 상투적이고 평범하게 보이지 않는 것들을 보여줘야 합니다. SNS는 자신의 특수성을 보여주는 훌륭한 무대가 됩니다(글을 쓰고 페이스북에 올리는 저의 행위도 마찬가지입니다. 이것은 프랑스 영화를 좋아하는 자신의 취향, 필라테스할 때 자신의 모습 등을 인스타그램에 올리는 사람들과 같은 맥락입니다). 이렇게 사람들은 각각 한 명의 큐레이터가 되어 자신의 단독성을 전시하는 것입니다. 레크비츠는 이렇게 소개합니다.

"후기근대의 주체는 타인들 앞에서 자신의 특수한 자아를 퍼포먼스로 펼치고, 그리하여 타인들은 자아의 퍼포먼스를 감상하는 관중이 된다. 소셜미디어가 이러한 자아 퍼포먼스가 펼쳐지는 곳 가운데 하나이다. 주체는 매력을 사고파는 사회적 시장에서 움직이는데, 이 시장에서는 더 많이 주목받고 더 많이 보여주려는 투쟁이 벌어진다."

주목할 것은 단독성 사회에서 개인들만 단독화하는 것이 아니라, 집단들도 단독화한다는 사실입니다. 결국 대한민국은 '대졸=실업과 빈곤층'인 'MZ세대'와 꼰대들의 세대 전쟁으로, 교사들은 '내 새끼 지상주의' 부모들에게 고소당하고 폭력의 대상이 되는 사회가 되었습니다. 회사에서는 '회식 문화'가 사라지고, '2년 차 사표 증후군'과 '무조건 녹음주의' 문화가 팽배합니다.

회사나 군대에서 '사수-조수' 문화는 '꼰대-갑질' 관계로 변질되었고, '장인'은 가치박탈의 대상이 되는 반면, '미디어 스타(인플루언서)'가 주목과 가치 부여의 대상이 되었습니다. 모두가 '1인 방송국'이 되어 '좋아요'와 '주목(구독)'을 위해 살아가고 있습니다. 따라서 단독성 사회는 '정치의 위기'를 야기합니다. 문화적 · 종교적 · 정치적 집단이 자신들만의 신념으로 무장해 '종교 근본주의나 우익 포퓰리즘'으로 내달리는 것입니다.

물론, 정치에 있어서 진보의 혁신도 '민주'와 '진보'라는 과거의 보편성에만 매달리며 단독화합니다. "86세대 청산!"이라는 화두가 아니더라도, 청년을 정치에서 배제하고 노인혐오에 빠지며, 새롭게 등장한 '특수성'을 깨닫지 못하는 86세대 역시 단독성 집단이기도 합니다. 결국 절망한 MZ세대는 유럽의 '외로운 늑대'처럼 '나만 아니면 돼'에서 벗어나 '나도 내가 어떻게 될지 모르는' 채 세상을 향해 막무가내식 테러를 벌이고 있습니다. 중요한 것은 이것을 행정력과 경찰력으로 막을 수 없는 구조적 이유도 있다는 것입니다.

아무튼, 이러한 단독성의 논리는 레크비츠에 의하면 후기 근대에 처음 등장한 것이 아닙니다. 산업근대의 발흥과 함께 시작된 낭만주의 운동이 그 발생사적 근원입니다. 낭만주의자들은 모든 영역에서 단독성을 발견해 촉진하고자 했기 때문입니다. 가령 예술작품에서 독창성을 찬양하고 강한 개성을 드높이며 자기 발현에 몰두합니다. 이러한 낭만주의자들의 단독성 추구는 산업자본주의의 합리성에 맞서 문화적 저항의 흐름을 형성했습니다. 그리고 이 흐름이 1960년대와 1970년대의 대항문화(카운터 컬처)로 꽃을 피웠습니다. 지식경제와 디지털 기술이 보편화하고 문화자본주의가 경제의 중추로 들어선 시대인 후기근대에 화려하게 개화한 것입니다.

이러한 '단독성들의 사회'에 관한 문제를 레크비츠는 두 가지로 지적합니다. 먼저 '인정의 위기'입니다. 단독성 사회의 주류는 고등교육을 받고 지식 · 문화경제 영역에 종사하는 고능력자들, 곧 신중산계급입니다. 이러한 신중산계급은 단독성을 구현할 능력으로 사회적 인정을 받습니다. 반면 전문지식이 없는 단순 서비스직 종사자들은 인정을 받지 못하고 자기 모멸을 경험합니다. 그런데 문제는 '인정의 시대'에 고능력자들도 승자독식의 지식 · 문화경제 시장 구조에서 모두 성공하는 것이 아니라, 대부분 실패함으로써 좌절을 겪는다는 것입니다.

왜냐하면, 지식경제 시장의 법칙은 '매력과 취향에 대한 소비자의 변덕'에 의존하기 때문입니다. 인스타그램의 릴스, 유튜브 쇼츠, 틱톡 등의 짧은 동영상(숏폼)이 더 새로운 것을 만들어내며 도파민을 증가시키듯, 대중의 관심을 지속적으로 얻을 수 없는 이들은 언제든지 다시 바닥으로 추락할 수 있게 되었기 때문입니다. 레크비츠는 이렇게 말합니다. "항상 매력적인 인격으로 퍼포먼스를 하도록 강제하는 단독성 경제의 특성이 '과잉 스트레스' 사회를 만든다. 그리하여 우울증이 후기근대를 상징하는 질병이 된다."

두 번째로 레크비츠는 단독성 사회의 위기를 '보편의 위기'로 명명합니다. 산업근대가 보편성의 힘으로 단독성을 억압했던 것과 반대로, 보편으로부터 탈주하는 후기근대는 사회와 문화와 정치를 아우르는 공통분모의 부재로 고통받고 있습니다. 공동의 토대 없이 저마다 독자성과 정당성을 주장하기에 사회가 파편화하는 것입니다. 결국, 단독성들의 사회 과제는 보편성을 어떻게 재구축할 것인가입니다.

레크비츠는 '차이를 지향하는 개방적 자유주의' 정치 패러다임 대신 사회적 불평등과 문화적 비대칭을 억제하는 '규제적 자유주의' 패러다임으로 바꿀 것을 제안합니다. 그리고 이 규제적 자유주의의 첫걸음으로 후기근대의 자유주의가 최소화하려 하는 국가와 제도의 기능을 회복하는 것이라고 합니다. 결국, 각 나라의 민주적 시스템을 제대로 회복하는 것이 답이라는 것입니다.

최근, 우리나라 곳곳에서 발생한 살인, 흉기 난동, 정치인 테러 사건 등도 단독성으로 설명이 가능합니다. 모두 어떤 목적을 위한 폭력이 아니라, 그 자체가 목적인 폭력입니다. 이러한 폭력의 과시는 실시간 방송 매체 · SNS 등 단독성을 '위한' 매체들이 없다면 불가능합니다. 폭력의 행위를 바라봐주는 대중이 없으면 이러한 폭력은 의미가 없기 때문입니다.

디지털화로 대표되는 기술의 발전은 이제 '뉴노멀'이 된 '단독성의 사회'를 촉진시킬 것입니다. 차이의 카오스에서도, 보편성의 코스모스에서도 살 수 없는 우리 인간의 카오스모스적인 존재의 특성을 레크비츠는 이렇게 사회학적으로 잘 분석하였습니다.

토론해 봅시다

① "현대사회의 개인화는 공적 삶을 붕괴시키는가?"

찬: 공동체적 책임과 연대는 점점 사라지고 있다.

반: 개인화는 다원성과 자율성의 확대이다.

② "고독한 개인은 정치적 연대를 가능하게 할 수 있는가?"

찬: 자기 성찰적 개인은 더 깊은 공감과 연대를 만들어낼 수 있다.

반: 단절된 개인은 사회적 무관심과 혐오로 향할 뿐이다.

자유주의와 그 불만

베를린장벽이 붕괴된 1989년, 프랜시스 후쿠야마(Francis Y. Fukuyama)는 자유주의와 공산주의의 전쟁에서 자유주의가 승리함으로써 "역사는 끝났다"라는 논쟁적인 주장을 펼쳤습니다. 그 결과가 『역사의 종말: 역사의 종점에 선 최후의 인간』(한마음사, 1992)이라는 책입니다. 이념 투쟁은 끝이 났다는 것입니다.

그러나 이후의 역사는 자유주의 이념의 승리로 역사가 종말을 고하지 않았다는 것을 보여줍니다. 자유주의 체제에 위기가 닥쳤기 때문입니다. 이것은 '우파 포퓰리즘'과 '좌파 급진주의'의 도전으로 인한 위기입니다. 따라서 후쿠야마는 자유주의 체제의 결함을 어떻게 극복할 것인가를 고민하면 새로운 책을 내놓았습니다. 『자유주의와 그 불만』(아르테, 2023)이 그것입니다. 후쿠야마는 책을 이렇게 소개합니다.

"이 책은 고전적 자유주의(classical liberalism)를 방어하기 위한 것이다. 만일 이 용어가 특정한 역사적 의미들에 복잡하게 얽혀 있다고 한다면, 디어드리 매클로스키(Deirdre McCloskey)가 명명한

'인간적 자유주의(humane liberalism)'로 한정한다. 나는 자유주의가 오늘날 세계에서 심각한 위험에 처해 있다고 믿는다. 이 사실을 일단 받아들인다면, 자유주의의 미덕들은 다시금 명백히 설명되고 칭송받을 필요가 있다."

후쿠야마는 자신이 생각하는 자유주의를 '고전적 자유주의'라고 부릅니다. 이 자유주의는 미국식 중도좌파 이념과 유럽식 중도우파 이념을 포함해 역사적으로 전개되어 온 자유주의 전체를 아우릅니다. 우리나라로 치면 더불어민주당과 정의당, 진보당, 녹색당 정도 될까요?

이러한 자유주의 이념은 17세기 홉스-로크의 정치사상으로 등장해 18세기 프랑스혁명으로 인해 '생동하는 이념'이 됐으며, 20세기에 민족주의 · 공산주의 같은 경쟁 이념을 물리치고 지배적 이념으로 올라서게 되었습니다. 후쿠야마는 다음과 같이 말했습니다.

"자유주의는 종종 '민주주의(democracy)'라는 용어로 흡수되기도 하지만, 엄밀히 말해 자유주의와 민주주의는 구별되는 원칙과 제도에 기초해 있다. 민주주의는 '인민에 의한 지배(rule by the people)'를 지칭하며, 오늘날 보통선거 원칙과 함께 자유롭고 공정한 정기 다당제 선거로 제도화된다. 내가 의미하는 바의 자유주의(liberalism)는 '법의 지배(rule of law)'로서, 집행 권력을 제한하는 형식적인 규칙들의 체계를 의미한다. 선거를 통해 민주적으로 정당성을 부여받은 행정부의 경우에도 법에 의해 제한받는 것은 마찬가지다."

결국, 후쿠야마는 자유주의 이념의 근본 특성을 '개인주의 · 평등주의 · 보편주의 · 개량주의'로 들고 있습니다. 그리고 현실에서 자유주의는 '법의 지배' 아래 정부 권력을 제한하는 규칙들의 체계로 나타납니다. 그러나 지금 대한민국에서 "자유"를 외치는 이들은 법을 지배하는 독재의 모습으로 나타나죠? 따라서 자유주의는 그 자체만으로는 불완전한 것이라, 민주주의 곧 '인민의 지배'와 손을 잡고 '자유민주주의'로 자신을 구현하게 됩니다. 물론 이때의 자유민주주의는 북유럽식 사회민주주의를 포괄합니다(후쿠야마가 이렇게 생각했습니다. 민주주의를 뺀 자유주의가 얼마나 웃기는 말인지 알 수 있습니다). 후쿠야마는 이렇게 말합니다.

"자유주의는 적절하게 이해될 때 국가에 의해 제공되는 광범위한 사회적 보호와 양립 가능하다. 개인은 물론 자신의 삶과 행복에 대해 개인적 책임을 져야 하지만, 다른 한편 개인의 통제를 넘어선 여러 위협에 직면할 수 있는 수많은 상황이 존재한다. 개인이 전염병의 창궐로 일자리를 잃게 될 때, 일시적인 정부 보조는 단지 의존성을 양산하지 않는다. 의료 혜택에 대한 보편적 접근권이 오로지 사람들을 게으르고 방탕하게 만들지도 않는다. 많은 사람은 은퇴 이후를 대비한 충분한 저축을 하지 못하거나, 일자리를 구하기 어렵게 만드는 예상치 못한 사건들을 미리 알지 못한다. 사람들에게 일하는 동안 연금을 저축하도록 강제하는 것은 그들의 자유에 대한 침해가 아니라, 장기적 차원에서 그들의 자유를 이롭게 하는 것이다."

그러나 이러한 광범위한 사회적 보호 기능으로서 국가의 기능을 인정하는 자유주의가 신자유주의로 변할 때 자유주의의 본래적 이상이 위험에 빠집니다. 신자유주의는 '소유와 거래의 자유'라는 자유주의 원칙을 절대화한 경제사상입니다. 이 경제사상은 국가의 개입을 반대하고 시장의 자유를 신봉합니다. 나아가 신자유주의는 모든 것을 개인의 책임으로 돌리고 복지국가의 해체를 주장합니다.

그러나 후쿠야마는 이렇게 말합니다. "삶에는 개인이 통제할 수 없는 상황도 있으며 그런 상황에 국가가 개입하는 것은 자유주의 신념에 어긋나지 않는다!" 따라서 복지국가야말로 자유주의 이념의 구현이 되는 것입니다. 신자유주의자들은 시장이 국가의 엄격한 규제 속에서만 올바르게 작동할 수 있다는 사실을 알지 못했습니다. 그 결과 신자유주의는 거대한 불평등만 남긴 채 자멸의 길을 가고 있는 것입니다. 잘 아시다시피, 신자유주의 폐해가 영국의 브렉시트 결정과 미국의 트럼프 당선이라는 포퓰리즘의 반발을 낳았으며, 이 포퓰리즘이 자유주의를 위기로 밀어 넣은 것입니다. 이렇게 우파 자유주의의 극단화가 낳은 재앙이 신자유주의라면, 좌파 자유주의의 극단은 '정체성 정치'의 오류로 나타납니다. 먼저 후쿠야마의 말을 들어볼까요?

"경제적 자유를 우선시했던 우파 자유주의자들은 개인적 자율성을 극단으로 밀어붙였다. 그러나 좌파 자유주의자들도 극단적이긴 마찬가지였는데, 이들은 개인적 자아실현을 중심에 둔 다른 유형의 자율성을 중시했다. 신자유주의가 극단적 불평등과 금융불안을 초래하여 자유민주주의를 위협했던 것처럼, 좌파 자유주의는 근대적 정체성 정치의 여러 형태로 진화하면서 자유주의 자체의 전제들을 손상시키기 시작했다. 여기서 자율성 개념은 사회적 응집을 여러 방식으로 위협하면서 절대화되었다."

정체성 정치의 급진화가 자유주의의 자기 파멸을 불러들였다는 것입니다. 여기서 후쿠야마의 정체성 정치 비판은 좌파 급진주의의 탈근대사상에 대한 비판으로 이어집니다. 프랑스에서 시작된 탈근대철학(포스트모던 철학, 후기-구조주의 등)의 위험은 자유주의가 기반하고 있는 '과학적 합리주의'를 부정하는 데서 분명하게 드러납니다. 과학적 합리주의는 인간이 과학적 방법론을 통해 객관적 사태를 올바르게 인식하고 그 인식을 통해 세계를 개선해 나갈 수 있다는 믿음을 바탕에 깔고 있습니다. 그러나 미셸 푸코, 자크 데리다, 에드워드 사이드 같은 일군의 학자들이 주장한 탈근대사상은 그런 인식의 객관성 자체를 문제로 삼았습니다. 이들은 자유주의가 가정하는 객관적이고 보편적인 인식이라는 것이 결국은 유럽 백인 남성의 특수한 인식일 뿐이라고 보는 것입니다. 객관적 인식이라는 이름 아래 인종주의 · 가부장주의 · 이성애주의 · 서구중심주의가 관철되고 있다는 비판입니다.

후쿠야마에 의하면 이러한 탈근대사상은 '인식의 황무지'를 열어놓습니다. 탈근대사상의 기원인 니체 역시 "사실은 존재하지 않고, 오직 해석만 존재한다."라고 주장하여 후학들에게 황무지를 펼쳐놓았습니다. 결국 "아무것도 사실이 아니고, 모든 것이 가능하다."라는 인식과 니체의 또 다른 사상인 '권력의지'를 통해 극단적인 권력투쟁이 모든 것을 결정하게 되었습니다. 지금 대한민국은 이러한 포스트모던의 쓰레기가 난무합니다. 전광훈, 천공같은 극우파 정체성과 사이비들의 정치가 부상한 이유가 바로 그 까닭입니다. 객관적 기준은 사라지고 모든 것이 '권력의지'의 싸움이 되는 전쟁상태로 내달리게 된 것입니다. 후쿠야마의 냉철한 비판입니다.

"지금까지 긴 시간 동안, 근대사회는 모든 가치체계가 본질적으로 주관적이라고 주장하는 도덕적 상대주의를 받아들여 왔다. 근대 자유주의는 사실상 사람들의 삶의 궁극적 목적이나 선에 대한 이해가 일치하지 않을 것이라는 전제 위에 성립되었다. 그러나 탈근대주의는 우리를 도덕적 상대주의를 넘어 사실적인 관찰조차 주관적인 것으로 간주하는 인식론적 혹은 인지적 상대주의로 나아가게 했다."

이렇게 자유주의가 낳은 좌우의 극단주의는 자유주의의 기반 자체를 무너뜨리는 자기파멸적인 성격을 지녔습니다. 그렇다면 이제 어떻게 해야 할까요? 후쿠야마는 자유주의가 지켜야 할 마지막 원칙으로 고대 그리스의 금언 '메덴 아간'(Μηδὲν ἄγαν) 곧 '무슨 일이든 도를 넘지 말라'를 제시합니다. 동양으로 치면 중용지도(中庸之道), 과유불급(過猶不及)이라고 할 수 있는데, 도덕적인 덕목으로는 '절제(moderation)'야말로 자유주의 사회를 지탱하는 최후의 원리라는 것입니다. 이러한 절제를 바탕으로 자유주의가 인간의 보편적 평등과 존엄을 보장하는 세계로 나아가는 길을 제시할 수 있다고 후쿠야마는 제안하는 것입니다. 후쿠야마의 마지막 제안입니다.

"절제는 일반적으로 나쁜 정치적 원칙이 아니며, 특히 처음부터 정치적 열정들을 누그러뜨려야 하는 자유주의 질서에서는 더욱 그렇다. 사고, 팔고, 투자할 수 있는 경제적 자유가 좋다고 해서, 이것이 경제적 활동에 대한 제약 모두를 제거하는 것이 더욱 낫다는 의미는 아니다. 사적자율성이 개인적 성취의 원천이라고 해서, 무제한적 자유을 주고 여러 제약들을 지속적으로 제거하는 것이 개인의 성취를 높이지는 않는다. 때때로 성취는 한계를 받아들이는 데서 나온다. 그러므로 개인과 공동체 모두의 차원에서 절제의 의미를 재발견하는 것은 자유주의 자체의 재부흥, 나아가 사실상 생존의 열쇠가 될 것이다."

자유주의의 카오스에서 다시금 절제를 통해 코스모스를 모색하려는 후쿠야마의 노력이 눈물겹습니다.

토론해 봅시다

① "자유주의는 여전히 유효한 정치 이념인가?"

찬: 자유주의는 민주주의와 시장의 핵심 가치이다.

반: 불평등과 공동체 해체를 낳은 한계 이념이다.

② "자유는 평등보다 우선해야 하는가?"

찬: 개인의 자유는 창의성과 자율성의 근거이다.

반: 자유만을 강조할 때 사회적 불평등이 심화된다.

타자를 말하다

거리의 사상가이자 리버럴한 윤리학자인 우치다 타츠루(교토 세이카대학 객원교수)는 자신을 레비나스 연구자가 아닌 '제자'로 자처합니다. 그의 일생의 사업인 레비나스 3부작 가운데 '사랑의 철학자' 레비나스가 말하는 타자에 대한 공감과 연대를 다룬 『레비나스와 사랑의 현상학』(갈라파고스, 2014)이 번역되었고, 이번에 레비나스의 타자론과 윤리학을 다룬 『레비나스, 타자를 말하다』(세창출판사, 2023)가 번역되었습니다. 앞으로 하이데거와 레비나스를 비교할 『시간론』이 계획되어 있는데, 기대합니다.

『레비나스, 타자를 말하다』는 일본어 원작의 부제인 '라캉에 의한 레비나스'처럼 레비나스와 라캉이 얼마나 난해하게 글을 쓰는지를 집중적으로 소개합니다. 난해하게 쓰는(그리고 읽는) 데에는 다 이유가 있다는 것입니다. 우치다는 다음과 같이 말했습니다.

"제 읽기는 '고르디우스의 매듭'을 단칼로 베어 버리는 읽기와는 꽤 다릅니다. '고르디우스 매듭'이란 고대 프리기아의 왕 고르디우스가 만든 복잡하고 기괴한 매듭으로, 이것을 푼 자는 아시아의 패자가 되리라는 예언과 함께 전해졌습니다. 알렉산더 대왕은 아무도 풀지 못한 매듭을 자신의 검으로 단칼에 끊어 버렸고, 예언대로 아시아의 패자가 되었습니다. 난해한 사상을 해설할 때 많은 사람은 '알렉산더 대왕의 검'을 꺼내려 하곤 합니다. 이를테면 레비나스를 읽을 때 마르크스주의 이론과 페미니즘의 텍스트론을 적용하는 것은 '알렉산더의 검'으로 해결하는 것과 비슷합니다. 그것으로 매듭은 분명 훌륭하게 잘릴 테죠. 마르크스주의적 읽기로는 레비나스는 '부르주아 시오니스트'에 지나지 않고 페미니즘적 읽기로는 '부권(父權)주의적 성차별주의자'에 지나지 않습니다. 이런 분류를 믿는다면 레비나스의 '이해하기 어려운 사고'는 모두 '망언'으로 물리칠 수 있습니다. '알렉산더의 검' 같은 논리는 단순하고 명쾌합니다. 그러나 그러한 '이해'로 우리가 얻는 것과 잃는 것 중 어느 쪽이 많은가 고민해 볼 필요가 있습니다."

그럼 우치다의 논리를 따라가 볼까요? 잘 알다시피, 레비나스는 전체주의 폭력의 근원을 살피고 그 폭력을 넘어서는 사상을 찾는 철학자입니다. 레비나스의 국가박사학위 논문인 『전체성과 무한』(1961)에 그 길이 잘 나타나 있습니다. 여기서 레비나스는 전체주의의 근원을 서양 철학의 존재론으로 보았습니다. 가령 데카르트의 '사유하는 주체'를 중심으로 하는 서양의 전통 존재론은 '사유하는 나' 바깥의 모든 것을 나(주체)의 인식으로 포섭하고 흡수하려고 합니다. 쉽게 말하면 주체가 만든 전체 체계 안에 모든 타자를 포획하는 것입니다. 이것이 '전체성의 철학'입니다. 타자성을 인정하지 않는 '동일성의 철학'이기도 합니다.

따라서 레비나스는 이러한 전체성의 폭력을 양산하는 서양의 존재론에 맞서 다시 '형이상학'을 대안으로 제시합니다. 물론 이때의 형이상학은 '절대적인 것'을 향해 열린 사유를 뜻합니다. 여기서 형이상학이 사유하는 절대적인 것은 타자입니다. 무한을 간직한 존재입니다. 결국 레비나스에 의하면 인간은 무한인 타자를 사유함으로 자기 동일성에서 풀려나 타자와 윤리적으로 만날 수 있다는 것입니다. 이것을 레비나스는 '전언 철회'과 '형이상학적 욕망'을 통해 경험하는 '신(타자의 가장 극명한 경우)'으로 소개합니다. 그리고 우치다는 이것을 잘 포착하였습니다.

앞서 레비나스의 철학이 난해한 방법으로 서술된다고 말씀드렸죠? 우치다는 '전언 철회'를 레비나스의 '리얼리티 없는 리얼리티', '관계 없는 관계', '포착 가능하면서도 모든 포착을 벗어나는 것' 같은 말로 소개합니다(결은 다르지만 카오스모스와 같은 말이라고 할 수 있습니다). "무언가를 제시했다가 바로 거두어 들이는 것"입니다. 이렇게 함으로 진술은 흔적을 남기고 흔적은 수수께끼가 됩니다. 따라서 수수께끼는 독자에게 수수께끼를 풀고자 하는 욕망을 불러일으킵니다. 이 욕망을 레비나스는 '형이상학적 욕망'이라고 부릅니다.

사실 우리의 모든 언어는 존재자를 포섭하는 언어입니다. 따라서 언어를 쓰는 순간 우리는 존재론의 한계에 갇히게 됩니다. "신이란 무엇인가?"라는 질문도 마찬가지입니다. 신을 '신'이라는 언어 존재론에 가두는 것이죠? 레비나스는 전체성에 갇히지 않는 무한을 이렇게 형이상학적 욕망의 대상으로 해방(혹은 구원)시켜 버립니다.

우치다는 이러한 레비나스의 철학의 '형이상학적 욕망'을 '존재론적 욕구'와 대비시킵니다. 이것은 라캉의 '욕망(désir)'과 '욕구(besoin)'와 유비 가능합니다. 라캉에 의하면 욕구는 식욕, 수면욕, 성욕 등 인간의 원초적인 갈구를 뜻합니다. 그러나 욕망은 욕구를 충족시켜도 해결되지 않는 근원적인 결핍을 말합니다. 먹어도 먹어도 가시지 않는 허기가 바로 욕망입니다. 이러한 욕망은 충족되지 않은 결핍이기 때문에 무한한 운동이 가능합니다.

따라서 레비나스는 욕구를 존재론과 연결하고, 욕망을 형이상학과 연결합니다. 그렇습니다. 존재론적 욕구는 모든 타자를 먹어치움으로 즉각적인 충족을 요구합니다. 그러나 형이상학적 욕망은 충족될 수 없는 결핍 속에서 끝없이 나를, 주체를 넘어서 나아갑니다.

그렇다면 형이상학적 욕망은 주체를 넘어서 끝없이 어디로 나가는 것일까요? 레비나스에 의하면 '절대적으로 외부적인 것'입니다. 다른 말로 '무한성'입니다. 여기서 레비나스의 타자론이 등장합니다. 곧 무한성을 내장한 자인 '타자'의 등장입니다. 그리고 절대자인 신은 타자의 가장 극명한 경우입니다.

중요한 것은 신은 인간과는 절대적으로 '다른 차원'에 있습니다('다른 존재'라고 말하면 다시 존재론의 함정에 빠지니 조심해야 합니다). 레비나스도 소개하듯, 창세기에서 신이 아브라함을 부릅니다. "그 일 후에 하나님이 아브라함을 시험하시려고 그를 부르시되, 아브라함아! 하시니, 그가 가로되, 내가 여기 있나이다(창 22:1)." 여기서 인간은 신의 부름에 응답하고 순종할 뿐입니다. 결국 아브라함은 이삭을 번제로 바치라는 신의 명령을 따릅니다. 물론 신은 아브라함의 믿음을 보고 숫양을 미리 준비해 놓았습니다(여호와 이레).

그러나 욥은 자신에게 닥친 끔찍한 고난에 관해 신에게 이렇게 묻습니다. "내가 어찌하면 하나님을 발견하고 그의 처소에 나아가랴? 어찌하면 그 앞에서 내가 호소하며 변론할 말을 내 입에 채우고, 내게 대답하시는 말씀을 내가 알며 내게 이르시는 것을 내가 깨달으랴?(욥 23:3-5)"

욥은 신을 만나 변론하고자 합니다. 공통의 법을 상정하고 그 법에 따라 정의로운 판단을 요구하고자 합니다. 그러난 결국 욥은 창조주 신 앞에서 자신은 아무것도 아니라는 것을 깨닫습니다. 그렇습니다. 창조주인 신과 피조물인 인간 사이에 공통의 법은 없습니다. 그 결과 그 법에 따라 정의를 따질 수 없는 것입니다.

여기서 레비나스는 신을 인간이 헤아릴 수 있는 것 너머의 무한성으로 고백합니다. 그리고 그 무한성의 부름에 아브라함처럼 응답하는 하는 것이 바로 '주체'입니다. 근대적 주체가 아닌 새로운 주체의 탄생입니다. 이것은 데카르트적인 주체와 정반대입니다. 곧 존재자 전체를 장악하는 근대적 주체가 아니라, 무한을 향해 자기 자신을 여는 '윤리적 주체'의 탄생입니다. 이것을 받아들이면 우치다가 인용한 레비나스의 다음의 말이 이해가 됩니다.

"'내가 받은 박해(les perséutions que je subis)에 관해서조차도 나는 유책'이라는 말은 지금까지 레비나스 윤리의 엄청남을 상징하는 말로서 반복해서 인용되어 왔습니다. 그러나 '똑같은 박해'를 받으면서 아우슈비츠 수용소와 하노버 수용소 사이에 존재했던 격절(隔絕, 서로 사이가 떨어져서 연락이 끊어짐)에 관해서, 그리고 '죽은 자들'과 '살아남은 자' 사이에 존재한 격절에 관해 레비나스 자신이 맛보았을 터인 자책에 관해서 생각한다면 '내가 받은 박해에 관해서도 나는 유책이다'라는 레비나스의 말은 결코 사변적으로 도출된 것이 아니라 신체의 깊은 곳에서 배어 나오듯 분출하는 말이었다는 것을 알 수 있습니다."

우치다는 앞부분에 이렇게 덧붙입니다.

"물론, 레비나스 자신은 아우슈비츠에서 죽어 간 '과부, 고아, 이방인'에 그 어떤 책임이 있는 것도 아닙니다. 그 자신도 또한 같은 폭력의 피해자였으니까요. 그는 '결백'합니다. 그럼에도 레비나스가 전시 포로로서 독서를 하고 크리스트교도와 우애를 쌓을 기회를 잡는 등 비교적 견디기 쉬운 수용소 생활을 보내고 있는 동안 그의 동포들이 무참한 죽음을 경험한 이상, 레비나스는 그들의 죽음에 책임을 느끼지 않고는 견딜 수 없습니다."

지금, '전체성의 존재론'에서 '형이상학적 욕망'으로, 또 '근대적 주체성'에서 '윤리적 주체'로 변하지 않으면 한국은 물론, 세상에 희망이 없을 것입니다. 철학은 이렇게 레비나스를 카오스모스의 세례 요한으로 받아들이는데, 신학은 아직도 전체성과 폭력적 주체성에 매달리고 있습니다. 오호통재(嗚呼痛哉)라!

토론해 봅시다

① "타자의 고통을 말하는 것이 곧 타자를 위하는 것인가?"

찬: 말함으로써 존재는 드러나고 보호받을 수 있다.

반: 말함은 대리화이고, 타자의 침묵을 다시 지운다.

② "연민은 타자 윤리의 출발점인가?"

찬: 레비나스처럼, 타인의 얼굴은 나의 윤리를 일깨운다.

반: 연민은 우월적 시선에서 비롯된 위선일 수 있다.

정치적 부족주의

엄격한 중국식 교육방법을 다룬 책 『타이거 마더』(민음사, 2011)로 '타이거맘(tiger mom)'의 상징으로 불린 미국 예일대 법대 에이미 추아(Amy Chua) 교수의 『정치적 부족주의』(부키, 2020)는 지역이나 단체에 대한 충성도가 철학이나 이데올로기보다 왜 더 강력한 동기가 되는가를 연구한 책입니다.

사실, 인간에게는 누구나 '부족 본능'이 있습니다. 여기서 부족이란 '개인에게 소속감과 애착 및 충성심을 갖게 하는 집단'을 뜻합니다. "동창회는 국가 비상사태에 우선한다."라는 우스개와 대한축구협회의 '학교부족', 대한배드민턴협회의 '협회부족' 등이 그 예이기도 합니다. 집단에 대한 충성입니다.

이러한 인간의 집단 본능은 '소속 본능'인 동시에 '배제 본능'입니다. 에이미에 의하면, 지금 집단 본능으로 갈라진 부족과 기록적인 수준의 불평등이 결합하면서 지구촌에는 '정치적 부족주의' 현상이 나타나고 있습니다. 물론, 이 책은 미국 내 '부족주의의 부상'과 '정체성 정치'의 갈등 상황을 설명하지만, 우리 한국 사회에도 적용이 가능합니다.

"오늘날 미국 사회는 두 개의 백인 부족으로 분열되어 있다. 첫 번째는 정치 활동 참여도가 높고, 코즈모폴리턴적 가치를 받아들인, 자신을 '세계 시민'이라고 생각하는 '도시/연안 지역'의 백인이다. 이 미국 엘리트 계층은 자신이 '부족적'인 것과는 정반대라고 생각하지만, 사실 '코즈모폴리턴주의'는 고학력에 세계 여러 나라를 다녀볼 수 있었던 엘리트 계층의 배타적인 '부족적 표식'이다. 이 표식은 부족 바깥의 외부인을 매우 분명하게 가려낼 수 있게 해주는데, 여기에서 외부인은 USA를 연호하는 촌뜨기들이다."

우리 사회의 강남좌파, 진보 엘리트들입니다.

"두 번째 백인 부족은 교육 수준이 낮고, 인종주의적이며, 애국적인 '농촌/중서부/노동자 계급' 백인이다. 이들의 표식은 '버드와이저' '성조기' '미국을 다시 위대하게(Make America Great Again)'라는 구호와 애국심으로 요약할 수 있다. 이들은 엘리트 계급을, '진짜 미국인'에 대해서는 관심도 없으면서, 저 멀리서 권력의 지렛대를 통제하는 소수 집단이라고 생각하며 경멸한다. 그리고 이 경멸은 노동자계급에 강력한 부족적 정체성을 형성했는데, 바로 트럼프 당선에 크게 일조한 '반기득권 정체성'이다."

우리 사회의 가난한 태극기 우파 및 20대 청년 보수층들입니다. 그러나 최근, 기존에 재산의 유무, 지역 갈등, 세대 차이에 따라 좌파와 우파가 거의 정확하게 갈렸던 우리 사회는 새로운 변화에 접어들었습니다. '강남 좌파'를 신호탄으로 경제 및 교육 수준, 종교, 젠더 등 정체성의 대결이 좌우 대결을 압도한 것입니다. 그 세례 요한이 이준석 의원이죠? 이렇게 오늘날 정치 구도는 이해관계가 아니라, '당신이 어떤 부족에 소속되어 있느냐'에 따라 갈라지는 것입니다.

미국의 경우 좌파는 '정체성 정치'에 매몰되었습니다. 누가 가장 덜 특권을 가지고 있는지를 경쟁합니다. 인종, 민족, 젠더, 성적 지향에 따라 세분화된 정체성은 제로섬 경쟁을 가속합니다. 결국 모두를 존중하며 모두에게 비난받지 않으려고 어떤 합의도 이를 수 없는 상황입니다. 우파도 '백인 정체성 정치' 늪에서 헤어 나오지를 못합니다. 이들은 백인이 위험에 처해 있고 백인이 차별 당하는 집단이라는 이데올로기로 부족주의를 강화합니다. 이들은 좌파가 끊임없이 우파의 집단성을 비난하고, 창피를 주고, 백인들이 갖고 있지도 않은 '특권'을 가졌다고 몰아붙이는 바람에 부족을 만들었다고 말합니다.

그렇다면 대안은 무엇인가요? 다른 부족 사람들끼리 서로 접촉하는 것이 아니라(이렇게 되면 '고결한 우리'와 '악마인 저들'의 싸움이 시작됩니다), 개인과 개인이 대면해 '상호작용'해야 한다고 말합니다. 그래야만 "'인종주의자'라고 비난받지 않으면서 다문화 가정에 대한 우려를 말할 수 있고, '빨갱이'라고 비난받지 않으면서 '복지'를 말할 수 있고, '성차별주의자'라고 비난받지 않으면서 군 가산점과 유리 천장에 대해서 말할 수 있게 되는 것"입니다.

지금, 바로 옆에 있는 다른 부족 사람에게 다가가세요. "안녕하세요."를 시작으로 그의 말을 들어주고, 공감하고, 소크라테스의 산파술로 그이 속에 있는 참된 것을 이끌어내세요. 힘들지만 천리 길도 한 걸음부터, 그것이 새로운 세상의 시작입니다.

토론해 봅시다

① “정치적 부족주의는 포스트모던 사회의 불가피한 결과인가?”

찬: 거대 서사의 붕괴로 소규모 정체성 정치가 등장했다.

반: 진정한 보편주의가 부재한 사회의 결과일 뿐이다.

② “소수자 정치가 전체 연대를 해친다고 볼 수 있는가?”

찬: 정체성의 파편화는 사회 통합을 어렵게 만든다.

반: 다양한 정체성의 인정은 포용적 공동체의 출발이다.

우크라이나 전쟁과 신세계질서

한신대 국제관계학과 이해영 교수의 책『우크라이나 전쟁과 신세계질서』(사계절출판사, 2023)가 흥미롭습니다. 2022년 2월에 시작되어 1년 이상이 계속되고 있는 이상한 전쟁, '우크라이나 전쟁'의 원인, 경과 그리고 해법을 본격적으로 탐구하고 있는 책입니다. "푸틴 치매설", "러시아군 키예프 대패설" 등 이 전쟁에 대해서는 한쪽(이른바 서방 1세계)으로 치우친 해석/보도에 관하여 "과연 사실이 그러한가?"라고 질문하고 있습니다.

그리고 이해영 교수는 여기에서 한발 더 나아가 "이 전쟁은 우리에게 도대체 무엇인가?"라고 묻습니다. 이 책이 독특한 점은 브레히트의 연극처럼(소격효과, 곧 낯설게 하기) 이 전쟁을 바라보는 독자의 관점을 낯선 방향으로 뒤집고, 이 전쟁에서 드러나지 않은, 혹은 의도적으로 가려진 국면으로 독자를 잡아당기고 있습니다.

먼저 2장 '전쟁의 원인과 성격' 부분을 볼까요? 이해영 교수는 이렇게 분석합니다.

"나토 동진, 특히 그 순번이 우크라이나에 왔을 때 이 문제가 얼마나 휘발성이 강해질지 미국도 충분히 인지하고 있었다. 위키리크스가 폭로한 2008년 2월 1일자 모스크바발 비밀 전문을 살펴보자. 미국 합동참모본부와 국방부, 국무장관, 국가안전보장회의, 나토, 유럽연합 협의기구로 전달된 전문은 '러시아는 나토에 의한 포위와 역내 영향력 축소 시도를 인지할 뿐만 아니라 자국의 안보 이익을 심각하게 침해할지도 모르는 예측 불가능하고 통제되지 않은 결과를 우려하고 있다'고 전한다. (중략) 나토 가입 문제가 장기적으로 미러 관계의 최대 불안 요소이며, 양국을 전형적인 대결 태세로 몰고 갈 수 있다고 보고한다. 즉 우크라이나의 나토 가입이 초래할 위험에 내전과 영토 분할, 신냉전이 모두 포함되므로 이는 결국 러시아가 개입 여부를 결정할 수밖에 없는 사안이라고 밝힌다. 즉 이 말을 뒤집으면 미국은 러시아의 우크라이나 개입을 강요하여 얻을 수 있는 이익이 있다면 그렇게 할 수도 있다는 뜻이다."

3장 '2022년 전쟁의 전개'를 또한 이렇게 분석합니다.

"젤렌스키는 한편으로 나토가 우크라이나 가입을 수용할 수 없다는 점을 깨달았지만, 다른 한편으로 전쟁을 해야 나토 가입이 쉬워질 것이라고 생각했다. 즉 전쟁을 일종의 나토 입장권으로 보았다는 말이다. 4월 러시아 국방부는 '전쟁 2단계'를 선언했다. 그러자 서방 언론은 러군이 키예프 점령에 실패해 패주했다는 식의 보도를 쏟아내기 시작했다. 우크라이나가 승리했다는 말이다. 이 우크라이나 대승론은 장기 전쟁의 모멘텀이다. 이로써 전장의 실제 상황과 분리 자립된 상상 속의 내러티브 전쟁이 시작되었다. 관념 속, 머릿속 새로운 전장이 만들어진 것이다."

그러나 관념 속 전쟁이 아니라, 현실에서는 어떨까요? 경제전쟁으로서 대러 제재가 가능할까요? 아니면 이 전쟁은 EU의 자해인가요? 이해영 교수는 이렇게 분석합니다.

"대러시아 경제 제재가 러시아를 굴복시킬 거라고 오판하는 것을 보고 충격받았다. 사실은 그 반대다. 러시아는 자급자족이 가능하며, 수입에 의존하지 않는다. 반면 러시아의 수출은 서방의 경제 후생에 결정적이다. 러시아가 밀, 탄산칼륨, 가스, 석유, 팔라듐, 제련 니켈, 그 밖의 핵심 광물을 서방에 공급하지 않는다면 유럽과 미국의 경제는 유린당할 것이다. 러시아를 제재로 통제하려는 시도는 준비통화로서 달러의 역할을 역사 속으로 사라지게 할 가능성이 크다."

충격적인 것은 이 전쟁은 리버럴, 혹은 진보네오콘의 대리전쟁이라는 사실입니다. 따라서 우파인 폭스뉴스는 이 전쟁을 반대합니다. 이해영 교수는 마이클 허드슨의 흥미로운 이야기를 소개합니다.

"미국에서 유일하게 반전을 말하며 우크라이나에서 전쟁을 하면 안 된다고 보도하는 매체는 놀랍게도 공화당 우파인 폭스뉴스이다. 오직 이 채널만 러시아가 세상을 보는 시각을 제대로 알려주고 있다. 우리는 사태를 우리의 관점으로 볼 것인지 아니면 제대로 볼 것인지 정해야 한다. 지금 이 순간 미국에서 우크라이나 전쟁에 반대하는 세력은 공화당과 우파이다. 좌파는 찬성 일색이다. 좌파가 집권 민주당을 장악하고 있지만, 사태를 냉철하게 파악하고 있는 인물이 한 사람도 없다."

사실 우리 인간은 모두 불의한 전쟁에 반대합니다. 그러나 그 전쟁 반대가 악으로 간주되는 대상의 절멸을 상정하고 있다면 어떻게 해야 할까요? 심지어 그 대상이 악으로 간주되는 이유도 오해와 조작 때문이라면 어떻게 해야 할까요? 이해영 교수는 우크라이나 전쟁의 기원을 '나토의 동진'과 낡은 '루소포비아 Russophobia(Russia와 phobia의 합성어로, '러시아 혐오'를 뜻한다)' 지정학에서 찾습니다. 우리가 눈여겨보지 못했던 전쟁의 원인입니다.

1990년 2월 9일 미국의 국무장관 제임스 베이커는 고르바초프를 만난 자리에서 독일 통일에 대한 소련의 동의를 구하며 "나토의 관할권이 동쪽으로 단 1인치라도 확장되는 일은 없을 것이다"라고 확언했습니다. 그리고 같은 약속을 조지 W. H. 부시 미국 대통령과 헬무트 콜 독일 총리와 프랑수아 미테랑 프랑스 대통령과 마거릿 대처 영국 총리가 했습니다. 미국과 나토는 소련을 포함하는 유럽의 새로운 평화 · 안보 구조를 소련에 제안했습니다. 그러나 이후 역사에서 소련은 붕괴해 사라졌고, 나토는 회원국을 늘리며 점점 더 동쪽으로 확장되었습니다. 러시아와 국경을 맞댄 나라들에 나토의 군사기지가 설치되었고, 그들의 레이더와 미사일 발사대는 모스크바를 향해 있었습니다. 러시아는 여기에서 어떻게 평화가 가능하냐고 물었지만, 미국과 나토는 대답하지 않았습니다.

결국, 루소포비아에는 미국의 패권을 유지해 줄 군사적 · 경제적 핵심 이익이 걸려 있는 것입니다. 이해영 교수는 다음과 같이 말했습니다.

"미국이 원한 것은 처음부터 우크라이나 전쟁의 확산과 지속이었다. 리버럴과 네오콘의 연정인 바이든 정권은 전쟁을 원한다. 바이든의 결재 없이 젤렌스키가 평화협정에 서명할 수 있을까? 아직까지 이 전쟁은 미국 자신에게 유리하다. 무기를 팔고, 러시아의 가스 대신 미국의 가스를 팔고, 농산물도 팔고, 게다가 영국과 독일 · 프랑스를 비속한 미국의 '위성국'들을 제대로 줄 세울 수 있기 때문이다. 게다가 미군은 단 한 명도 죽을 일이 없다."

현재 미국의 집권 민주당의 주류는 시카고대학의 레오 스트라우스와 예일대학의 도널드 케이건에서 시작된 네오콘의 후예들입니다. 이 가운데에서도 국무부 차관 빅토리아 눌런드를 포함한 케이건 집안을 네오콘의 성가정(Holy Family)이라고 이해영 교수는 지목합니다. 이들의 목표는 '자유주의 패권의 확장'이며, 그 과정에서 소련은 반드시 제압해야 할 주적으로 설정했다는 것입니다. 그러나 냉전은 끝났고 소련은 지상에서 사라졌으며 푸틴은 공산주의자가 아닙니다. 그러나 네오콘은 자신들의 계획표에 공산주의 소련의 빈자리를 민주주의 러시아로 바꾸었던 것입니다.

실제로 2014년 이후, 미국과 나토는 우크라이나에 엄청난 양과 질의 군사 장비와 훈련, 자문을 최대한 제공했습니다. 마치 서방의 자본 및 기술과 남방의 값싼 노동력을 결합하듯이 미국 및 나토의 군비와 재정, 첨단 무기, 정보 및 장비로 무장한 양질의 우크라이나군이 러시아의 맞상대로 육성되었습니다. 이해영 교수의 분석입니다.

"'브레진스키 함정'의 요체는 이렇다. 적을 원하지 않는 전쟁으로 유도해 한정된 자원을 고갈시키고 전력을 약화시킨 뒤 최종적으로 압박해 무너뜨린다. 그렇게 아프가니스탄은 '소련의 베트남'이 되었고, 소련은 자국의 생산력으로 더 이상 냉전 비용을 감당할 수 없게 되자 결국 붕괴했다. 그리고 이번에는 러시아의 아프가니스탄으로 우크라이나가 지목되었다."

일본의 베트남으로 한국이 지목되지 않을까 두렵습니다. 아무튼 이해영 교수의 결론은 러시아-우크라이나 전쟁은 미국의 리버럴 혹은 진보 네오콘이 우크라이나 국민을 바둑돌로 들고 러시아를 상대로 벌이는 '대리전쟁(proxy war)'이라는 것입니다. 이해영 교수의 말입니다. "이 전쟁은 미국이 감독하고 젤렌스키가 연기한 드라마다!"

결국 핵심은 이렇습니다. 우크라이나 전쟁은 누군가에 의해 유도된 전쟁입니다. 이 생각을 주장하는 가장 미국적(현실주의적)인 정치학자 존 미어샤이머도 이렇게 말합니다.

"우리는 막대기로 곰의 눈을 찔렀습니다. 막대기를 들고 곰의 눈을 찌른다면 그 곰은 아마도 당신이 하는 일에 웃지는 않을 것입니다. 그 곰은 아마 반격할 것이고, 그것이 바로 여기에서 일어나고 있는 일입니다. 그 곰은 우크라이나를 발기발기 찢어버릴 것입니다. 우리는 우리가 시작한 곳으로 돌아가야 합니다. 이에 대한 책임은 누구에게 있습니까? 러시아인들이 더러운 일을 하고 있다는 것은 의심의 여지가 없습니다. 나는 그 사실을 가볍게 여기고 싶지 않지만, 문제는 러시아인들이 왜 이런 일을 하게 되었는지입니다. 대답은 매우 간단합니다. 문제의 원인은 바로 미국입니다."

이해영 교수의 말대로, 이 전쟁에서 중요한 것은 '전쟁의 해석'입니다. "자유주의 패권의 확장"이 얼마나 무서운 말인지 다시 한 번 깨닫게 됩니다. 자유가 이렇게 자유롭게 왜곡되고 있습니다. 이해영 교수의 분석에 동의합니다. 놀라운 세상, 기막힌 세상입니다.

토론해 봅시다

① "우크라이나 전쟁은 패권 전환의 신호탄인가?"

찬: 다극 체제로의 이행이 시작되었다.

반: 미국 중심 질서는 여전히 견고하다.

② "전쟁은 국제질서를 재구성할 수 있는가?"

찬: 전쟁은 역사를 전환시키는 결정적 계기이다.

반: 전쟁은 비극일 뿐, 진정한 질서 창출은 불가능하다.

4

예술 환경의 얽힘

뤼트모스(리듬)

영어 리듬(Rhythm)의 어원이 되는 헬라어 '뤼트모스(ῥυθμός)'는 '계획적인 움직임' 또는 '규칙적인 패턴'을 의미합니다. 우리말로 번역하면 '모양'이나 '꼴'에 해당됩니다. 뤼트모스는 헬라어 동사 '레오(ῥέω)'에서 유래되었는데, 이 말뜻은 '흐르다'입니다. 헤라클레토스(Heraclitus, 기원전 535년경~475년경)의 사상을 정리하며 플라톤(Platon, 기원전 428/427년경~348/347년경)이 말한 "판타 레이(πάντα ῥεῖ, 모든 것은 흐른다)"의 그 '레이'입니다.

아무튼, 뤼트모스는 흐름의 움직임을 의미하며, 주어진 패턴 또는 시간적인 순서에 따라 일정한 리듬을 형성하는 것을 나타냅니다. 따라서 음악이나 춤과 관련된 맥락에서 많이 사용됩니다. 그러나 나중에는 시간, 운동, 문학 등 다양한 분야에서도 적용되었으며, 규칙적이고 일정한 패턴 또는 움직임을 나타내는 개념으로 확장되었습니다.

리듬을 이해하기 위해 박(拍, Beat)과 박자(拍子, Meter)를 알아야 하는데, 먼저 박은 음악에서 시간의 최소 단위이고 일정한 간격으로 반복되는 소리입니다. 박자는 음악의 박을 일정한 그룹으로 묶은 것입니다. 그리고 리듬은 박과 박자의 패턴을 조합하여 형성되는 음악적인 움직임입니다.

쉽게 말해 소리인 박이 있으면 강박과 약박 등이 생기는데 이것을 일정한 규칙에 맞춰 묶은 것을 박자라고 하며 리듬은 고정적인 박자가 아니라, 박의 변주로 새로운 것을 만들어내는 박자라고 할 수 있습니다.

철학자 질 들뢰즈(Gilles Deleuze)는 『천개의 고원』에서 "리듬은 척도나 박자가 아니다. 그것이 불규칙하더라도!"라고 합니다. 리듬을 박자로부터 분리, 아니 해방 시키는 것입니다. 들뢰즈는 헤라클레이토스의 입장에 서기 때문입니다. 그리고 그 반대 지점에 플라톤이 있습니다.

따라서 플라톤과 헤라클레이토스는 뤼트모스에 대한 다른 관점을 보입니다. 곧 질서(박자로 이해되는)와 변화(리듬으로 이해되는)의 차이입니다. 플라톤은 영원하고 불변하는 질서에 가치를 두었기 때문에 뤼트모스에서 고정적인 박자를 보았고, 헤라클레이토스는 불규칙하고 변화하는 리듬을 본 것입니다.

이것이 두 철학자의 음악에 대한 다른 이해입니다. 플라톤은 뤼트모스를 영원한 질서와 관련시켜, 뤼트모스가 이상적인 형태와 조화롭게 어우러져야만 진정한 아름다움과 정의가 실현된다고 믿었습니다. 따라서 플라톤은 예술과 음악을 통해 이 이상적인 형태들에 접근하고자 했습니다. 곧 합리적인 모양과 꼴입니다. '만물은 수(πάντα ἀριθμός ἐστιν)'라고 생각한(구체적으로는 '숫자를 통해 깨닫다'인 'ἀριθμῷ νοεῖν'이 정확합니다만) 피카고라스 학파의 영향이겠죠?

반면, 헤라클레이토스는 세계의 불규칙성과 변화를 강조했습니다. 그는 뤼트모스를 자연의 움직임과 흐름에 연결 시켰는데, 그에 따르면 모든 것은 지속적인 변화와 불규칙성을 가지며, 세상은 영원한 질서에 의해 지배되지 않는다고 주장했습니다. 따라서 헤라클레이토스는 이 세계의 불규칙성과 다양성을 받아들여야 하며 존중해야 한다고 생각했습니다. 특히 그는 예술과 음악을 통해 플라톤과 피타고라스 학파처럼 조화와 질서를 표현하는 것이 아니라, 세계의 다양성과 변화를 표현하고자 했습니다.

서양철학의 역사는 이렇게 리듬에 대한 상이한 두 가지 전통이 존재합니다. 한쪽은 흐름 안에서 내재적으로 발생하는 변화하는 다양한 형태를 찾아냈고, 다른 한쪽은 상위의 척도(곧 박자)가 이 리듬(다양한 흐름)을 규제하는 운동의 질서로 보았습니다. 그리고 후자가 2,500년 간 승리했습니다. 서양철학의 전통을 형성한 것입니다. 결국 플라톤주의 전복을 선포한 들뢰즈는 헤라클레이토스와 베르그송, 니체 등을 통해 리듬의 원래 의미를 복원합니다.

저는 '박자 음치'입니다. 박자에 맞춰 노래를 부르기가 그렇게 어렵습니다(어떻게 보면 암기력이 떨어진다고 볼 수 있겠습니다만). 그러나 한때 작곡가를 꿈꾸었던 음악가입니다. 고2 때는 3/3+2/2박자의 곡을 만든 적도 있습니다. 5/5박자를 크게 두 박으로 나눈 것입니다. 기존 2박, 3박을 혼합한 것입니다. 아마도 헤라클레이토스의 피와 들뢰즈의 살이 그때부터 있었던 것 같습니다. 따라서 체질적으로 헤겔(G. W. F. Hegel)과 칸트(I. Kant)가 몸에 맞지 않습니다. 코드에 갇히기를 싫어하는 "진리를 통한 자유"를 외치는 예수의 정신이 깃들어 있기 때문인가 봅니다. 일정한 심장 박동수에 안정을 느끼는 것이 아니라, 박자의 변주에 새로움을 느끼는 영원한 노마드(nomad, 유목민)인가 봅니다.

토론해 봅시다

① "예술에서 리듬은 감정보다 구조를 먼저 구성하는 핵심인가?"

찬: 리듬은 감정의 표현이 아닌, 존재의 구조적 패턴이다.

반: 리듬은 인간의 감정과 정서적 반응에서 비롯된 2차적 산물이다.

② "삶은 곧 예술이며, 일상의 리듬도 예술로 보아야 하는가?"

찬: 삶의 반복성과 변주 자체가 하나의 예술적 창조이다.

반: 예술은 일상을 초월하거나 재해석할 수 있는 창조적 행위여야 한다.

칸트의 판단력 비판

칸트(I. Kant)의 『판단력 비판』에서 '판단력'은 특수한 것을 보편적인 것 아래에 함유되어 있는 것으로 사고하는 능력입니다. 칸트는 이렇게 정리합니다. "규칙들 아래에 무엇인가를 포섭하는 능력, 무엇인가가 주어진 규칙 아래에 있는 것인지 아닌지를 판별하는 능력이다."

그렇다면 '판단력 비판'은 무엇인가요? 말 그대로 '판단력의 능력에 대한 비판'으로 칸트에 의하면 '미감적 판단력 비판'과 '목적론적(인식적) 판단력 비판'이 있습니다. 후자는 '자연의 실재적 합목적성을 지성과 이성에 의해 판정하는 능력'이고, 전자는 '쾌/불쾌의 감정에 의해 판정하는 능력'을 의미합니다. 이것은 오성이 담당합니다. 그리고 오성은 상상 또는 구상의 힘을 빌어 대상을 미적으로 판단하는 능력입니다. 칸트의 미학이 시작되는 지점입니다.

칸트는 대상을 '아름답다/추하다'라고 판단할 때의 판단 과정은 4계기를 거쳐 진행된다고 합니다. 그것은 각각 질, 양, 관계, 양태입니다. 이러한 4계기의 측면에서 칸트가 강조한 숭고(sublimity)

는 이렇게 정리됩니다. "양의 면에서는 보편타당함을, 질의 면에서는 이해관심없음을, 관계의 면에서는 주관적 합목적성을, 양태의 면에서는 이 주관적 합목적성이 필연적임을 표상한다."

그리고 이러한 숭고를 칸트는 두 가지로 구분합니다. 하나는 거대함과 관련된 '수학적 숭고(mathematical sublime)'이고, 다른 하나는 힘에 관련된 '역학적 숭고(역동적 숭고, dynamic sublime)'입니다. 가령 피라미드나 베드로 성당에서 느끼는 숭고의 감정은 수학적 숭고이고, 쓰나미 같은 무서운 파도 앞에서 느끼는 숭고의 감정은 역학적 숭고입니다. 역학적 숭고에 관해 좀 더 살펴볼까요? 칸트는 이렇게 말합니다.

"기발하게 높이 솟아 마치 위협하는 것 같은 암석, 번개와 천둥소리와 함께 몰려오는 하늘 높이 솟아오른 먹구름, 온통 파괴력을 보이는 화산, 폐허를 남기고 가는 태풍, 파도가 치솟은 끝없는 대양, 힘차게 흘러내리는 높은 폭포와 같은 것들은 저항하는 우리의 능력을 보잘 것 없이 작게 만든다. 그러나 우리가 안전한 곳에 있다면, 그런 것의 광경이 두려울수록 더욱더 우리 마음을 끈다. 우리가 이러한 대상들을 기꺼이 숭고하다고 부르는 것은 그것들이 영혼의 힘을 일상적 보통 수준 이상으로 높여 주고, 우리로 하여금 자연의 외견 상의 절대 권력에 도전할 수 있는 용기를 주는 전혀 다른 종류의 저항하는 능력을 우리 안에서 들춰주기 때문이다."

이 글에서 핵심은 숭고란 대자연의 파괴적 위력을 통해 우리 내부에 존재하는 어떤 힘을 우리에게 불러일으킬 때 우리가 느끼는 감홍이 숭고하다는 것입니다. 이런 의미에서 칸트는 “숭고성은 자연의 사물이 아니라, 오직 우리 마음속에 함유되어 있다.”라고 말합니다. 그렇다면 숭고한 것으로 간주될 수 있는 우리 안에서 불러일으키는 어떤 영혼의 힘이란 무엇인가? 그것은 바로 초감성적 능력, 도덕적 능력, 즉 이성적 능력입니다. 결국 숭고미는 무척 크고 공포(fear)를 불러일으키는 자연 대상에 대한 것이 아니라, 그것을 통해 우리가 갖게 되는 내부적 자각, 즉 ‘도덕적 감정’인 것입니다.

결론적으로 칸트의 숭고는 근본적으로 ‘한계(limits)에 대한 네가티브한 체험’입니다. 그것은 우리가 이해하거나 제어할 수 없는, 어떤 과도한 것과 마주쳤을 때 일어나는 마음의 방식입니다. 가령 뭔가 ‘확실하게 구분하거나 이름 붙일 수 없고, 분명하게 확정짓거나 결정지을 수도 없을 때, 또 한 마디로 표상할 수 없을 때(indiscernible or unnameable, undecidable, indeterminate and unpresentable)’, 그 대상을 우리는 숭고라고 부르는 것입니다. 그런데 칸트는 군인과 전쟁에서도 숭고를 발견합니다. 칸트는 군인과 전쟁에 대해 다음과 같이 말했습니다.

“미개인에게조차 가장 큰 미감의 대상이 되는 것은 전사(戰士)이다. 전사는 겁내지 않고, 공포를 느끼지 않고, 따라서 위험을 피하지 않으나, 또 동시에 아주 신중하고 민첩하게 일에 임하는 인간이기 때문이다.”

“전쟁조차도, 만약 그 전쟁이 질서 있게 그리고 시민의 권리들을 신성시하면서 수행된다면, 그 자체로 어떤 숭고한 것을 가지는 것이며, 전쟁을 이런 식으로 수행한 국민이 더 많은 위험에 처했고 그 위험 아래서 용기 있게 견뎌낼 수 있었다면, 그 전쟁은 그 국민의 사유방식(성향)을 그만큼 더 숭고하게 만든다."

악의 거대한 파도가 휘몰아치는 놀라운 세상에, 기발하게 높이 솟아 위협하는 암석 같은 권력과 번개와 천둥소리와 함께 몰려오는 자칭 법치주의라는 먹구름, 온통 파괴력을 보이는 행정, 폐허를 남기고 가는 수사, 파도처럼 욕망이 끝없이 치솟는 대양, 힘차게 흘러내리는 높은 비리의 폭포와 같은 것들에 저항하는 숭고한 혁명이 필요합니다. '숭고한 십자가 군병', 그리고 '숭고한 성전(聖戰)'이 필요합니다. 그것은 시민들의 권리를 신성시하는 군인, 그리고 불의에 항거하는 용기 있는 시민의 전쟁으로 드러날 것입니다. 놀라운 숭고의 시작입니다.

토론해 봅시다

① "미는 보편적이면서도 주관적인가?"

찬: 칸트처럼, 미는 '개인의 기호'가 아니라 보편 타당한 감정의 공유이다.

반: 미의 판단은 문화 · 시대 · 경험에 따라 상대적이다.

② "예술의 가치는 '쓸모 없음'에서 비롯되는가?"

찬: '목적 없는 목적성(무목적성)'이 예술의 본질이다.

반: 예술은 사회적 효용성과 메시지를 포함할 때 더욱 가치를 갖는다.

5

미래 환경의 얽힘

우상의 황혼

니체(Friedrich W. Nietzsche)의 정신이 온전했던 마지막 해인 1888년에 쓴 『우상의 황혼』, "어떻게 '참된' 세계가 꾸며낸 이야기가 되어버렸는가?"에서 니체는 서양 정신사 2,000년을 여섯 단계로 요약합니다.

"1. 참된 세계에 지혜로운 자, 경건한 자, 덕 있는 자는 이를 수 있다. 그는 그 세계 안에 살고 있으며, 그가 그 세계다.
2. 참된 세계에 지금은 이를 수 없다. 그렇지만 지혜로운 자, 경건한 자, 덕 있는 자에게는 '회개하는 죄인에게는' 약속되어 있다.
3. 참된 세계는 이를 수 없고 증명할 수 없으며 약속도 할 수 없다. 그렇지만 이미 위안으로서 의무로서 명령으로서 생각되고 있다.
4. 참된 세계, 도달할 수 없다? 어쨌든 도달하지는 않았다. 도달하지 않았기에 알려지지도 않았다. 그러므로 위로하지도 구원하지도 못한다. 의무의 대상도 아니다. 무엇 때문에 우리

에게 알려지지 않은 것에 대한 의무를 진단 말인가?

5. '참된 세계', 더는 아무 쓸모 없는 관념, 더는 의무도 아니다. 불필요하고 쓸모없어진 관념, 그래서 반박된 관념, 이것을 없애버리자!
6. 우리는 참된 세계를 없애버렸다. 어떤 세계가 남는가? 아마도 가상 세계? 천만에! 참된 세계와 함께 우리는 가상 세계도 없애버린 것이다!"

여기서 참된 세계는 플라톤의 이데아 세계입니다. 니체 말대로 "비교적 똑똑하고 단순하며 설득력이 있"는 세계입니다(1단계). 이것은 기독교로 번역되어 '천국'이라는 개념으로 탄생합니다. 니체는 이것을 "더욱 정교해지고 더욱 위험해지며 더욱 이해할 수 없"게 된다고 말합니다(2단계). 그러나 칸트의 등장으로 참된 세계는 '사물 자체'라는 미지의 세계로 변경됩니다. 실천이성으로 요청되는 도덕의 왕국입니다(3단계).

이러한 칸트의 단계는 니체의 말대로 "이성의 첫 하품"인 실증주의의 등장으로 도달할 수 없고 이해할 수 없고 알려지지 않은 것에 얽매일 필요가 없다는 생각으로 이어집니다(4단계). 나아가 유물론의 등장은 참된 세계를 없애버립니다. "모든 자유 정신들의 야단법석"이 시작된 것입니다. 이제 존재하는 것은 이 현상 세계, 우리가 살고 있는 이 세계뿐입니다(5단계).

결국, 마지막 단계로 니체는 참된 세계가 사라지면 이 현상 세계도 사라진다고 봅니다(6단계). 그리고 이 위대한 정오의 시간,

"그림자가 가장 짧은 순간"이며 "가장 길었던 오류의 끝"에서 그림자 없이 투명하게 세상의 진실과 대면한 시간에 니체는 차라투스트라를 호명합니다. 저 참된 세상이 사라져 여기 이 세상만 남은 상태에서 우리 스스로 그 모든 의미와 가치를 새롭게 세우고 실현해야 하는 것입니다.

저는 7단계를 추가합니다. "사라진 '참된 세계'와 '가상(현실) 세계'는 여전히 존재한다. 인간의 의식에서만 아니라, 감각으로 보이는 현상에서도!, 그리고 지나간 역사와 앞으로 올 역사 안에서도!"

토론해 봅시다

① "현대인은 더 이상 진리를 갈망하지 않는가?"

찬: 니체처럼, 진리란 허상이며 인간은 새로운 가치의 창조를 원한다.

반: 진리의 부재는 무의미를 낳기에, 인간은 여전히 진리를 원한다.

② "신의 죽음은 인간의 해방인가, 새로운 억압의 시작인가?"

찬: 전통적 권위로부터의 해방이 가능해졌기에 인간의 해방이다.

반: 가치 공백은 허무주의와 자기 파괴를 초래하기에 새로운 억압이다.

테크노퓨달리즘

"자본주의는 프롤레타리아가 아니라, 클라우드 영주에 의해 죽임을 당했다." 그리스 재무부 장관을 역임한 진보 경제학자인 야니스 바루파키스(Yanis Varoufakis) 아테네 대학교 경제학 교수의 말입니다. 그는 또 이렇게 말합니다. "아마존닷컴에 접속하는 순간 자본주의와는 작별하는 겁니다. 새로운 중세가 펼쳐집니다!" 놀랍습니다.

아마존닷컴에 접속하면, 마을은 온라인 장원이며, 입점한 상점의 사람들은 현대판 '농노'이며, 이들이 납부하는 돈은 '지대'입니다. 바루파키스의 책『테크노퓨달리즘』(21세기북스, 2024)이 그 세상을 보여줍니다. 물론 테크노퓨달리즘이라는 말은 '기술(Tech)'과 '봉건제(feudalism)'의 합성어입니다. 바루파키스의 말을 들어볼까요?

"자본주의의 매개체인 '시장'은 디지털 거래 플랫폼으로 대체되었다. 디지털 거래 플랫폼은 마치 시장처럼 보이지만 실은 그렇지 않다. 차라리 봉건시대의 영지라 이해하는 편이 타당하다. 자본주의의 엔진인 이윤은 봉건시대의 할아버지라 할 수 있을 지대(rent)

에게 자리를 내주었다. 특히 플랫폼과 클라우드에 더욱 폭넓게 접속하려면 내야 하는 어떤 유형의 지대가 있다. 나는 그것을 '클라우드 지대(cloud rent)'라 부른다. 전통적인 자본가는 클라우드 자본을 소유한 '신흥 봉건 영주'라는 새로운 계급의 가신이 되었고 우리 대부분은 새로운 지배 계급의 권력과 부에 무임금 노동으로 봉사하며, 기회가 주어질 때 간간이 임금노동을 할 수 있는, 자본주의 이전 계급인 '농노'로 전락하고 말았다."

사실, 거대 디지털 플랫폼과 이를 소유하고 운영하는 빅테크 기업들은 우리에게 더 큰 자유와 편의를 제공하는 혁신처럼 여겨집니다. 나아가 이름만 부르면 무엇이든 해주는 인공지능은 우리 곁에 있는 충실한 하인이라고 소개됩니다. 그런데 빅테크와 그들이 만들어낸 디지털 혁명은 정말 우리에게 편의만을 제공해줄까요? 그렇지 않습니다. 자유 경쟁을 기반으로 한 자본주의를 죽이고, 개인을 무임금으로 노동하는 데이터 노예로 전락시켜 버릴 것입니다. 그것은 바로 클라우드 자본으로부터 시작합니다. 바루파키스 다음과 같이 말했습니다.

"클라우드 자본이 무엇으로 구성되어 있는지 생각해 보자고요. 스마트 소프트웨어, 서버 팜, 무선 송수신탑, 수만 킬로미터에 이르는 광케이블 등등. 그런데 이 모든 것들은 '콘텐츠'가 없다면 아무런 가치가 없어요. 클라우드 자본의 주가를 이루는 가장 값진 요소는 그 물리적 구성 요소가 아니에요. 페이스북에 올라온 게시물, 틱톡과 유튜브에 업로드된 비디오, 인스타그램의 사진, 트위터에서 오가는 농담과 욕설, 아마존에 남아 있는 리뷰들, 혹은 단순히 우리가 오가면서 만들어내는 신호들도 거기 포함되죠. 그런 신호를 모아서 구글 맵은 교통 정체 구간이 어디인지 파악해 사용자에게 알려줘요. 이렇듯 우리는 게시물, 비디오, 사진, 농담, 이동 기록 등을 제공하면서, 클라우드 자본의 가치를 생산하고 또 재생산 해내는 중입니다."

클라우드 자본은 우리의 관심을 묶어놓고, 욕망을 만들어내며, 클라우드 프롤레타리아의 노동을 채찍질하며, 클라우드 농노들로부터 엄청난 양의 공짜 노동을 뽑아낼 것입니다. 그런데 놀라운 것은 이러한 클라우드 자본의 소유자가 한 명이라는 사실입니다. 바루파키스는 쉬운 예를 들어 이렇게 소개합니다.

"아버지는 어떤 마을로 전송되었습니다. 옷, 신발, 책, 노래, 게임, 영화 등 온갖 것들을 거래하는 사람들로 꽉 찬 마을이에요. 처음에는 모든 게 그저 평범해 보여요. 하지만 뭔가 이상한 점이 눈에 들어옵니다. 모든 가게, 사실 모든 건물이 제프 베이조스라는 녀석의 소유라는 거죠. 가게에서 파는 물건을 만드는 공장은 제프의 것이 아닐지도 모르지만, 제프는 상품이 판매될 때마다 수수료를 받으며, 무슨 상품이 팔릴 수 있고 팔리지 않을지 결정하는 알고리즘을 소유하고 있어요. 이 이상한 마을에서 아버지가 보고 있는 것, 심지어 볼 수도 없는 그 모든 것들이 제프의 알고리즘에 의해 통제되고 있어요. 아버지와 제가 나란히 걸으면서 같은 방향을 보고 있다고 해보자고요. 그런데 우리의 눈에는 전혀 다른 모습이 보여요. 제프의 의도에 따라 알고리즘이 섬세하게 골라놓았으니까요. 아마존닷컴을 거니는 모든 사람은 알고리즘이 유도하는 고립을 경험하고 있는 겁니다. 모든 사람은 제프가 기준을 정하고 그의 선택에 따라 조절하는 알고리즘에 따라야만 합니다."

이들은 상품을 판매하는 것이 아닙니다. 우리의 집에 놓이는 것, 그래서 우리의 관심을 더 가져가는 것이 진짜 목적입니다. 우리의 주의를 붙잡아놓고, 그 힘을 지렛대로 삼아서 그들은 '가신 자본가들'에게 클라우드 지대를 받습니다. 물론, 우리에게 그들의 상품을 파는 건 바로, 여전히 구식 장사를 하는 가신 자본가들입니다. 클라우드 영주들의 투자란 궁극적으로 자본주의 시장 내에서의 경쟁을 지향하는 게 아닙니다. 우리가 다 함께 자본주의 시장에서 탈출하도록 만드는 것이 목표라는 바루파키스의 말은 놀랍습니다.

"클라우드 자본은 우리의 관심을 묶어놓고, 욕망을 만들어내며, 클라우드 프롤레타리아의 노동을 채찍질하며, 클라우드 농노들로부터 엄청난 양의 공짜 노동을 뽑아냈죠. 아마존닷컴의 클라우드 영지처럼 완전히 사유화된 디지털 거래 공간이 생겨났는데, 그곳에서는 판매자도 구매자도 통상적인 시장이라면 누렸을 그 어떤 선택지도 가질 수 없게 되었고요. 그 결과 클라우드 영지의 소유자, 클라우드 영주들은 에디슨, 웨스팅하우스, 포드와 그 후손들이 결코 할 수 없었던 일을 할 수 있는 능력을 갖게 되었습니다. 자본가들을 사회의 피라미드 가장 높은 곳에서 밀어낼 혁명 계급으로 재탄생하게 된 것이죠."

그렇다면 어떻게 해야 하나요? 약자들이 가장 큰 피해를 입는 상황에서 무엇을 해야 하나요? 바루파키스의 조언입니다. 바로 클라우드 자본의 집단 소유입니다. 들어볼까요?

"테크노퓨달리즘의 알고리즘은 가부장제, 편견, 기존의 억압을 강화하는 성향이 있다 보니, 소녀들, 정신이상자들, 한계에 몰린 사람들, 그리고 물론 당연하게도 가난한 이들까지, 이 모든 약자들이 가장 큰 피해를 입게 되었습니다. 우리의 정신을 각자의 것으로 지키려면, 우리는 클라우드 자본의 집단 소유로 나아가야만 합니다. 구름 위에 떠 있는 그것, 클라우드 자본을 행태 조작 수단에서 인간적 협력과 해방의 수단으로 바꿀 수 있는 유일한 방법은 그것뿐이니까요. 만국의 클라우드 농노, 클라우드 프롤레타리아, 그리고 클라우드 가신들이여, 눈을 떠라. 우리는 우리의 정신에 채워진 족쇄 외에는 잃을 게 없노라!"

사실, 지난 20년간 미국과 중국의 빅테크 기업들은 인터넷을 사유화했고, 엎친 데 덮친 격으로 2008년 금융위기에 세계 정부가 잘못 대처하면서 결국 자본주의가 몰락하고 테크노퓨달리즘 시대가 도래하게 되었습니다. 결국, 테크노퓨달리즘은 클라우드 영주라는 새로운 지배 계급을 탄생시켰고, 우리를 자본주의 이전의 계급인 농노로 전락시키고 있습니다.

자본주의를 죽이고 새로운 자본의 주인이 된 빅테크! 우리는 이제 자본주의가 아닌, 테크노 봉건주의 사회를 살고 있습니다! 디지털 영지를 만들어 우리를 데이터 노동자로 전락시킨 클라우드 자본에 맞서 만국의 클라우드 농노들이여, 눈을 떠야 합니다. 클라우드 자본을 인간적 협력과 해방의 수단으로 바꾸어야 합니다!

토론해 봅시다

① "자본주의는 종말을 맞고, 테크노 퓨달리즘으로 이행하고 있는가?"

찬: 플랫폼 기업은 봉건영주처럼 데이터 농노를 지배하고 있다.

반: 여전히 시장은 자본주의의 기본 원리에 의해 움직이고 있다.

② "플랫폼 경제는 개인을 자유롭게 하는가, 예속시키는가?"

찬: 누구나 창작하고 유통하는 자유의 장이다.

반: 알고리즘과 독점 플랫폼은 자유를 가장한 감시 체계이다.

인공지능 혁명

베스트셀러 『사피엔스』와 『호모 데우스』의 저자 유발 하라리(Yuval N. Harari)의 말입니다. "21세기 인공지능(AI) 혁명이 많은 인간을 경제적으로 무가치한 존재로 전락시킬 겁니다. 이런 무노동 계급의 문제를 해결하기 위한 새로운 정치 · 사회적 이데올로기를 찾는 게 가장 큰 과제가 될 것 같습니다."

이제 챗GPT의 등장으로, 즉각 사람의 말을 알아듣고 빅데이터 기반의 논리적이고 뛰어난 응답이 가능한 수준으로 발전했습니다. 말뿐만이 아니죠? 영상이나 그림, 시나 소설, 논문까지 써주는 세상입니다.

그러나 가만히 보면, 일반 대중은 중세를 사는데, 정보 경제의 중심부에서 일하는 전문가들은 따라잡을 수 없는 미래를 질주하고 있습니다. 바야흐로 디지털 봉건주의, 혹은 신자유주의가 개막된 것입니다. 유발 하라리는 "공장의 노동자부터 택시 운전사, 의사, 경찰관, 기자, 교사 등 사람이 할 수 있는 일이 거의 없게 될지 모른다."라고 말하지만, 틀렸습니다.

만약 디지털 봉건주의 상층부에 돈밖에 모르는 호모 이코노미쿠스(Homo economicus)와 인공지능 프로그램을 뒤섞어 놓은 사이보그들이 군림하고 있다면, 최하층부에는 삽과 곡괭이를 들고 광산에서 노예처럼 일해야 하는 노동자들이 있습니다. 왜 그럴까요?

휴대폰의 원재료인 콜탄(columbite), 백금, 구리, 희토류 등의 지하 광물을 캐야 하기 때문입니다. 이것은 지금도 사람이 합니다. 이 재료들은 디지털 산업에 꼭 필요한 원천 자원입니다. 아주 위험한 노동 환경에서 채굴되고 있는 광물입니다. 스마트폰 한 대에 들어가는 탄탈륨(탄타라이트)의 양은 0.02g입니다. 22g가량 쓰이는 알루미늄의 1100분의 1 수준입니다. 이 소량의 자원 때문에 전쟁이 그치지 않습니다. 콩고민주공화국이 그렇습니다.

콩고에는 전 세계 콜럼바이트(콜탄)의 70~80%가 매장돼 있습니다. '자원의 저주'입니다. 아프리카 콩고 광산에서 채굴되는 콜탄은 처리 과정을 거쳐 탄탈륨이 됩니다. 대부분 어린이와 인신매매된 노예가 가혹한 노동에 동원될 뿐만 아니라, 중앙아프리카 종족 분쟁과 군사 충돌의 원인이기도 합니다. 콜탄은 합금하면 강도가 세지고 전하량도 높아 광학용 분산 유리와 TV · 절삭공구 · 항공기 재료 등에 쓰이며 휴대폰에도 들어갑니다. 콜탄 생산량의 3분의 2는 전자제품의 캐퍼시터(Capacity)를 만드는 데 쓰입니다.

캐퍼시터는 전류를 조절해 단말기의 부품이 제 기능을 발휘하도록 만드는 장치입니다. 콜탄 1위 생산국은 민주콩고입니다. 2위는 르완다, 두 나라가 전 세계 생산량의 66%를 차지하고 있습니다. 현재 두 나라는 비극적 상황입니다! 우리가 쓰고, 자주 '바꾸는/바꾸도록 하는' 스마트폰 때문에! 결국 돈이 되는 돌은 피를 부르는 것입니다. 스마트폰을 손에 쥔 20억 명의 흡혈귀가 지금 우리 사회 밑바닥에서 살아가는 이들의 고혈을 빨고 있는 것입니다.

1996년부터 지금까지 콩고민주공화국의 콜탄 광산에서 사고로 죽거나 반군에게 희생된 주민은 약 500만에서 700만 명에 이를 것으로 추정됩니다. 콜탄 광산의 이권을 둘러싸고 벌어진 군사 충돌로 난민이 된 사람들의 수는 200만 명을 넘어섰습니다. 사망자와 난민 규모로만 보면 중앙아프리카에서 세계대전이 벌어진 것이나 다를 바 없습니다. 실제로 이 지역으로 유입되는 국제 자본은 사람을 죽이는 무기나 마찬가지입니다. 콩고의 비극에 세계 전체가 연루된 것입니다. 여기에 디지털 강국이라는 한국 기업(삼성, LG)도 직간접적으로 얽혀 있다는 사실은 수치스러운 일입니다. 놀라운 디지털 세계의 비극입니다.

자원뿐만 아니라, 제조도 마찬가지입니다. 중국 폭스폰 공장의 100만 노동자는 스물네 시간 교대 근무를 반복하며 애플의 주력 상품을 비롯해 각종 ICT 제품을 생산해야 합니다. 이곳 노동 환경은 가혹하기 짝이 없어서 광둥성 선전 공장에서 수많은 노동자가 연속으로 자살했습니다. 디지털 문화의 매끄러운 표면 뒤에서 사람이 죽어가고 있는 것입니다. 디지털을 향유하는 인간과 그 디지털 세계를 구성하는 인간의 비극입니다. 놀랍고 기가 막힌 세상입니다.

다시 유발 하라리의 말로 돌아가 볼까요? 21세기 인공지능(AI) 혁명은 새로운 '정치 · 사회적 혁명'과 함께 가야 합니다. 그래야만 새로운 세상, 모두가 행복한 세상이 올 것입니다!

토론해 봅시다

① "인공지능은 인간의 고유한 창조 능력을 대체할 수 있는가?"

찬: 창작 · 언어 · 예술에서도 AI는 인간을 능가할 수 있다.

반: 인간의 감정과 윤리적 판단은 기계로 대체 불가능하다.

② "AI는 인간 문명의 마지막 기술이 될 것인가?"

찬: AI가 AI를 개발하며, 인간은 기술 진화에서 탈락할 것이다.

반: 인간의 윤리와 감정은 AI를 통제하고 방향을 결정할 것이다.

에필로그:
얽힘의 시간, 환대는 오직
시적으로만 가능하다!

“환대는 오직 시(詩)적으로만 가능하다.” 해체주의 철학자 자크 데리다의 말입니다. 관용(tolérance)을 넘어선 환대(hospitality)란 ‘우리 자신과 다른 사람과 관련한 에토스’라는 점에서 데리다는 윤리나 문화 그 자체라고 환대를 정의합니다. 여기서 데리다는 환대를 ‘조건적 환대’와 ‘무조건적 환대’를 구분합니다. 절대적이고 과장법적인 무조건적 환대(의 법)는 이름도 묻지 않고 대가도 바라지 않는 현실적으로는 불가능한 것이고, 상대적이고 관용적인 조건적 환대(의 여러 법)는 구체적 권리와 의무 관계에 따라 조건적인 것으로 구분합니다. 데리다는 다음과 같이 말했습니다.

“한편으로 권리나 의무나 정치까지도 초월하는 무조건적인 환대와 다른 한편 권리와 의무에 의해 테두리가 정해지는 환대 사이에서 우리를 번민하게 할 것이다. 한쪽 환대는 언제나 다른 한쪽을 타락시킬 것이다. 그리고 이 타락 가능성은 환원 불가능한 것으로 머물 수밖에 없다.”

따라서 이 두 환대 사이에 아포리아(ἀ-πορῐα, 길이 없다, 곧 난제와 모순)가 있습니다. 왜냐하면 두 환대는 서로 동시에 포함하면서 배제하고, 조건적 환대의 현실적 법들은 무조건적 환대의 절대적 법에 영감을 받기 때문입니다. 결국 이러한 아포리아를 다루는 데리다의 방식은 '시적 해답'에 있습니다. 왜냐하면 환대의 행동은 과장법적 환대와 관용적 환대 사이에 새로운 영역을 만들어 가는 시적(詩的) 과정이기 때문입니다.

그리고 그 영역은 '영원한 번민', '발언하기와 침묵하기' 사이에서의 끊임없는 투쟁입니다. 데리다의 결론이죠? 어떻게 보면 '타자의 절대적 외부성'이 공허할 수도, 혹은 '절대적 외부에 존재하는 타자'에 대한 무조건적 환대는 결국 필연적으로 환대의 법들, 권리들, 제약들을 수반할 수밖에 없으며 그 역도 마찬가지이기 때문입니다. 그러나 '어떤 권리나 법에 의해 매개된 환대'는 더 이상 무조건적 환대가 아닙니다. 따라서 누군가는 무조건적인 환대를 끊임없이 요청해야 합니다. 환대가 오직 시적(詩的)으로만 가능한 이유입니다.

2024년 11월 13일 경희대 교수-연구자 226명의 시국 선언문에 눈시울이 뜨거워집니다. 왜냐하면, 지식인들의 영원한 번민, 발언하기와 침묵하기 사이의 끊임없는 갈등과 투쟁이 느껴지기 때문입니다. 또한 '절대적 외부성을 갖지 못하는 이들(아, 이들 법꾸라지들과 권력욕에 눈이 돌아버린 이들을 정녕 타자로 불러야 한단 말인가요!)'에 대한 환대는 도대체 어디까지인가를 질문하기 때문입니다.

이러한 시적인 시국 선언문이 다시금 "하늘엔 조각구름 떠 있고 강물엔 유람선이 떠 있고, 저마다 누려야 할 행복이 언제나 자유로운 곳"인 대한민국을 만드는 발생사적 근원이 되기를 기도합니다.

"나는 당신과 함께 다시 인류가 평화를 위해 함께 살아갈 지혜를 찾고 싶다.

나는 당신과 함께 다시 역사의 진실 앞에 올바른 삶이 무엇인지 이야기하고 싶다.

나는 당신과 함께 다시 모든 사람이 시민으로서 정당한 권리를 갖는 사회를 만들고 싶다.

나는 당신과 함께 다시 서로의 생명과 안전을 배려하는 방법을 찾고 싶다.

나는 당신과 함께 다시 공동체를 위해 헌신하는 이를 존중하는 분위기를 만들고 싶다.

나는 당신과 함께 다시 자유롭게 생각하고, 스스럼없이 표현할 권리를 천명하고 싶다.

나는 당신과 함께 다시 우리가 공부하는 대학을 신뢰와 배움의 공간으로 만들고 싶다.

나는 당신과 함께 다시 선택에 대해 책임을 지고 잘못을 사과하는 윤리를 쌓고 싶다.

나는 당신과 함께 다시 신중히 동의할 수 있는 최소한의 공정한 규칙을 찾고 싶다.

나는 당신과 함께 다시 서로를 믿으면서 우리 사회의 규칙을 새롭게 만들어가고 싶다.

나는 당신과 함께 다시 진실 앞에 겸허하며, 정직한 삶을 연습하고 싶다.

나는 당신과 함께 다시 존중과 신뢰의 말을 다시금 정련하고 싶다."

찾아보기

영문 및 기타

얽힘의 인문학

인간과 환경을 가로지르는 58꼭지 얽힘

저 자 최병학
발 행 인 김지영
발 행 처 자유아카데미
주 소 경기도 파주시 회동길 37-42
파주출판도시
전 화 031-955-1321
팩 스 031-955-1322
홈페이지 www.freeaca.com
전자우편 main@freeaca.com (대표)
editor@freeaca.com (편집)
crm@freeaca.com (영업)
등 록 제406-2003-017호, 1980. 7. 12
제1판1쇄 2025년 8월 25일 발행

ISBN 979-11-5808-745-6 93100